4
TAKSİM — TÜNEL

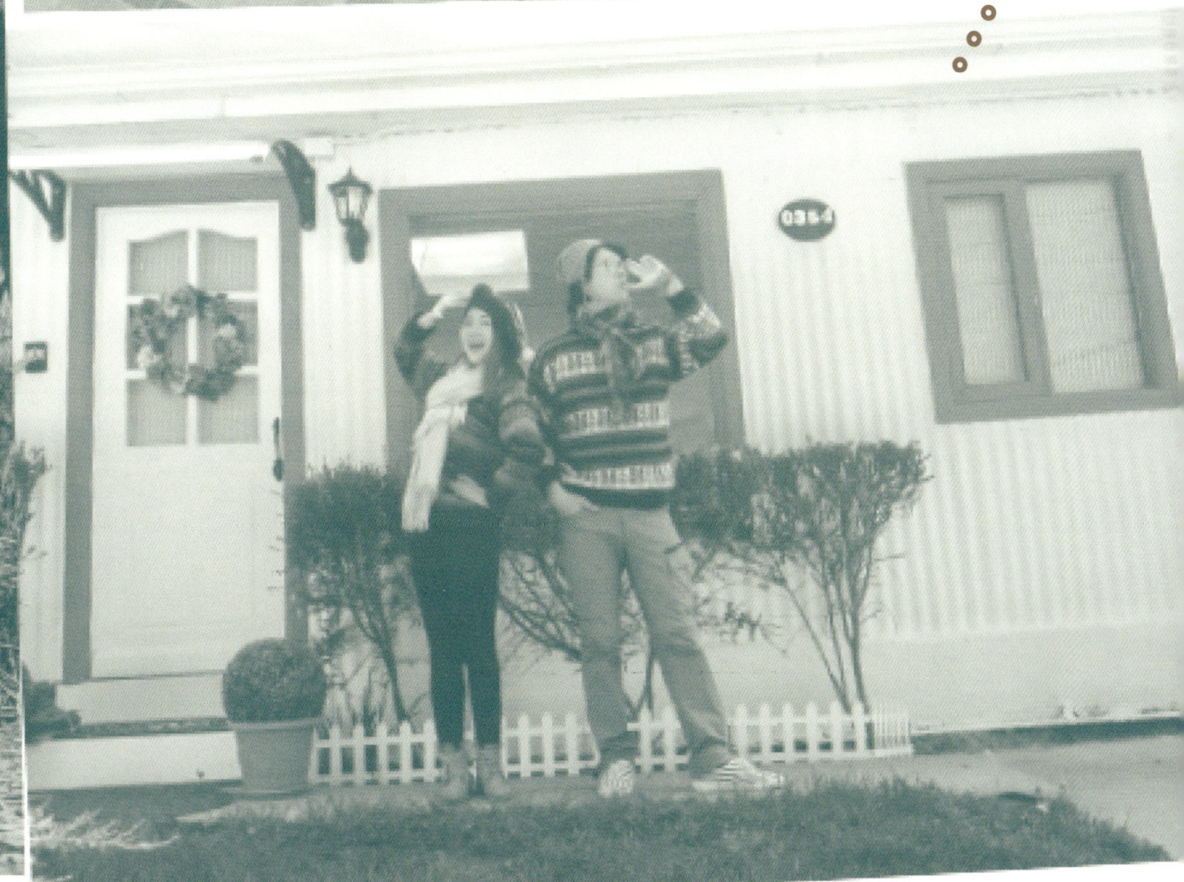

hài，这么有趣的情侣，你怎么才发现？

千百种生活

Thousand Kinds of Life

Roy & Sue ～ 著

Roy & Sue 环球旅居图文集

人民邮电出版社

北京

图书在版编目（CIP）数据

千百种生活：Roy&Sue环球旅居图文集 / Roy&Sue著
. — 北京：人民邮电出版社，2020.12
ISBN 978-7-115-54986-0

Ⅰ. ①千⋯ Ⅱ. ①R⋯ Ⅲ. ①旅游指南—世界 Ⅳ.
①K919

中国版本图书馆CIP数据核字(2020)第187822号

内容提要

90 后情侣 Roy 和 Sue 相恋 9 年，各自从名校毕业后，在北京名企就职。后来同时辞职放弃稳定的工作，共同旅行了五年。2019 年，他们开启了一场"住到全世界"的流浪。用 12 个月的时间，旅居 12 个截然不同的国家，深刻感受那些遥远又真实的日常。本书将他们旅行中的见闻集结成册，图文并茂地展示了作者在途中经历的感动故事，希望能传达给热爱旅行、向往自由的人千百种生活的可能性。

著　　　　Roy&Sue
责任编辑　宋媛媛
责任印制　周昇亮

人民邮电出版社出版发行　　　　　　北京市丰台区成寿寺路 11 号
邮　编　100164　　　　　　　　　　电子邮件　315@ptpress.com.cn
网　址　https://www.ptpress.com.cn
北京富诚彩色印刷有限公司印刷

开　本：690×970　　　　　　　　　1/16
印　张：25.75　　　　　　　　　　　2020 年 12 月第 1 版
字　数：530 千字　　　　　　　　　2020 年 12 月北京第 1 次印刷
定　价：108.00 元

读者服务热线：（010）81055296　　印装质量热线：（010）81055316
反盗版热线：（010）81055315
广告经营许可证：京东市监广登字 20170147 号

谢谢 Sue，我的灵魂伴侣

谢谢爸爸妈妈，我永远的精神依靠

序

Preface

Hi，很高兴你来了。也许你是很早就在网上陪伴我们的观众，也许你刚通过朋友推荐而来，又或者，你只是无聊经过书店的时候，意外瞥见了这本书，有一点点被它的封面和介绍所打动。不论是如何相遇的，就让一切先归零，我们全新开始，好好认识一下好吗？

我是 Roy，一个台湾出生、大连长大、在北京待了 8 年，如今旅居大理的男生。我的话很多，很爱跟不同的人聊天，但总被 Sue 嫌啰唆。我从小不擅长运动，却很爱做梦，夜里的梦和白日梦都是。唱歌、画画、读书、摄影样样都会（一点），但最最喜欢的还是旅行。

Sue 和我一样在大连长大，我们是高中的隔壁班同学，因为学校的唱歌比赛而认识。但那时，我在她眼里（据她说）只是个唱歌很好听，但很奇葩，甚至有些搞笑的路人。Sue 爱笑、爱吃、爱玩，不爱跟陌生人说话，不喜欢当众发言，但她私下却是个随时都有鬼点子的活泼女孩。她原本的生活理想不过是吃吃喝喝安稳度日，却在与我走上旅行之路后，慢慢蜕变成了一个顶天立地的"女侠"。

缘分安排我们都去了北京，在不同的大学读书。我们先变成好友，后成为恋人，经历了北漂工作，辞职创业，4 年不间断地旅行、写作、拍视频，慢慢成了现在的旅行博主 Roy&Sue、"搞笑酥肉""神雕侠侣"。

从学生时代起，旅行就是我们共同的爱好。我们曾搭着火车去青海、甘肃、陕西，住过青旅，也住过铁皮屋。那时候，和 Sue 一起讨论下个假期去哪里，彻夜研究路线与攻略，是我生活中最大的快乐和动力。这份动力持续推动着我们关注这个世界，我们也因此一直坚持在旅途中拍视频记录生活。

我们心里对远方的渴望，膨胀得越来越大。最初，能去敦煌看一看传说中的月牙泉和石窟壁画，就是能力所及的最远。渐渐地，梦想变成了去看一眼印度洋的眼泪——斯里兰卡，去体验一下贝加尔湖的冬天究竟有多冷，去芬兰看一次极光……越走，世界越大，心里的愿望就越多。那些原本不存在的坐标点，源源不断地冒了出来，成为我们想要用毕生去追逐的远方。

正是以上的种种，催生了这本书的主要内容：我们2019年为期一年的"环球旅居"生活。

其实"旅居"一直是我和Sue对于自己未来人生的设想——我们希望能不受时间限制地，长时间生活在陌生的地方，想走就走，想停就停。所以去年在做了若干准备之后，我们决定先以12个月在12个国家连续住上一圈的形式"试试看"，并在这一过程中认识自我、总结经验，朝理想生活再迈进一步。

从2018年10月底出发，我们从泰国的清迈、印度尼西亚的巴厘岛，一路经过了蒙古、印度、日本、土耳其、埃及，之后选择了西班牙、英国这两个非常有代表性的欧洲国家，接着飞往向往已久的南美洲，由哥伦比亚一路向南经过秘鲁，最后在智利的一个位于世界最南端的小镇停留。

回过头看，这一路上我们所亲历的精彩，在出发前完全难以想象。不停地结识新的朋友，融入新的环境和文化，却又不停地告别、离开。那些故事和回忆，对我们来说是一次次巨大的挑战，却也从此改变了我们的生活。

这也是写下这本书的初衷。我们希望这一年的旅居生活，能以各种形式被记录下来。把我们旅行中千辛万苦得来的所思所感，以及那么多人在世界上不同的角落里，所经历的千百种或自由、或挣扎的生活，通通讲给你听。不管你是正在学校读书、期待着未来的美好人生，还是深陷柴米油盐的囹圄渴望逃脱，抑或是同样热爱旅行、正面对梦想苦苦摇摆，我相信，你都会从这本书里得到需要的能量与答案。

从我还很小的时候起，读书就是我最享受的时光。因为读书，我错过了同班男生相约放学后的 BB 弹枪战，错过了学习如何三步上篮，错过了记住世界杯里球员的名字，甚至错过了《还珠格格》《情深深雨蒙蒙》这些 90 后"一代人的童年"。但还好，在深夜的被窝里，我独自沉浸在无数个宇宙中：杰克·伦敦笔下的极北冒险、托尔金的魔幻征程、司各特的骑士精神，百慕大、亚特兰蒂斯、耶路撒冷、女巫和魔鬼、法老与众神……书是我的救赎，也是我最特别的朋友。

长大后，手机、平板取代了一切，如今已经很难再在路上看到有人在读书。熟悉的书店一一倒闭，书报亭也越来越少，但我心里依然相信，通过纸张和油墨能完成任何现代科技都做不到的魔术。而那些愿意花上"越来越贵"的时间成本去读完一本书的人，也一定能获得非常丰厚的回报。

可以出版一本自己的书，是我曾经想都不敢想的事情。更何况在这本书中，记录着我的爱情、我的思考、我最精彩的一年和我最最真实的人生。

Roy 黄元甫

清空家当
告别北京

Farewell to Beijing

在北京生活了 8 年，我们终于决定离开。

要下这个决心并不容易。从大学时代起，我们就以这座城市为第二个家。第一次离开父母、结交朋友、毕业工作，第一次自己租房子，获得事业的成就，并且一步步搬到更大的空间。8 年来，在这座城市生活的记忆、买过的东西，把我们的小房间填得满满当当。

而等我们花了两天一夜把一切家当装箱、标号、封存的时候，新的未知人生，又像 8 年前一样重新开始了。

退房离家前的最后一晚，我和 Sue 打包到凌晨两点。最终精疲力竭地坐在 20 个大纸箱前，想录下一些感言。那一晚，我们曾说起过的一句话，成了接下来一年鼓舞着我们扛过种种困难的精神信念："我们希望，当自己经历得越多，害怕的东西就会越来越少。"抱着这样的心情，我们踏上了环球旅居的第一步。

Thousand Kinds of Life

千百种生活

泰国篇

PLAY

扫码看
本站
旅居视频

2018 年 10 月 23 日的下午，北京，秋高气爽。我们把打包的家当暂存到了父母和朋友家，带着 2 个 28 寸的大箱子、1 个装满设备的小黄箱子，前往首都机场国际出发区。临行前，我们拍了一张出发的合照，照片中的 Sue 留着刚刚剪完、染成暗绿色的短发。她希望借着剪短留了多年的长发，为自己的生活画下一个明确的分割点，来记录这特殊的一年。

坐在去机场的出租车上，我们两个已经去过 30 多个国家的人，竟然重新找到了那种第一次出国自由行的兴奋感，虽然目的地仅仅是距离中国不能更近的——泰国清迈。**!!! 去过三次啦！**

抵达清迈的时候已经是晚上八点多了，走出机场时外面正下着小雨。我们包了一辆车，略带紧张地前往民宿。虽然这已经是第三次来清迈了，但之前都是住在热闹的古城游客区。而这一次，为了更好地感受清迈本地人的生活，我们特意在古城外挑选了一间像是童话故事里的彩色小木屋，作为环球旅居的第一个"新家"。

雨夜阴暗湿滑，我们只记得经过了草地和石板路，进入了一栋二层小屋。经过一整天的亢奋与奔波，我们终于支撑不住，很快双双倒头在床，"不省人事"……

一夜大雨倾盆。

花园里的 家

Home in the Garden

　　一种尖锐而持续的声音，逐渐把我从"黑暗的深处"拉出来，那是公鸡在打鸣……但为什么我的窗外会有公鸡？不情愿地睁开眼后，我发现眼前不再是熟悉的白色天花板与吸顶灯，而是木头横梁与竹编的坡屋顶。屋顶非常高，侧头望去，一扇漆成绿色的木窗户，正透进暖色的阳光。在靠近屋顶的墙面上，还有一扇三角形花窗。随后，更多阳光拥挤着射进屋里来，幻化成彩色的光束，就像是教堂的礼堂。我意识到，我已身在清迈。而此刻的自己，正迎来旅居生活的第一个早晨。

Sue 在我身边慢慢醒来。这是一段时间以来,我们第一次随心所欲地睡到了自然醒。在这里,我们没有时间表,也没有目的地。唯一的任务,就是生活。

我们的住处是一整栋两层的小木屋,一楼是餐厅和厨房,有冰箱、炉灶和休闲的躺椅。

窗外茂密的植物,遮蔽了院子里其他人的视线。

顺着室外的木楼梯走上二楼,是我们的客厅和卧室。客厅有一张小沙发和彩色的桌子,地上铺着竹席。房间的另一侧,是一张双人床。替代床头柜的,则是一张看起来像小学课桌的木头矮桌了。全部由老木板拼成的墙壁、落地的铁质台灯、墙上的印花毛巾、斑驳的淡绿色格扇木窗,都透露着浓浓的怀旧感和手工感。

走出屋子,会进入一个长满草坪的院子。围绕着院子有四五栋类似的小木屋,有的住着来清迈教书的外国老师,有的住着像我们一样来感受生活的旅客。大家一起生活在这片小小的院落里,像早年住在胡同宅院里的邻居们。

打开冰箱,房东为我们留好了芒果糯米饭、牛奶和水果作为早餐。正当我们悠哉享受的时候,纱门外突然聚集了一帮"不速之客"。

原来邻居养的猫刚刚产下了一窝小奶猫。而它们正是活泼好动的时候,每天就在这座院子里爬树、上墙、扑蝴蝶。哪栋木房子来了新客人，它们就一窝蜂地围过来，争先恐后地看看这些奇怪的人是谁。有两只"武功高强"的，甚至抓着纱网一路爬到了门顶上，试图找到这些"结界"的突破口。从此开始，我们有了甜蜜的负担。每一次离家前，都要再三确认是不是将所有门窗都锁好了，免得"小偷猫"偷溜进去。

有时候我们坐在屋里，会看见门边的地垫在悄悄移动。它从门底缝被拉出去一点，我就把它拉回来，然后它又被拉出去一点……跟门外的"神秘力量"进行几轮拔河之后，就会看见一只毛茸茸的小爪子从门缝里探进来，而打开门，它们又害羞地一哄而散。跟这些小可爱们的拔河比赛，是我们乐此不疲的日常娱乐。

我们回归了一种未曾有过的生活，简单到只需要完成"吃饭"和"睡觉"两件事，其他的一切都可有可无。如果想溜达溜达，我们便穿着拖鞋、短裤，兜里揣上房间钥匙，沿着马路随意散步；或者叫一辆出租车，只用 5 分钟就能到繁华的中心商场，在超市采购好食物之后，找一家小饭馆吃份罗勒炒猪肉碎盖饭。如果今天懒得动弹，我们就干脆躺在床上刷刷剧，或者下楼"吸吸猫"，这样一天也就"唰"地一下过去了。

回过头看，这是我们这一年最悠闲的时光……

花园里的
家

古城里的
秘密

The Secrets Of Ancient Town

选择清迈作为第一站，是我们旅居中第一个确定的计划。客观上来说，它距离中国近，饮食文化与中国相似，而且消费又低。主观上来说，以前来过几次清迈，这里的慢生活给我们留下了很美好的印象。

来清迈旅游的人大多会住在古城内。那里是旅游业最发达的中心之一，除了浓缩着大量的寺庙与景点，街头巷尾也分布着大量客栈、民宿、餐厅、按摩店、旅行社等，步行就可以往返任意地点。在几个城门附近，有不同的夜市与集市可以逛。所以如果只是简单地来清迈待个几天，古城内无疑是最佳的住

Thousand Kinds of Life

98°59'24"
18°46'48"

宿选择。但也正是因为旅游业的发达，古城里和周边的一切都是为商业服务的，所以整体消费价格偏高，各类商铺都是面向外国人在做生意。可以说在古城里，你能看到清迈为了旅游业而展现出来的一个侧面，但很难看到最真实、最接地气的本地生活。

抛开熙熙攘攘的景点与网红店，这次我们还想在古城里找到一些好玩并且有特色的隐蔽去处。所以在当地朋友的指点下，我们专门花了两天时间在古城里漫步，发现了一些属于我们的"小秘密"。

秘密一：寺庙按摩院。清迈的按摩店数不胜数，高级的、静谧的、有格调的，一抓一大把。但坐落在一间寺庙中的按摩院，听起来就别具一格。这间寺庙名叫"wat pan whaen"，需要沿着小巷七弯八拐才能找到。说是按摩院，但这里其实真的很简易——在一个超大的开阔房间的地上一排一排地摆着一些垫子，要按摩的人就那么毫无隔阂地躺在一起，更别谈什么隐私了。这里没有空调，旁边是老电扇吹着。换了衣服躺下就按，没有废话。手法大概平均水准，但感觉很安静、很怀旧。关键是便宜：1 小时 150泰铢，就合 30 人民币，是外面价格的一半。

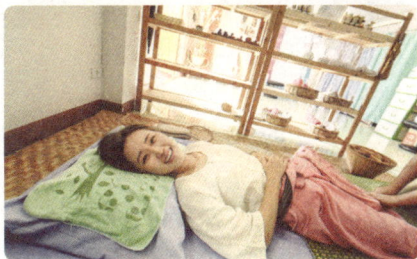

按摩大姐 手撕 Roy！

古城里的

秘密

秘密二：石像咖啡馆。 清迈的咖啡馆绝对是当地最有代表性的文化元素之一。据说小小的清迈竟然开了 2000 多家咖啡馆。约上朋友，开车找一家位于郊外的安静的咖啡馆坐上一下午，是清迈年轻人最喜欢的消磨时间的方式。因此，这里的咖啡馆五花八门。我们找到的"Clay Studio"在本地颇有名气。推门而入，会立刻感觉像是穿越了时空，仿佛走进了吴哥窟的文明古迹之中。藤蔓与蕨类植物在这里肆意生长，石板路上四处散落着形态各异的古代石雕，上面布满了裂痕和青苔。在树木与热带花草的掩映中，随意摆放着一些木头桌椅。坐在这里喝咖啡，容易让人忘记墙外的世界，完全沉浸在电影一样的场景里，身边的怪兽石像也好像随时要开口跟我们说话。

⇒ 门头较小容易错过！

秘密三：失落书店（The Lost Book shop）。在古城内以及古城周边，其实隐藏着几家有趣的独立小书店。它们大多售卖一些泰文小说、旅游畅销书和摄影图集等。但这家书店是面向欧美背包客经营的外文二手书店。被它带着神秘气息的名字所吸引，我走进这家店的角落里，发现了许多有趣又便宜的古董书。1906 年在伦敦出版的《傲慢与偏见》，售价只合 24 元人民币。20 世纪 70 年代出版的北美原住民神话精装图集，50 元人民币即可到手。如果你也喜欢淘书，千万不要错过它。

漫步在古城中，我们喜欢观察寺庙里的小僧侣三三两两地结伴穿过马路，他们手里还拎着刚买的奶茶；突突车司机们闲下来时，聚集在一起讨论家长里短；在小学操场上，一班身穿笔挺制服的小学生们专心排练着管弦乐……之前来清迈的时候，我们会用仅有的时间把一个个攻略里的目的地紧密串联在一起：几点逛佛寺，几点去按摩，几点到几点打卡有名的小吃摊，几点别错过夜市。当这一切井然有序地把我们的时间框死的时候，我们丧失的，是靠自己的眼睛独立发现美的能力。

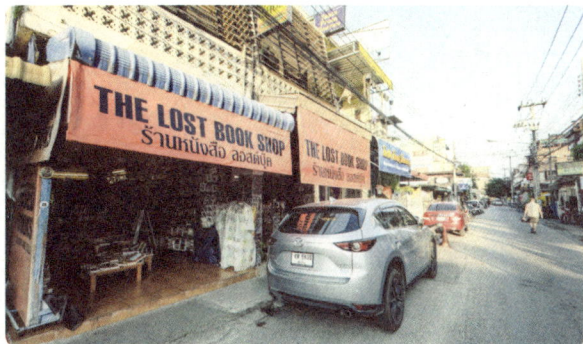

古城里的秘密，远不止我们找到的这些。只要你细心留意，属于你的秘密，说不定就藏在下个街角呢。

古城里的
秘密

浪迹天涯的
理由

The Reason For Wondering Around The World

本篇有洞点！

难得在清迈留这么久，我们一直试着跳出古城，挖掘一些城外更有生活气息的角落。在朋友的推荐下，我和 Sue 靠着勤快的双腿，总结了一条素贴山下的"秘密文艺路线"。

从悟孟寺（Wat U Mong）出发，沿着山势向南，是一条幽静的小路。小路主要是车行道，路上行人不多，会来这里的人大多都是清迈大学的学生。路上除了一些看起来颇有格调的小别墅洋房外，还有许多特色咖啡馆。这其中有早已名声在外的 No.39 Café ——一个小小的人工湖，周围设计了好几间工业风咖啡屋，还有小吃摊与休闲露台，其中一间咖啡屋有一道户外滑梯，客人可以直接从二楼滑到一楼。

继续走十几分钟，就来到了我们在这条路线中最喜欢的地方。那是一片叫作"Baan Kang Wat"的文创区，翻译过来大概意思是"寺庙旁的家"。在这片文创区聚集着各种清迈本地艺术家的小店：从老南洋风情的咖啡馆，到泰北民族风原创服饰，再到卖各种原创插画和小玩意的杂货店，差不多有二三十家小店，它们各具特色。

在其中一家杂货铺里，我和 Sue 同时被一墙的冰箱贴吸引住了。这些冰箱贴的外观大同小异，基本上就是刷了彩色漆的木片被设计成了各式各样朴素的小房子。Sue 突发奇想，希望考验我们的默契程度，她要我从这几十个小房子里，选出她最喜欢的 3 款……我当时也没想太多，随手抓下第一个我看中的黄色小房子就递给了 Sue，没想到一次命中！Sue 睁大了眼睛，张开嘴，沉默了几秒，紧接着眼眶就开始泛红……原来她第一个看中的也是这个冰箱贴！但是因为怕太难猜，所以她让我猜 3 个看能不能猜中。而最后，在我挑出的 3 个冰箱贴里，共有 2 个与 Sue 的选择吻合。

当时她按捺不住激动的情绪，对着镜头说了一句"这就是为什么我可以跟着他去浪迹天涯"！如果仅仅是通过视频乍一看，只是碰巧选了一样的冰箱贴而已，怎么会这么夸张。但其实我们心里清楚，这背后包含着日夜相伴 7 年，共同改变人生的默契和理解。

随口出金句！

Thousand Kinds of Life

98°59′24″
18°46′48″

从高中的唱歌比赛相识，到去北京读大学，再到逐渐走到一起，在这彼此相伴的 7 年的时间里，我们是彼此青春最重要的见证人，或者不如说，我们就是彼此的青春吧。从大学时代无忧无虑四处旅行，到毕业后一起奔波求职，我们鼓励对方去适应职场，又握紧双手同时辞职，去拥抱更未知的生活。我们的生命轨迹，就好像两棵盘根错节的树一样，已经嵌入了彼此的身体，无法分离。在这个世界上，Sue 是我除了父母、兄弟之外最最信任的人，也是最最了解我的人。

过奖了！
只是一点做不足道的
聪 明

浪迹天涯的
理由

博主的　日常

Blogger's Daily Life

在我们开始旅居后，同步开启了一个新的计划——尽可能真实地去拍摄我们的日常，并实时在网上分享关于旅居生活的《千百种生活》系列视频。在最初的几集发布后，我们收到了非常热情的反馈。那些关注了我们很久却很少说话的观众纷纷"浮出水面"，表示被"环球旅居"的想法打动，特意来支持我们……

批评！

也有很多因此新关注我们的观众，对我们表达了困惑甚至质疑。有人会认为这是一种不负责任、逃避现实的选择，也有人会关心这一年的开销与收入如何平衡。

环球旅居这个想法，确实是在某次我和 Sue 的深夜长聊中偶然迸发，并随性决定的，但我们并非是毫无准备、两手空空地上路。在开始这个计划的两年前，我和 Sue 就为了追求理想双双成了自由职业者。因为热爱旅行，我们以旅行为题材，当摄影师、拍短视频、写分享旅途见闻的文章，慢慢站稳脚跟，成了全职的自媒体博主。在两年多的时间里，我们从默默无名甚至一度负债的创业者，成了拥有数百万喜欢我们的观众的职业旅行者。

这几年，旅行博主慢慢变成了大家熟悉的一种存在，但很少有人能真正理解要做一个好的旅行博主所面对的困难。频繁熬夜、长途飞行不必说；随身、随时背着大量器材；独自处理旅途拍摄中的各种突发状况；大量的金钱开支与不固定的收入来源；在已经很疲惫的行程中同步、稳定地更新内容，还要把不确定的旅行内容做得有趣、接地气、吸引人且有个人特色……以上这些问题只是一部分，但却是我们每日每夜都要思考与面对的。可以说自从成了旅行博主，我们俩没有度过任何一天真正的假期。

Thousand Kinds of Life

98°59′24″
18°46′48″

　　除了在之前工作中存下的积蓄，我们也会在旅途中偶尔飞回国进行一些商业合作来获得收入。与此同时，我们还要保持高频率的原创内容更新。如果当天有外出的行程，我们就会带着相机去记录一切见闻；如果当天决定在家，我们也会用这个时间去剪辑、修图、写方案，或者计划接下来的旅行安排等。我们会用持续的勤奋，去辅助完成这一整年的梦想。

新家的 惊喜

Surprises From New Home

不代表本人真实脸型

　　花园小屋的生活虽然如诗如画，但由于长住起来价格偏高，我们为了节约预算，中途搬去了一个更便宜的新住处。那是一间不浮夸但干干净净，看起来很顺眼的公寓。公寓是黑白简约风格，有门禁和24小时服务，住一晚只要100多元人民币，便宜又安全。

　　没想到搬到这里后，最大的惊喜来自楼下隔壁的餐厅。

　　实际上那是一间花园里的烘焙坊，其中陈列着各种看起来就很精美的蛋糕。此外，在那里也可以吃西式早午餐，或者泰式简餐。每道菜只要10多元人民币，重点是还超好吃！——美食Sue认证！

新家的
惊喜

　　一入门，首先充满视野的是很大的院子，参天巨树上长满了蕨类植物，下面散落着桌椅。脱了鞋，可以光脚走入半开放的座席区。这里完全是由木头打造的，头顶有坡屋顶，四面被植物包围，每个座位上都有舒服的软垫子，墙上则挂满了照片，桌上也摆满了怀旧的小玩具。

　　从第一天来，我们就对这里的老板娘留下了深刻的印象。她戴着粗框眼镜，发型干练、笑容亲切，举止中处处透露着优雅。我们暗想，这家"Mai Bakery"八成取自她的名字。这一定是一位家境很好、审美品味很高的阿姨。

　　后来的事情证明，我们的直觉大致准确，而故事却远不止如此。

　　原来我们住的这栋"the 51 hometel"和隔壁的"Mai Bakery in the garden"全部都是这位老板娘开的。老板娘叫Naiyana，最早她只是热爱烘焙，但她不满足于只做给朋友们吃，于是就开了一家小小的家庭糕点作坊。没想到越做口碑越好，一步步地，她又买下了这片地方，请丈夫的朋友设计了花园，又盖了木屋，10年来一直认真经营着这个品牌。

她的两个女儿、一个儿子，都跟我们年龄相仿。大女儿在泰国最好的大学学了室内设计，毕业后帮着妈妈经营家里的生意，亲自设计了花园餐厅和整栋公寓的室内装潢。

餐厅的名字 Mai，取自她小女儿的名字，而公寓的名字 51，则是他们家的门牌号。老板娘说，他们一家都没有酒店管理的经验，完全是摸索着经营。而她的经营理念很简单，就是希望住进这个地方的人感觉像是住进了他们自己的家。所以公寓名字是他们家的门牌，并且还把 hotel 改成了 hometel。最最巧的是，她的小女儿，跟我们竟然从事着完全相同的职业，也是一个旅行博主，常年自己拍照片、剪视频，工作在世界各地。

老板娘和我们说过这样一段话："我做的每一件事，都是发自内心的。只有遵从自己的心意生活，才能获得幸福。当你离开这个世界时，什么都带不走。所以如果你穷极一生，都在追求着物质，那么人生也算是虚度了。只有把有限的生命，花在自己热爱的事情上，并尽全力去享受它，这辈子也许才算值得。"

此时坐在这个异乡的花园小店里，我们突然感慨良多。

好想开一间！

新家的
惊喜

在出发前，"千百种生活"对我们来说，可能更多的是对理想人生的憧憬，或者是一个激励自己的口号。我们的初心，也不过是趁着年轻多去体验。但当我们有时间与当地人慢慢交流、培养友谊，去看人们在不同的环境背景下如何获得快乐时，那些别人"千百种生活"的故事，反而变成了我们真正的收获。

那些关于人生智慧和幸福秘诀的大道理，任谁都能信手拈来，只不过大多止于茶余饭后的空谈。而当你面对面地与故事的主人公交流，听他们亲口分享自己经历的点滴时，那种触动是非常强烈的。你会真切地意识到，那些看似不切实际的幻想，在这个世界上真的有人实现了。

Tips 新家更多信息

———————————————

酒店名：
The 51 Hometel

———————————————

地址：
Arnuban 2, Chiang Mai, Thailand, 50300

———————————————

价格：
100 ～ 200 元人民币，长期预定会有月度折扣优惠

农夫　赶集日

Farmers Market Day

如果说最初的"旅居"只是一个模糊的设想，那么在清迈居住的这段时间里，它慢慢有了更清晰的准则。我们不仅想要住在不同的国家、不同的房子里，还想要尽可能地去贴近当地人的步调，融入本地真实的生活中去。

第一个能发现本地生活的地方，就是集市。而清迈，恰恰是个非常有赶集文化的城市。

来过清迈的游客都知道，这里有每周日最大的"周末夜市"。从傍晚五点开始，整座城市的人好像都放下了其他事情，涌入古城门正对着的主街上。几百个摊贩，涵盖了从吃喝玩乐到本地工艺品等各种有趣的内容，把接近一千米的主街堵得水泄不通。

农夫

赶集日

但其实，"夜市"也仅仅是清迈赶集文化的一小部分。在古城内外一些秘密的角落，举办着更多大大小小的特色集市。它们有不同的举办时间——比如只在周六上午、周四晚上，或者每月第一个周末、每年的几月几号等举办；有不同的举办主题——比如专卖旧货的跳蚤市场、卖现烤面包的集市、卖本地文创的集市或者商家联合起来筹办的慈善义卖等。那段时间，我每天的一大乐趣，就是想办法打探更多不同的集市举办的时间，然后拉着 Sue 去打卡。

在这其中，让我们印象最深刻最喜欢的，就是每周日上午在 JJ Market 举办的乡村集市。

JJ Market 的全称是 JingJai Market，是一片很大的露天场地。每周日一大早，清迈周边十里八村的农夫们都会带着自家新鲜的蔬果、特产、传统小吃、面包点心来到这里，当然还有各种小吃摊，以及卖衣服、包包等手工艺品的小摊等。

某个周日，我们俩早早起了床，空着肚子，叫了个车直奔 JJ Market。

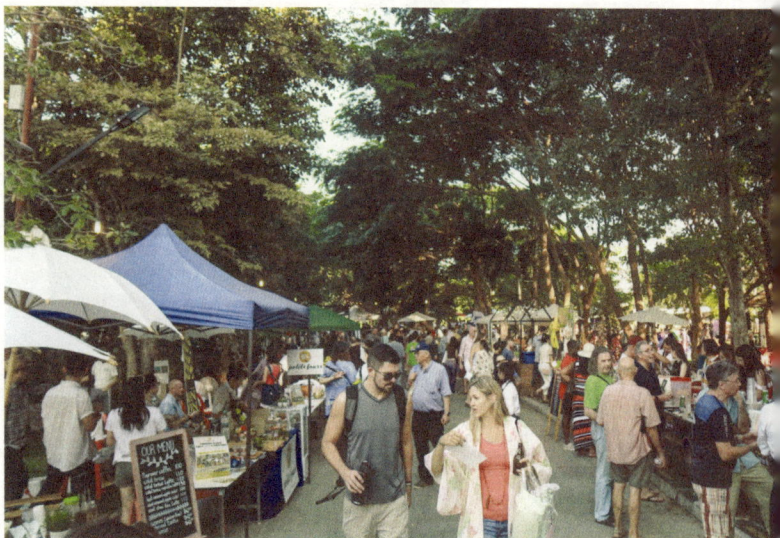

九点到市场门口的时候，这里已经人挤人了。现场乐队演奏的乡村音乐远远地先飘了过来，把人的心情一下调频到了轻松的状态。

我们首先经过了一大片有遮阳篷的半敞开空间，这里是蔬果和传统食物区。不妨想象一下在中国置办年货时的那种场景：一张张小桌子整整齐齐，大约摆了七八排，每排十几个摊位不等。卖新鲜土鸡蛋的小姐姐，把蛋分类装在不同的竹筐中，图文并茂地展示着自己家养鸡场的样子；卖炸肉的小摊，竹盘上铺着新鲜阔叶，旁边摆好了干干净净的蘸料和牙签；卖卤鸡腿饭的大姐揭开高压锅，里面的香气和热气，伴随着咕嘟咕嘟翻滚的汤汁扑面而来。夹出一只色彩饱满、卤汁丰富的鸡腿，配上现蒸的米饭，再淋上汤汁，诱人到我几乎没法忍着端到座位区再开始吃！

当然还有卖炒米粉、面包、糯米团子、鲜榨果汁、仙草奶茶的……老板们都穿戴着围裙、帽子、口罩、手套，小桌子上都铺着干净平整的布，再配上各种竹筐、竹篓和铺好的芭蕉叶。每个摊位手写的价签都清清楚楚，即使是外国人也不会遇到什么障碍。

这一切都会改变你对于传统农贸集市"土气""杂乱"的印象。

农夫
赶集日

离开了"遮阳传统区"，就进入隔壁的"露天文艺区"了。

周围郁郁葱葱的大树环绕，阳光透过缝隙投射下来，流动在泰北山地部落的土布衣服上，穿过造型精美的小陶瓷罐子，照在写着花体粉笔字的小黑板上。卖咖啡的大叔戴着斗笠，面前摆满了筐筐篓篓，咖啡的热气在阳光下蒸腾而上，小凳子上坐满了现买现喝的人，像极了古时候的武林高手与随从的门客们。

画风一转，另一边是一位蓄着灰白胡须、长发，戴着红帽子、红鼻子的"小丑爷爷"。他的自行车上绑满了各种气球做的花朵，而且他还可以根据你的需求现场创作。有趣的是他并不在意价格，随你心情"打赏"就好。他更在意的，也许是一张张为他创作的"惊喜"而感动的笑脸。Sue 得到了一枚红白相间、"镶着钻石"的气球戒指，一路戴着回家，开心得不得了！

我们还路过了一个特殊的小摊位，老板是个六七岁的小男孩，穿着日式的藏青色布衣，头上绑着一条"必胜"的头巾。他正在全神贯注地低头画画，背后的木板上贴着已经画好的作品，标价100泰铢一幅。旁边的小架子上还挂着手绘的布艺小饰品和帆布包。他的妈妈在一旁见我感兴趣，便介绍说儿子最爱海洋动物，

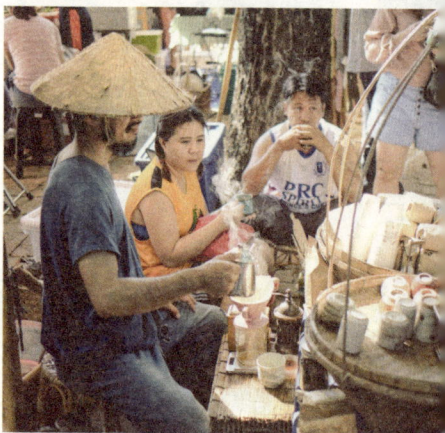

所以画的很多主题都跟鱼有关。她为了培养孩子的兴趣和人际交往能力，每周末都带他来摆摊，让他用自己的作品换取零花钱。我们被这种理念所感染，买下了一只粉红色的水滴鱼，挂在 Sue 的"罐头"造型的包包上刚刚好。

这里的手工艺品种类很多，从印染的连衣裙，到手编的小挎包，从羊毛毡小玩具，再到用回收材料做的环保袋，应有尽有。据说在泰国美术是个很热门的专业，而清迈又是泰国的手工艺文化中心，因此吸引了一大批心怀艺术梦想的年轻人搬到这里，他们做着喜欢的事，过着自给自足的小生活。

农夫

赶集日

在摊位区的附近，还有几座大的木质凉亭。如果走累了，可以拎上刚买的小吃，到这里乘凉休息。大家会光着脚在木地板上席地而坐，看着远处熙熙攘攘的人群，听着空气里的音乐声，左一口、右一口地吃着零食……恰好一阵凉风吹来，带走了丝丝汗水，我们俩交换了一个眼神，瞬间明白了此刻对方的心情。

在这个晴朗的周日早晨，我觉得自己离清迈又更近了一些。从前，我们在匆忙的旅途之中，留给一个地方的时间真的太少了。那时，我们衡量一座城市的尺度，会局限于它有多少历史名胜，有多少高楼大厦、时尚百货，有多少品牌旗舰店和"网红"餐厅，却忘了仔细去看看这座城市里的人过得幸不幸福，他们的快乐都从哪里来。

把脚步留给阳光和风，把早晨留给新鲜的蔬果食材，把审美和情趣放进生活的每一个小细节中吧。

你也想要真正理解清迈吗？那么，就亲自去赶一次集吧。

"奢华"的
游船见面会

"Luxury" Floating Meeting

　　来了清迈第三次，才知道清迈原来是有河流穿过的。它的名字叫作湄平河（Mae Ping River）。"Mae"在泰语中的意思是母亲，但更多的时候是作为缩写被用来指代"Mae Nam"（湄南河）——水的母亲，也就是河流。湄公河的湄也同此意。

　　在古代交通不便的时候，河流对于国家的发展和人们的生活都是十分重要的。许多物资可以靠船快速运输，沿河两岸可以发展更多的农业生态。所以对我而言，沿着水面漂流旅行，是一个从全新的视角了解清迈，甚至"穿梭"回古老"兰纳王国"时代的全新体验。

打听到了一个由寺院始发的小码头，我们坐上了泰国传统的长尾船，穿梭在茂密的热带植物间，看夹岸的房屋、餐厅和戏水的孩子们。

回程的时候已经是黄昏时分，水面变得很平静，有人划着皮划艇经过，岸边的河景餐厅点亮了灯，晃动的光投射在水面上，一切都静谧而美好。那一刻，我突然产生了一个想法，因为马上要到水灯节了，如果能包下这样的整艘小舟，约上一直喜欢我们的粉丝们来开一个"河上私人派对"，岂不是很酷！！！

> *Tips*　湄平河游船资讯
>
> 湄平河游船有多种规格和套餐，由多家不同的公司经营。我们当时是通过发英文邮件（邮箱地址：maepingrivercruise@gmail.com）与选择的公司沟通预定和确认时间的，然后到现场交钱。也可以在猫途鹰（Tripadvisor）上搜索"Mae Ping River Cruise"找到该机构的点评页面，上面有联系电话（+66 53 274 822）和码头地址 📍（133 Charoenprathet Road）。
>
> 白天的项目一般为"2 小时游船 + 农场参观"，通常全天都有船，价格为 550 泰铢 / 人；晚上的项目为"游船 + 河上晚餐"，价格为 650 泰铢 / 人。

PRIVATE BOAT CRUISE PARTY INVITATION

Roy&Sue

私人游船邀请

清迈水灯节小聚

2018.11.21 湄平河上

仅10席!

Chiang Mai Loy Kartona Festival

Roy 设计的船票！

于是我们预约了一条 15 人的船，船家会为我们准备好放水灯需要的材料、救生衣等必备物品。一切安排妥当后，我们便在网上发布了"登船邀请函"。时间定在水灯节的前一天傍晚，我们计划在报名的粉丝中挑选 10 人，一起包船 2 小时。

来参加的粉丝中，有平时在日本工作的，有正在曼谷读书的，有集攒了许多朋友的手写心愿，要来将这些心愿跟水灯一起漂走的。还有一位兄弟，女朋友没请到假，只好独自来玩，这天恰巧还是他的生日！！天色渐渐暗下来，一艘载满奇妙缘分的船，沿着河越开越远。原本拘谨的众人一点

"奢华"的游船见面会

点放松下来，开始七嘴八舌地向 Sue 提问。这种自由自在地飘荡着，边看两岸风景边畅所欲言的场景，比我当初设想的还要浪漫。

忽然间，从河流远处漂来闪烁的烛光，那是岸边有人开始放水灯了。放水灯是泰国水灯节（Loy Krathong）的重要传统习俗。水灯以香蕉的枝干和蕉叶为主要材料，制作成莲花座的样子，上面放上兰花、菊花和蜡烛，再插上香，把蜡烛和香都点燃后就大功告成了！

于是我们也纷纷拿出准备好的水灯，开始七手八脚地互相帮忙点灯。放水灯前，记得要默默许个愿，然后就让水灯带着你的愿望随着河流漂向远方。

整场活动结束在大家一起为过生日的小哥庆生的歌声中，欢声笑语飘荡在河面上，跟着我们点燃的一排排水灯一起远去。在我的记忆中，这个画面至今难忘而美好。

超级浪漫

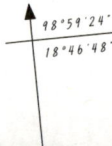

变味的　水灯节

The Change Of Loy Krathong

我们在清迈的旅居生活，即将在水灯节之后结束。

作为与宋干节（也叫泼水节）齐名的泰国两大传统节日，每年十一月下旬的水灯节是最有浪漫色彩的日子。这时候的泰国雨季刚过，天气晴朗、水位高涨。人们会将自己亲手制作的水灯放入河流中，寄托心中的希望和祝愿，或者寄托对恋人的思念。到后来，水灯节融入了孔明灯，于是人们开始向着天空祈福。

由于"万人燃放天灯"的画面极具视觉震撼力，所以这几年迅速火遍全球，俨然已经变成了水灯节的名片，许多一日游的套餐也应运而生。

变味的
水灯节

但作为清迈的"居民"，我们自然是不愿意凑这个热闹的，于是跟房东太太 Naiyana 和她的女儿问起了本地人如何庆祝水灯节，以及有没有什么推荐的好去处。

面对这样的疑问，她们先是略带沉默，然后推荐我们去湄平河沿岸随便走走。"不过我们也已经很多年没去过了。"Naiyana 补充道。她进一步解释说，以前清迈本地人都会在水灯节组织全家到河边庆祝，这是一家人很美好的回忆。但是随着水灯节知名度的打开，现在的清迈每到这个时节都会承载过多的游客。这个时候不仅交通很麻烦，而且走到哪儿都是人挤人。除了体验本身大打折扣外，其实还有很大的安全隐患——推挤、踩踏、火灾都时有发生。

带着 Naiyana 的建议以及些许担忧，我们还是决定去河边走走，看看情况。

傍晚吃完饭，我们打车来到古城东门——最热闹的塔佩门，开始沿路往河边走去。每隔十来步，就有卖天灯和水灯的。天灯有不同的大小，水灯也分莲花状、小船状、孔雀状等不同的造型。天灯价格为 10 ~ 50 泰铢，水灯价格则根据复杂程度在几十到几百泰铢之间。

终于到了河边的石桥附近，从这里开始，越向前走就越是挤到挪不开步子。几个交警在努力控制着秩序，哨声不绝于耳。从身边围绕的人来观察，基本上都是游客，欧美游客尤其多。

在这里，大家没有统一的放飞时间。找到一个令自己感到舒服或满意的地点，就可以点上灯放飞。最热门的放飞点有两个，一个是白石桥上，另一个则是白石桥下的河岸边。只不过桥上持续有技术不佳的人点的灯，因为太拥挤天灯自己也被点燃了，然后燃烧着坠入水中；然而河岸边的人群密度也不低，有很多无法找到合适放飞点的人，有时天灯就直接挂在了树梢上，几次险些引发火灾。

人群恐惧的 Sue 此时已经表现出了极大的不适，对放天灯这件事早就兴趣全无，一心只想赶紧离开。当四周的人们身上的汗味、嘈杂声、喊叫声包围着你，身边持续存在着火灾隐患，水面上漂满了点燃失败的天灯、水灯时，确实很难想象到，这就是别人画面里那唯美而神圣的仪式。

我和 Sue 逆着人群离开了河边，而此时从古城方向前来的人还在持续增多。我不知道这里是否发生过什么事故，又或者即将发生。

我们在回程的路上，看到不停地有天灯熄灭，落在了树上、房子上、车上、街道上。

从小我就很好奇，那些天灯带着我们的期待，究竟会踏上怎样的旅途。它能飞多久、飞多高，会不会飞到宇宙里去？而这一次我好像有了答案。当我们走在古城街头抬头仰望时，会看到成千上万的天灯在空中闪烁着缓缓移动，像一条温暖的河流。但如果仔细观察，就会发现在天空的暗处，还有一条灰暗的河流，在朝着相反的方向流动，那些便是燃尽的天灯"尸体"。停下脚步看看，就在视线范围内的街上，至少可以找到几十个这样落下的废弃天灯，上面还写着主人真挚的祝愿与落款。它们完成了自己激情燃烧的使命后，就会被这样随意抛弃。我开始思考，为了一张照片、一种"热爱生活"的仪式感，这个代价是否值得。

我们并不是站在道德高地去指责这件事。毕竟在此之前，我也曾对水灯节怀抱着美好的憧憬，也希望拍出好看的照片分享给家人、朋友。只不过，是不是美好也需要有更多合理的思考和引导去支撑。

在我们刚开始成为旅行博主的时候，我认为自己的角色是美好场景的分享者——把好看、好吃、好玩的东西呈现出来，让更多人参考，为更多人带来期待。但渐渐地，我又希望自己不仅仅是一个画面的分享者，而是更多人精神的引导者，来带领大家多发出一种讨论的声音。

清迈的故事就先讲到这里。下面让我们前往第二站，另一个充满特色风情的热带国家，一座你熟悉却又陌生的岛屿——巴厘岛。

变味的
水灯节

43

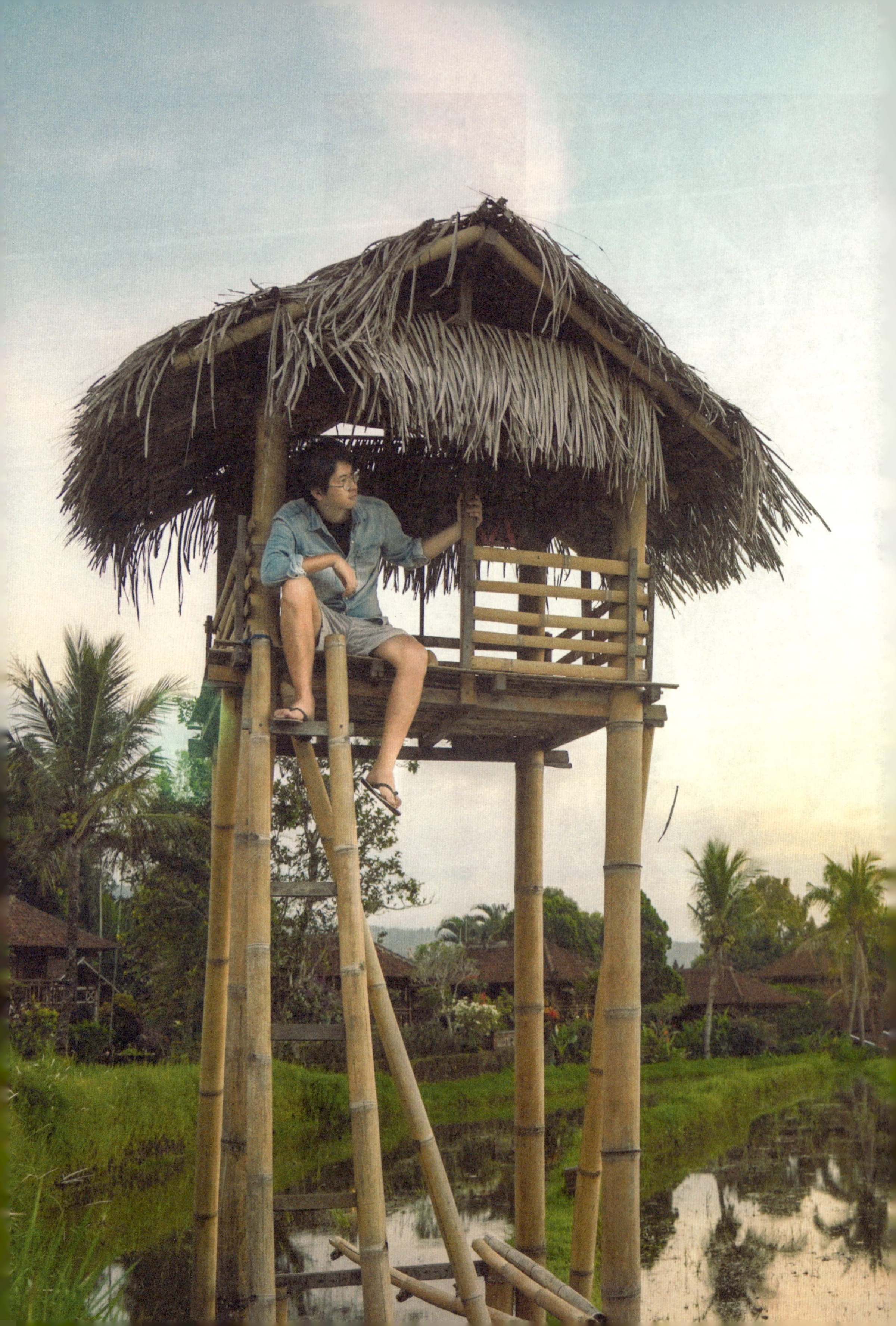

巴厘岛　惊魂夜
Bali Horror Night

千百种生活

印度尼西亚篇

离开清迈的早晨，我们特意去跟 Naiyana 一家告别。

大家拥抱、合照，约定等旅居结束后，一定要再回清迈相见。然后我们启程飞往旅居的第二站：巴厘岛。

取了行李来到抵达区出口，一位精瘦的小哥正举着写着我们名字的牌子来接机——他便是我们接下来要住一整个月的民宿的房东。坐在车里，看着窗外掠过的巨大神像与晚高峰时拥堵的车流，关于巴厘岛的记忆在我的脑海里快速回流。

大约半个小时后，我们来到了位于库塔区的民宿。天空被黄昏最后的余晖染成了粉紫色，我们的心情也唯美了起来。小院被一排竹篱笆围住，只有一个可容一人通过的小入口，仿佛游戏里的神殿一般。

PLAY

扫码看
本站
旅居视频

步入其中，右手边是面积为 40 多平方米的院落，有点杂草丛生的原生态之感；左手边则是本地传统风格的木屋。

仔细看看，木板墙上可以看见漏缝；门斑斑驳驳的也有一些小孔；衣柜、桌子更不必说，都透露着一种"老古董"的质感……但总而言之，房子虽然品相比想象的差一些，大体倒是跟照片上没有出入。

某 Roy 最爱

房东小哥交代完屋子的使用注意事项后，便留我们自己安顿。毕竟要住一个月，我们也没急着开行李，而是继续检查房间的功能。天色越来越暗，我在墙角点亮了自己带的一盏露营灯。就在这时，我留意到那盏灯吸引了几只飞蛾正在打着转。我心里暗暗叫苦，这说明房子的密闭性确实不好，之后少不了要面对蚊虫、蚂蚁。由于飞蛾刚好是我最怕的昆虫，我咬着牙下了半天决心想去把露营灯熄灭，却发现飞蛾的数量越来越多……

他怕飞蛾
翅膀上的
绒毛 + 磷粉

我赶紧拨通了房东小哥的电话。小哥反应很迅速，没有 5 分钟就出现了，他说这时候必须先关灯，然后开始狂喷杀虫剂。我拉着 Sue 打算先去门外躲躲，却见到了自己永生难忘的画面……

大概有上百只飞蛾正在室外屋檐下的灯光旁疯狂翻飞，像极了在电影里见过的蝗虫过境的场面。作为在北方长大的孩子，我俩真是第一次见识到这个阵仗，已经紧张到舌头打结了。震惊之余我发现，许多飞蛾竟然在不断地从墙壁的一个缝隙往屋子里钻！这也就解释了刚刚屋里的飞蛾怎么会越来越多……原来外面早已排起长龙，在争先恐后地入场！

我们的房间仿佛变成了"蛾子的夜店"一般,在巴厘岛的昆虫界口口相传,成了一个传奇……

小哥一再解释这真的是一个意外,绝不会每天发生,只是因为这里刚下过大雨,这种飞蚁才会出现,结果碰巧被我们赶上了。但无论如何,我和 Sue 真的没办法再躺到那张床上,最后赔付了小哥一部分房费,我们决定立刻搬走。

回到房间拿行李时,飞蚁们貌似真的死光了,只是床上散落了大量半透明的翅膀……后来查资料才知道,这种飞蚁是白蚁进化前的状态。每次大雨过后,它们都会成群结队飞向光源,并在灯下翩翩起舞,寻找"意中虫",这种现象俗称"婚飞"。还蛮浪漫的????"牵手"成功后,它们要纷纷"轻解罗裳",褪去双翅,完成缠绵的进化,然后一起爬回巢穴。如果这一切顺利完成,它们就会成为那个族群里新一代的蚁王和蚁后。但悲伤的是,据说 99% 的白蚁都无法成功。

长途跋涉后的第一夜真的好刺激!但还好我们经验相对丰富,很容易就接受了旅途中不会总是一帆风顺的现实。

毕竟每一次意外,都是日后与朋友聊天时精彩的谈资。而且根据我的经验,这类故事往往比计划好的安排来得更加令人动容。

白色生死恋

巴厘岛

惊魂夜

山谷
隐居生活

Hidden Life In The Valley

　　虽然住在酒店非常省心，但我们还是决定寻找一间新的民宿。民宿的确有很多缺点：比如位置不好；条件良莠不齐，容易"踩坑"；有些需要跟房东住在一起，相对来说失去了个人的自由。但它也有许多无可替代的好处：比如便宜、省预算，具有不同的地方文化特色，可以收获很棒的故事和友谊。最重要的一点是，它是帮助你快速了解当地真实生活的一把钥匙。与房东交流后，你往往能够获得很多网上查不到的本地资讯。房东的个人人脉也会帮你节省大量的时间，让你少走弯路。

　　总之，民宿对于我们来说，已经成了旅行时的首选。否则，你们也就看不到后面章节中那些精彩的故事了。

　　经过昨天晚上，我们在挑选民宿的时候更加谨慎了。在仔细查看房子的每一个细节和客人留言后，我们选定了一家看起来很新、很干净，但依然是传统风格的木屋。房主描述说，这房子坐落在真正的巴厘岛村落中，周围就是山谷和农场。虽然偏僻一些，但其他条件听起来十分符合我们的需求！再加上又很便宜，一晚上只要 200 多元人民币！于是我们快速与房东取得了联系，并约定第二天一早来酒店接我们。

　　第二位登场的房东小哥喜欢戴一顶帽子，搭配上蓄的小胡子和黑框眼镜，让他看起来年轻且时髦。

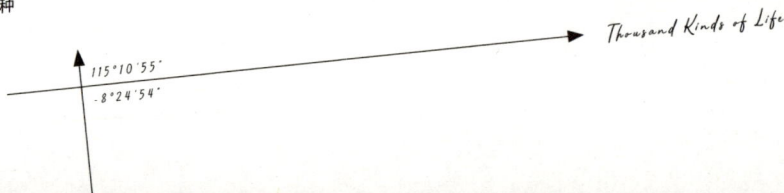

千 百 种
生 活

Thousand Kinds of Life

115°10′55″
-8°24′54″

小哥告诉我们他叫 Wayang Juli。在巴厘岛几乎所有家庭的长子都默认起名 Wayang，而 Juli 则是因为他 7 月出生。他从出生起就一直生活在乌布地区的一个村庄里，凭借自己努力学习的语言和知识，在村里开了民宿，还经营着一家小小的旅行社。

乌布地区是巴厘岛的传统文化和手工艺中心。这里不仅有古代乌布王国精美的宫殿与庙宇，熙熙攘攘的传统集市和街道，在其周边的村庄里，还居住着岛上知名的能工巧匠。有的村庄专攻绘画，有的精通木雕，有的则专注于蜡染工艺。

行驶在这里，会发现街边的景象保留着巴厘岛最传统的村庄生态。窄窄的道路两侧，每家每户都用砖石结构的墙壁围出了小院落。院门前摆着石雕，墙上也装饰着各种精美的雕花图腾。石缝间钻出的青苔，让整条街染上了岁月的色彩。时不时地，还会出现各种大大小小的石龛、石亭。上千座供人们日常祭拜的大小庙宇，维系着乌布地区人与人、村和村之间紧密的社会关系。

不同的村落之间则分布着大量的水稻田，有的是延伸到远方的平整田垄，有的是依着山势修的古代梯田。它们绿得层层叠叠、生机勃勃，其间穿插点缀着一两个砖红色的屋顶、一两棵高耸的棕榈树、一两群信步野游的鸭子，这些景物一起构成了巴厘岛标志性的诗画田园景象。

说话间，我们的车拐入了一条小巷，那是 Wayang 家所在村子的入口。从这里开始左拐右拐，穿过许多参天古木下的院子，再颠簸着开过稻田间的小土路，然后继续拐过更多的弯，我们终于停在了村子的最深处。

山谷隐居

生活

下了车，我们拖着沉重的行李继续顺着小路往下走。路的一侧是植物密布的山墙，另一侧则出现了壮阔的热带丛林峡谷。由近及远的旅人蕉、芭蕉、棕榈和其他各类果木，被阳光照射出翠绿到金黄的渐变层次。隐约间，还可以听见远处谷底传来的潺潺流水声。大约向下走了五十来米，我们终于进入了山谷农场。这里有蜻蜓在鱼塘上飞舞，山泉顺着水管不停地往外冒，远处的棚屋下还养着一头母牛和一头小牛。

整齐的石板路指引着我们往更深处走，终点终于出现在眼前了。

这次的住处是一栋被称为"Hut"的小木屋。它的特点是屋顶高耸，屋檐宽大，下沿装饰着锯齿状的木质垂边，屋顶坡面则用棕红的瓦片铺满。脱了鞋，光脚走上用干净的木头地板铺就的露台走廊，这里摆着桌椅，可以在清晨面对着山谷风光吃早餐。对开的木质大门上有主题为植物的镂空浮雕装饰，两侧则挂着身着传统华服的舞者的木雕像。

房间内的格局很简单：一张带蚊帐的大床，一套桌椅，一张长椅。纯白的床品看上去平整干净，堪比酒店的水平。家具全部是实木的，风格统一且有古韵。房间三侧开窗，一侧可以看见属于我们的草坪小院，上面放着秋千椅；一侧开在书桌前，工作累了可以随时用一窗绿植"洗洗眼"。

在房间的后门下3级台阶，会通向一个单独的更衣间，这里还摆着一张梳妆台。更衣间的隔壁是开了天井的半户外浴室。湖蓝色的瓷砖和浴缸十分亮眼。天井正下方则是鹅卵石与鸡蛋花树形成的小造景。下雨的时候泡着澡，看旁边的雨滴滴答答地打在叶片上，是属于热带国家特有的享受。

五星级
度假村配置
☆☆☆☆☆

还没来得及坐下，Wayang 便端来一个托盘，上面放着两杯鲜榨菠萝汁作为欢迎礼物。这是住在农场的又一好处：喝不完的鲜榨果汁！房东自家种植，从树上到桌上就 20 米的距离！

坐在门口的走廊上，喝着果汁放松了下来，我们回想这两天的经历，宛如一场大梦。当初花了好长时间，提前两个月预订的房子，竟然不到一个小时就退掉了……而前一晚紧急寻找的房子，反而让我们非常满意，变成了因祸得福的惊喜。

之后的每天早上，我们都有变着花样的免费早餐。不出门时，可以请 Wayang 的妻子随时做午餐和晚餐送过来；如果有任何想安排的行程，也都可以直接跟他讲。Wayang 自己就是司机兼导游，价格也很公道。

就这样，我们在这片没有任何游客的村庄山谷里，开启了巴厘岛的美好"隐居"生活，让自己完完全全地变成了这个小村子里的 2 位"新晋村民"。

山谷隐居

生活

村民 日记

Villager's Diary

搬到乡下生活，人的作息也不得不变得更健康。

天一黑，除了我们院子里的小地灯，四周便是一片漆黑了。大约傍晚六点多吃过晚饭后，剩下的时间基本就是剪剪片子、看看剧，晚上十一点前进入梦乡，第二天早上七八点再起床吃早餐。

住在这个小山村里，虽然没有热闹的商店街道、多样的餐厅选择，但却有着属于本地人的乐趣。

千百种
生活

Thousand Kinds of Life

115°10′55″
-8°24′54″

　　清晨五点半,当 Sue 还在睡梦中时,我悄悄起床换好衣服,带上相机,在屋外跟 Wayang 会合。我们绕过牛棚,打着手电筒走入了落叶满地的丛林中。到天蒙蒙亮时,我的拖鞋已经被林中的露水彻底浸湿,走一步滑一下,让我不得不用脚趾的力量紧紧扣住隔带。

　　Wayang 没有过多地解释,开始带着我爬上坡。正当我已经感到有些疲惫的时候,我们走出丛林了,出现在眼前的,是一片广阔无比的碧绿稻田。阳光刚好从视野尽头射过来,照亮了稻谷尖上的每一滴露水,丛林上方蒸腾的薄雾被映得像撒了一把金粉。

　　太阳刚刚出来时的梯田有着你在其他任何时候都感受不到的魅力。这时天气还很凉爽,光和雨露皆万分迷人。踩在窄窄的田埂间,深一脚浅一脚,任由泥巴沾上脚背。鸭子们成群结队、东奔西走,寻找着收割后遗落在田间的稻米;农夫大叔正在插新秧,清泉通过水渠,在他身边潺潺流淌。我和 Wayang 边走边聊,跟着他辨认村子的方位,穿过他舅舅的后院,跟田里早起的阿姨们问好,满足地品味着这群素昧平生的村民对我投来的善意,还有巴厘岛式的寻常早晨。

　　Wayang 每周要去几趟镇上的传统市场,采购民宿食材与祭祀物资。于是又是一个五点半,我艰难地爬起来,"丢下"还在呼呼大睡的 Sue,坐上了 Wayang 的车前往市场。

村民
日记

我一边困到不行，一边问神采奕奕的他一般几点起床，他答："四点半吧，有时候四点……"

每个周日，这个传统市场都会超级热闹。各种鲜花、水果，大把的嫩椰子叶，腥臭的腌渍吞拿鱼，奇形怪状的早餐小点，在这里都买得到。

巴厘岛的一大特色，就是女人们习惯把货物顶在头上。为了买更多东西，许多姐姐和阿姨会在头上顶着巨大的竹条筐，慢慢穿梭在本来就拥挤的人群里。当然，可能是一整串带树干的香蕉，也可能是一大盘蔬果。

千百种
生活

Thousand Kinds of Life

115°10'55"
-8°24'54"

邮
电

我在这里花了 20 元：在卖草帽的爷爷的摊位上买了顶巴厘岛式的农夫帽，又给 Sue 捎回了一颗果肉是白色的特产芒果。

每次跟 Wayang 出门，我总喜欢拉着他问东问西，想要更了解本地人的生活。由于巴厘岛传统农历节日众多，还有很多属于村子的重要日子、家族的祭拜等，所以就算没有客人，他也闲不下来，总在忙东忙西，做着各种准备。一旦有空了，他还要赶回家陪陪 2 岁大的儿子。在本地人的生活中，不存在 KTV、看电影、密室逃脱，也基本不会去什么好餐厅用餐或者逛街购物。这些属于都市的消遣，对他们来说是另一个世界的事。

搬到乡下生活，没有大鱼大肉，没有五光十色的都市霓虹，甚至没什么需要花钱的地方。但——我们意外地发现，这种生活，竟然还不赖！

醒了就有芒果吃！
ᵔᴥᵔ

村民
日记

在
信仰的　土地上

On The Land Of Faith

小·Sue 持续下线中

　　如果说，跟着 Wayang 小哥体验巴厘岛人的日常作息，是选择住在村庄里的一种优势，那么被他主动邀请参与家族乃至全村的祭祀活动，可以说是旅途中可遇而不可求的额外奖励了。

　　巴厘岛人至今恪守传统历法，对于大小节气与特殊节庆的仪式，都保留着一套很完整的流程。可以说，一个接一个的仪式活动，就是巴厘岛人的年度日程表。到了节气，举行仪式！家里有新房落成了，举行仪式！有人去世了，举行仪式！有人生孩子了，举行仪式！如此高密度的活动，时常让我怀疑他们根本没时间干别的事……

千百种
生活

Thousand Kinds of Life

115°10'55"
-8°24'54"

在乌布地区，每个大家庭都会有一座自己的家庙，用于每年的几次祭拜。此外，每个村还会有一座单独的村庙。家庙的结构很简单：大概 30 平方米的露天空间，被石墙围起来，中间有一个主祭台，四周伫立着几个石龛。而村庙就要大得多，一次可以容纳两三百个村民。这些空间都是村庄里的私人场所，一般游客不仅很难找到，就算路过了也不敢轻易进去。

这就是我们热爱民宿的原因，除了一张睡觉的床，它还给了你一个走入当地生活的入口。

入住不久，我们就很幸运地赶上了 Wayang 家族半年一次的大祭拜。当天一大早，他就拿出了自己和老婆的传统服饰为我们装扮起来。

家庙距离我们的住处只需要步行 2 分钟。我们抵达时，已经有很多亲戚等在那里了。从爷爷奶奶辈的，到与 Wayang 同辈的表亲，再到只有七八岁的孩子们。见到我们，他们并没有显得多惊讶，大家纷纷自然、友善地打了招呼，然后该干吗干吗。

在信仰的

土地上

家族仪式大约进行了2个小时。我们学着大家的样子，配合着每个流程。在整个过程中，气氛非常轻松。大家就三三两两地坐在周围聊天，孩子们在附近玩耍打闹。没有什么长幼、男女之别，对于我们两个外人在场并且在拍摄，他们也没有任何的避讳和禁止。

参加完这次活动后不久，我们非常幸运地又赶上了整个村一年一度的大仪式！

Tips 巴厘岛传统打扮

男生：下身长短两条 Sarong 裙叠穿；上身穿短袖，通常是白衬衫；头上绑一条叫作 Udeng 的头巾
女生：下身穿 Batik 蜡染的开衩裙；上身里面穿短袖或背心，外面穿一件植物纹样的镂空蕾丝上衣

不论男女，都会再系上一条长长的彩色丝质腰带，男生是为了绑紧长裙，女生则可以收出窈窕的腰线

现场大概能有两三百人，大家统一身着传统服装。女人们坐在一起聊天；男人们则会集中在另一边一起抽着烟；小女孩们一人背个小挎包，挎着闺蜜们的胳膊一起四处溜达，叽叽喳喳地说着话；小男孩们则全部聚在一边的椅子上，低头打着手机游戏，不时地交头接耳。在院落的一侧，有一支很大的传统民乐队，乐队成员都是村里会乐器的。每到仪式或庆典，他们就会演奏一种具有巴厘岛特色的叫作 Gamalan 的打击乐。

除了刚才说的乐器组，青少年和小男孩们要负责举着高伞、锣鼓游行；小女孩们则要戴上嫩椰子叶编织的头冠，表演舞蹈。最后所有村民纷纷跪坐，为明年祈祷好运。

整整五个小时的活动，全村几乎没有人缺席，就连最小的小朋友，也会在家长的鼓励下，坚持到仪式结束。

我坐在地上，置身于本地人群中，回想起这几天在村里的经历，产生了很深的感触。在这种传统的大仪式中，巴厘岛人会让孩子们尽可能多地承担起重要的工作。身边的村民告诉我，这样会让孩子们觉得自己很重要，认为仪式不只是大人的场合，更是自己的事。对集体活动与传统习俗的热爱，也会在这样的活动中被培养出来。

仪式感、人情味、敬畏祖先和传统以及文化的传承，通过这一场场的活动、一天天的耳濡目染，在巴厘岛人的心中变得越来越重要。

在信仰的

土地上

寂静的 夜游

Silent Night Parade

巴厘岛的传统仪式究竟有多少呢，多到我上一节都没讲完，这一节还要继续！

除了家祭和村祭，很多祭祀活动跟时节的变化有关。比如每年的 12 月，我们所住的村庄就要祈求明年五谷丰登、顺遂安康等，于是就迎来了一个很有趣的仪式——寂静的夜游。

所谓寂静游行，就是全程没有任何吹奏，甚至不能交谈，全村人只需要结队静静地行走在村庄的各条路上。

Thousand Kinds of Life

115°10'55"
-8°24'54"

傍晚五点半，Wayang骑摩托车载着我到村口，并介绍了邻居们给我认识。一位大哥拉着两个儿子，往稻田的另一边走去，我决定主动出击，跟上大哥去寻找大部队。

快走到大马路口的时候，浩浩荡荡的队伍从黑暗中猛然浮现了出来。打头阵的是几个年轻男生，举着当地最有名的"巴龙（Barong）"。据说"巴龙"这种青面獠牙的形象，是当地人从中国古代的舞狮中获得的灵感，再结合本地民俗而创造的。所以出街的时候，要像舞狮一样，有两个人钻到它"身体"里，一个举着头，一个担当尾。

与我想象不同的是，大家还是在很欢快地、叽叽喳喳地聊着天，一点也不安静、也不严肃！队伍里的年轻人看见我大多会主动打招呼，问我是从哪里来的、住在哪里，但并没有对外来人的出现表现得多么惊讶。

最后，在一片三岔口的空地上，所有人都停了下来，开始进行今晚的集体祈福。结束后，周围的人又迅速回到了拉家常的模式。几个大叔点起了烟，阿姨们讨论着彼此的衣服样式。坐在后排的几个女孩看我一直举着相机在拍摄，兴奋地问我是不是博主，说着就拿出手机想要关注我的主页。这一切都带着特别日常的随意和亲切感。

回到家，我正打算把今晚的经历讲给 Sue 听，就听见浴室方位传来了她高声的呼救。我急忙跑去一看，原来我们的马桶上，正趴着一只很大的树蛙。褐绿色算是蛙的朴素标配色，只有从头顶到背上的部分长着斑马似的深色条纹。它正用长长的带着吸盘的趾紧扒着马桶圈的边缘不放。大眼睛看起来很萌很无辜，好像它自己也不知怎么就跑到这个地方来了。

寂静的
夜游

Sue 说它已经在这儿趴了 3 个多小时了，没有任何要离开的意思。而 Sue 也不敢轻易去赶它，就这么放着等我回来处理。我摸摸 Sue 的头安慰了她一下，然后自信地走上前去，与它进行了一番对视……

"要不我们还是别打扰它了……""……""万一这东西有毒，被激怒后跳到我们身上呢？""嗯……"

树蛙好像听到了我们的对话，它突然跳到了马桶盖顶上，然后又跳到了木质墙面上，不知道是不是在寻找一个方便袭击我们的制高点。我们"恭敬"地退回房间，翻出了行李里的头灯，打算使用光波远程逼退它。在 1 分钟剧烈的光线晃动，搭配了 Beatbox 的声波攻击中，它依然不为所动……后来我才知道，原来蛙在被强光照射的时候，反而会自然定住不动，可怜我们两个没有乡村生活经验的人当时并不懂。

> 视频版本精彩加倍！

过了一会儿，大概是厌倦了我的表演，树蛙双腿一蹬，从天井离开，消失在了寂静的夜色中。

巴厘岛的夜，虽没有灯红酒绿，但仔细听，也有属于它自己的心跳声。住在这片山谷之中，我们的思绪放松了下来，感官拿回了掌控权。晚上十一点，山谷对面的村子依旧热闹非凡，那声音隐隐约约，被风送进了我们的窗口；半夜三点，屋顶上又发出了窸窸窣窣的声音，不明生物正踩着瓦片乱窜，好像马上就要从我们头顶上掉下来。翻个身再次入睡，我来到了今晚那片紫色的天空下，分不清此刻听到的乐音，究竟是真是幻。

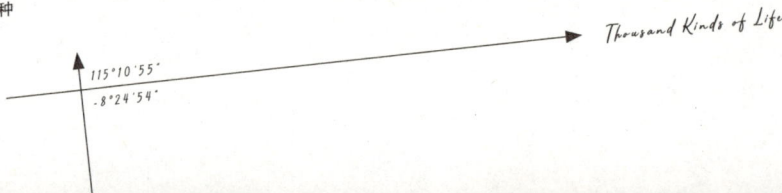

万里来　相会

Meet For Thousands Of Miles

在辞职后的几年的旅行生涯中，我们不仅走向了更广阔的世界，也在旅途中结识了很多与我们相似的、志同道合的朋友。其中关系最好的，是 3 对同样一直在路上的旅行情侣档：阿脸阿崔，十三阿全，小墨与阿猴。→穿搭和摄影　　古玩 插画 设计 和 电商

通过我们的牵线，我们这四对"旅行情侣"在几年前组成了一个神秘组织。此后每一年，总要借着各种理由，暂停自己的旅行，从世界上的各个角落飞到一起相聚几天。而今年因为我和 Sue 来到了巴厘岛，所以聚会的地点也就顺着我们定在了这里。

文化　吃喝玩
乐
万里来

相会

作为"地主"，我和 Sue 自然而然担当起了地接专员的角色。由于人比较多，于是我们打包了行李，搬到了巴厘岛南部金巴兰地区的一处悬崖海景别墅。独门独院的大宅子，4 间带独立卫浴的卧房，超宽敞的半开敞式客厅、餐厅，环绕式草坪与大泳池，加上假山、流水，古香古色的木雕装修，24 小时专属管家服务……以上这一切，在巴厘岛只需要人均三四百即可实现！

朋友们接二连三抵达了本次的据点，接下来的几天就不一一细讲了。千言万语汇成两个字——快乐！我们的生活节奏大约就是：出门做 Spa，回来后在泳池泡着；出门逛街买古董，回来后在泳池泡着；出门海岛沙滩半日游，回来后在泳池泡着……黄昏的时候，大家站在泳池边的草坪上，从高处远眺整个金巴兰地区的海岸线以及西南方金色的大海。我们就这么站在一起，目送太阳一点点消失在远方的云层里，享受着这个有彼此陪伴的时刻。

→ 部落头饰
→ 集体出街
→ 全岛注目

到了晚餐时间，还可以提前跟管家点餐，由他们夫妻俩下厨。到了约定的时间，他们会把一切准备妥当放在桌上。再晚一些，大家就一起窝在客厅的沙发上谈天说地、畅聊八卦，或者玩几局游戏。夜深了，气温变得凉爽宜人，连风都很温柔。泳池里的水被吹皱了，池底的灯光晃动着，连院子都好像缓缓流动了起来。

就这么在客厅耗了很久很久，换了几十个话题，直到大家已经困得不行，但谁都舍不得轻易结束这样的夜晚……

万里来

相会

夜攀 火山顶

Climb To Top Of Volcano

由于十三和阿全有紧急的工作，不得不先行回国。我们剩下六个人决定退掉这间位于巴厘岛南部的大房子，然后一路北上，到北部的山区玩一玩，看一看巴厘岛的"非游客度假区"的风貌。

其实巴厘岛的美真的会超出你的想象。巴厘岛大致可以划分为 5 个人文、自然兼备，又各有特色的区域。在这次旅居的一个月间，我们把五大区域全都走了个遍。当然，这都是后话了，现在我们要带好朋友们去做的第一件事，就是一起爬火山！

Thousand Kinds of Life

115°10′55″
-8°24′54″

从南部的金巴兰地区一路开车到火山区，大约需要 5 ~ 6 个小时。我们前往的地区名为"金塔玛尼（Kintamani）"，它所指的也是坐落在此处的一座同名大火山。沿着火山的边缘开车 20 分钟就可以绕一圈。天气好的时候往里眺望才明白，它形成了一个"环中环"的火山结构。也就是在外围喷发过的大火山内部，形成了巨大的火山湖和大片的农田，同时在中间剩下了一座小型活火山——巴图尔火山（Gunung Batur Volcano）。

省钱！

火山温泉不分家。来这里爬火山的游客，大多会住在火山湖旁的温泉酒店。但为了体验生活，我们选择住在酒店的"露营区"——只要很便宜就能体验一晚帐篷住宿，而且可以免费使用酒店的温泉设施，并获得一顿自助早餐！

露营帐篷老实说还不错，有点像一室一厅：一边放着双人床，床上有干净的寝具和毛巾；另一边是用于放行李的空间，还有张放着小台灯的桌子。我们 3 对情侣的帐篷是挨着的，帐篷下面就是水泥地，上面有遮雨的屋顶。

前一天泡温泉到很晚

如果希望看到火山顶的日出，必须凌晨 4 点就从酒店出发。Sue 也顾不上搭配，胡乱抓了件柔软宽松的衣服套上，戴上眼镜、背着小挎包就出发了。

15 分钟车程后，我们抵达了徒步的起点。向导为每个人都准备了头灯，于是大家在一片漆黑中前进。此时正飘着细密的小雨，充满火山岩碎石的山路变得非常湿滑。我和 Sue 攥着彼

夜攀

火山顶

此的手，小心确认着脚下的每一步，尽力跟上向导的脚步。大概爬了 10 多分钟，我抬头向上一望，漆黑的视野里，一个个光源越来越小，且呈蛇形上升，形成了一条壮观的"光之路"。

爬到山顶大约需要 45 分钟。越往上爬，路变得越陡、越窄，我们不得不几次停在路边稍做休息。最后一段路，还是向导牵着 Sue 的手，硬拉着她爬上去的。当我们终于抵达山顶时，头发早已湿透。这时候天刚微微亮，山顶上狭小的空间挤满了人。向导为我们占了一条木质的长凳，并铺上干的毛毯，又给每个人递来了鸡蛋和香蕉。我们一边享受着早餐，一边等待辛苦过后最灿烂的日出。

等待着……继续等待着……眼前依旧是散不开的浓雾，不过也许某个瞬间就突然消散了呢？再等等……当我们终于认清今天大雾，根本看不到日出的时候，很多人已经纷纷开始下山了。可以看出大家心里都很失望，毕竟大老远跑来，又起这么早辛苦爬了上来，但大家还是互相安慰着彼此。我们索性调整好心态，继续坐在长凳上聊天，抓紧享受这难得的早起时光。

这一天早上的巴图尔火山顶，留下了我们放肆的大笑声，留下了几个至今想起来还能会心一笑的段子，留下了我们头发湿漉漉、脸颊红扑扑的自拍。

如何策划一场无论如何都不会失望的旅行？

跟对的人一起去，空空如也亦是风景。

又冷又热又累

做个 匠人

Be A Craftsman

在古代，生活在巴厘岛上的人们职业分工非常简单。如果你天赋异禀，那么你就可以从事最棒的职业——祭司。祭司基本上吃穿不愁，还受人敬仰；其次是领袖贵族阶级，他们可以住在精美的宫殿里，锦衣玉食。如果生为普通老百姓，则只剩下两条路：要么成为一个农民，种田、养鸭、种水果；要么，就成为一个艺术家。

巴厘岛的艺术家可以再具体细分为画巴厘岛 Keliki 传统画的画师、演奏 Gamalan 祭祀音乐的乐师、修神庙的石匠、雕神像的木匠、跳祭祀舞蹈的舞者、绘制蜡染布料的设计师等，不一而足。所以我总觉得，来一趟巴厘岛，如果想真正感受本地文化的精髓，就一定要"拜师学艺"，体验一次做匠人的感觉。

于是，我们在乌布地区的南部找到了一间坐落在稻田之中的艺术工作坊，这间工作坊是由本地人 Ayu 和她的美国丈夫 Mark 一起经营的。在这里不仅可以接触到木雕、石雕、皮影、蜡染、乐器、舞蹈等 15 种传统艺术，还可以住在稻田里的民宿，以便长期学习这些艺术。

这间艺术工作坊的环境非常怡人。四周是大片嫩绿色的稻田以及高耸的棕榈树。单层的传统院舍里，有飘满荷叶、浮萍的池塘，有几张木桌子组成的咖啡厅区域，以及用来进行不同创作的工作台。

我们的木雕老师据说是个高手，没有教课任务的时候，他都在为世界各地的订单进行创作。对于我们这种只做 3 小时的体验学员，他一般会推荐做一个体积小、难度低的物件。Sue 选择雕一个基础的带花朵图案的方砖，而我则雄心勃勃地选择了一个看起来很酷的巴龙头面具。

木雕的用具很简单：一把锤子，以及一堆不同尺寸的凿子。凿子长得很像钢尺，只不过它与木料接触的地方，是弯曲的、有弧度的。每用锤子敲一下，就会去除木料多余的部分，逐渐雕刻出想要的形状。这一切在老师下手的时候都显得顺畅自如，我们的眼睛和脑子纷纷表示自己已经学会了！可真正轮到自己的时候，才发现双手根本不听使唤，不是敲重了或轻了，就是彻底歪掉。雕出来的图案自然也是参差不齐、线条扭曲。

那天下午，整间工作坊只有我们两个客人，环境安静且令人放松。在敲打声中，时间就这么悄悄流逝了。最后 Sue 靠着自己完成了花朵图案 70% 的工作量，而我……总之大部分都是老师完成的，我也就刻了刻眉毛和牙齿，给老师捣了捣乱。

Tips 关于木雕工作室

在巴厘岛有许多类似的木雕工作室。我们去的这家叫作 WS Art Studio，距离乌布市中心 4 ~ 5 千米。这里提供 15 种巴厘岛传统艺术的学习课程与住宿客房。3 小时的手工体验课价格为 100 ~ 200 元人民币。更多资讯、联系和预定，可至官网：http://www.craftworkshopbali.com

地　址：Banjar Gelogor, Lodtundah Off the road to Mumbal, two km south of Ubud., Ubud

现在回头看看当时的作品，如果它被摆在市场上出售，白送给我都不要；但是一旦它变成了自己参与制作的作品，又想到我们在它身上所耗费的精力，这些不起眼的小木雕便一下子成了心头的宝贝，怎么看都顺眼。这也是我们热爱手工艺品的原因：它不仅能呈现每个地方的特色文化，更融合了人们的思想、故事和时间。每一件手工艺品都独一无二、有血有肉，每一种技巧都要一个匠人花几十年的时间去学习和打磨。

随着时代的变化，愿意花几周、几个月，甚至几年的时间来雕琢一件手工艺品的人会越来越少。而这些巴厘岛上的匠人，在未来的某一天，也许只能成为存放在博物馆里的一段记忆了。

做个匠人

部落　传说

中二少年之梦　*Legends Of Tribe*

从 11 月底到 12 月底，我们在巴厘岛的一个月过得飞快。当然在这期间，还有更多的故事与片段，无法一一展开描述。不过，在正式告别印度尼西亚（以下简称印度尼西亚）之前，我还有最后的一段冒险故事，一定要讲给你听。

在我的心愿清单里，有许多原住民的居住地和原始部落想探访。我想看看，在所谓文明世界的影响还没触及的地方，人们现在过着怎样的生活。在世界诞生之初，住在各种恶劣条件下的人们，是怎样单枪匹马战胜自然，并演化出种种有趣的习俗。而在印度尼西亚旅居的最后几天，就是一趟我的"圆梦之旅"。我和 Sue 飞到一片原始山谷中，与一群叫作 Dani 人的原始部落居民，朝夕相处了 4 天 3 夜。

在澳大利亚北部，有一座被人们忽略的大岛，叫新几内亚岛。它是世界第二大岛，仅次于格陵兰岛。在这座岛上，至今仍居住着数百个原始部落，他们是地球上最古老的人种之一，但一直到最近一百年才被世人发现。此外，在这座大岛上还有着数不清的珍奇动植物，直到现在都还在不断发现新物种。

目前的新几内亚岛，被分成两个部分。右半边是"巴布亚新几内亚"的主要部分，巴布亚新几内亚是个独立的国家；左半边现在归属于印度尼西亚，分为"西巴布亚省"和"巴布亚省"。从巴厘岛转机到西巴布亚省，不需要任何额外签证，并且不论是治安还是发展程度，相对来说都要优于另一边。所以这一次，巴布亚省就成了我们的更优选择。

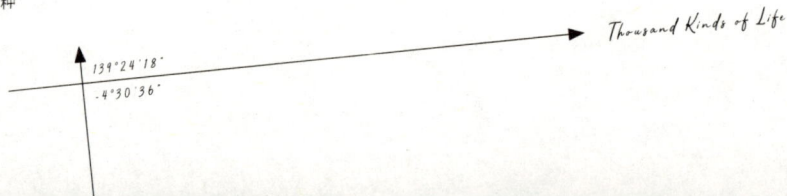

Thousand Kinds of Life

139°24'18"
.4°30'36"

　　背上登山包、睡袋、防潮垫等一系列装备，我们赶往机场，与这次约好同去的两位探险好友——李拜天、小鹏哥会合。从凌晨起飞，再经停两个城市，我们终于在上午到了 Baliem 山谷中的小镇：Wamena。以这个小镇为中心，周围聚居着 Dani、Lani 和 Yali 3 个土著民族。在 Dani 人的文化中，猪是至高无上的财富，所以他们语言中的"Wam（猪）"以及"Ena（饲养）"构成了这个小镇的名字。

只有 Roy 不知道，没有 Roy 查不到！

　　通过攻略书和邮件往来，我提前几个月就约好了本地的专业向导 Bob，此时他已经在机场等我们了。Bob 在整个巴布亚地区据说是"传奇人物"，做了 30 年的私人向导。各种 BBC 拍摄团队、人类学者以及《国家地理》的摄影师都是在他的带领下深入丛林，拍下了那些罕为人知的部落。他总是戴着引以为豪的标志性牛仔帽，上面缀满了在丛林深处捡到的战利品：鳄鱼牙齿、野猪獠牙、鹤鸵爪、树袋鼠的尾巴以及蝴蝶的蛹。他一再强调这些都是自然死亡而来的。

部落
传说

73

　　我们首先要在小镇上的警察局注册登记，并办理许可证，然后直接乘车向郊外驶去。大约 40 分钟后，车停在了一片田野中。接下来，我们跟着本地来接应的村民，继续在泥泞湿滑的小路走了接近 1 个小时，才最终到达了我们将居住的传统小村子。为了不给本地居民增加负担，我们从镇上带了够接下来三四天吃的鸡蛋、大米、蔬菜和水。

　　这里完全符合传统印象中"部落"的样子。木头搭成的篱笆上铺着干草，围成了外墙。在一大片空地上，散落着大小不一的五六间茅草屋，其中最大的是厨房与公共客厅，剩下的都是睡觉的地方。除此之外，从院子后门出去走 2 分钟，有一条小溪，当地人在水里搭了可以踩着的木板，这里便成了洗澡的地方。

　　进村的时候，这个部落的老战争首领（War Chief）出来迎接我们。他年轻时是全部落最骁勇善战的勇士，现在虽然年近 80 岁，但依然健步如飞、身体精壮、肌肉线条清晰。除了重点部位上戴着一个状似葫芦瓢的植物壳外，他身上没有穿其他任何衣物。这"葫芦瓢"在当地语言中叫作 Koteka，是常见于整个新几内亚岛的男性特色装扮，只不过不同部落用的植物的形状和大小会略有不同。

　　虽然现在有些年轻人已经穿上了现代的衣服，但像酋长这样的老一辈土著，还是更喜欢这样"原生态"的造型。

Thousand Kinds of Life

139°24'18"
-4°30'36"

至于女人，传统的衣服则是下身穿草裙，上身赤裸，头上戴着一个手工编织的彩色网兜垂在身后。这些网兜平时可以用来装刚摘的蔬菜或日用品。

酋长名叫 Asudek，是被西方文化影响之前的最后一代人。他三餐只吃地瓜，在河里洗澡，生饮河水。另外，他在出门时会随身背上一个小编织包，里面装着烟。酋长不抽现代香烟，只带着烟草叶自己卷来抽。

在 Dani 人的地盘，首先要学会与人打招呼的语言。最好学的一句话是"wa，wa，wa"，表示欢迎或感谢。如果对方"wa"的次数越多，则代表仪式越隆重。走在这里的路上，要主动伸出右手与迎面走来的人握手问候。Bob 说，在这里只有敌人才会见了面却不发生身体接触。

这一次充满未知和惊喜的部落生活，就在每日的"wa"声中开始了……

部落
传说

巴列姆　跨年夜

2018年再见！

Baliem New Year Eve.

在这里的每一天，我们的生活基本上都是上午早起在山谷里徒步，下午回村里休息放松，晚上则聚在厨房地灶的火旁聊天，与孩子们一起唱歌。

徒步其实就是亲自感受原始社会的生活日常。我们会穿过大片的农田、森林与沼泽，或者登上山腰的巨石，一起晒太阳。很多时候，我们走的路已经不能被称为路了，只是一条充满淤泥的浅沟，时不时还要仅靠一根树干搭的独木桥来通过宽阔的热带河流，甚至直接下半身浸没在水里，蹚过整条河。

千 百 种

生 活

Thousand Kinds of Life

139°24'18"
-4°30'36"

李拜天和小鹏哥属于常年进行户外运动的类型，全程精力充沛，一马当先。我则是牵着 Sue 的手，小心看着脚下的路，并随时注意她会不会太累、有没有哪里不舒服。毕竟对于一个女生来说，要逼自己适应这样的环境，是需要比男生克服更大的障碍的。

时间就这样来到了临走前一天。Sue 表示自己累了要回房间休息，而我则继续留在厨房跟 Bob 和酋长聊着天。那时候的我沉浸在自己的世界里，还没有察觉到，连日的疲劳，不能洗澡、换衣服的痛苦，肆虐的蚊虫，加上正好赶上了生理期，让 Sue 已经快撑不住了。

等到我终于后知后觉地回到了草屋中，才发现她一个人偷偷地在哭。我有些手足无措，想试着安慰她却不知从何入手，一下子感到特别地歉疚。从当初我提出想来这个地方，到中途经历种种探险、各种艰难的条件，Sue 从没有过一次怨言。只因为她知道我喜欢，就愿意无条件陪在我身边，帮我完成梦想。

哭了很久

那么多话要说？想不通和酋长怎么有

人有时会对所爱的人对自己的付出感到理所应当，默认两个人想要的东西应该完全一样。这种极端环境下的旅行，恰好给了我一个敲醒自己的机会。我必须学会理解、学会感恩，要变得更体贴、成熟，努力回报 Sue 的这份支持和陪伴。

巴列姆

跨年夜

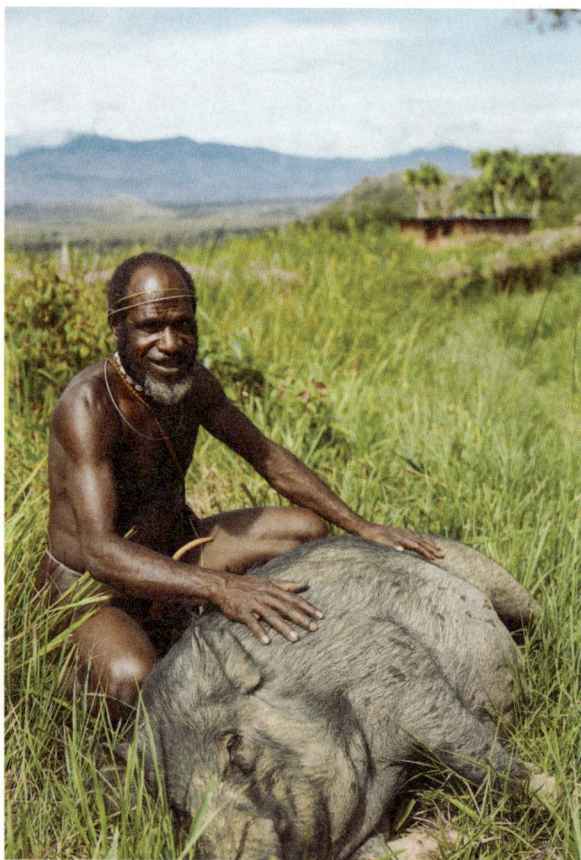

那天晚上，是 2018 年的最后一晚。我们 4 个站在院子里，在这片原始的热带岛屿的腹地，仰望南半球灿烂的星空，听见远方的城镇传来了阵阵烟火爆响声，我心中充满感动，暗暗牢记这一年最后的样子。

第二天一早，我们赶上了部落里难得的"新年地瓜宴"，跟着他们花了整整四小时的时间，搬石头、堆叶子、钻木取火，终于吃到了一口甚至都没有调味的烤地瓜。作为这趟旅程最后的纪念，我们在这个特殊的新年宴席中，结束了环球旅居的第二站。

千百种

生活

139°24′18″
-4°30′36″

Thousand Kinds of Life

然而真正的征程，才刚开始呢。

2019 继续出发
去过冬天啦！

巴列姆
跨年夜

北上火车
的旧时光

Old Times
On The North-heading Train

结束了两个月的热带旅行，我们从赤道一路飞回了冬日的北京。带上最厚的保暖装备，准备挺进此时正处在"寒冷地狱"的国家——蒙古。

　　蒙古可以说是我们最熟悉而又最陌生的邻居。除了首都乌兰巴托，以及那首著名的《乌兰巴托的夜》，我们对现在的它几乎一无所知。于是，我们一方面想转换生活环境，另一方面也怀着无比的好奇，于是我们将旅居第三站定在了这里。

　　一月是蒙古最冷的时候，零下二三十摄氏度是常态，四五十摄氏度也不算罕见。想到这些，在温带长大的我瑟瑟发抖，纠结了很久……但这一次，反倒是 Sue 更想得开。她说："人生不就在于体验那些你不了解的事物吗？再冷，也有人在那儿生活了一辈子。我们跟着当地人吃、穿、住，死不了就行。"说真的，那一刻这个女人在我心中的形象，立马变得更加光辉伟岸。

Thousand Kinds of Life

千百种生活

蒙古带

PLAY

扫码看
本站
旅居视频

By Roy

在我们这一次的计划中，除了抵达乌兰巴托，还想深入蒙古北部的荒原地带，去寻找失落的"驯鹿民族"。但在语言基本不通的蒙古，只靠自己是没办法完成这些计划的。

所以我们做了一些准备。

1. 邀请了上一站刚出场过的好友——十三和阿全，一起加入这一站的旅居生活。2. 找了一个向导小团队，由内蒙古小伙Sam和他的蒙古好朋友巴图创立。他们会为我们翻译、带路、安排车辆行程以及保障旅途的安全。3. 准备了齐全的装备：大登山包、超厚羽绒服、可抵抗零下30摄氏度的睡袋等。

Tips 北京 — 蒙古的火车

从北京开往蒙古的火车每周有两个车次：K3和K23。其中K3在经过蒙古后，会继续开往终点莫斯科；而K23的终点就是乌兰巴托

我们决定采用一种很酷又很怀旧的方式——走陆路。首先从北京搭火车到中蒙边境城市——二连浩特与向导会合，他带着我们过关抵达蒙古，接着再开车直奔乌兰巴托。

我们买的卧铺，每间睡 4 人，车内的陈设处处透着怀旧风，有军绿色的床板，也有充满苏维埃工业感的床头大灯，桌布和床单都被熨烫得干净且整齐。

我们车厢的隔壁就是餐车，即使是晚餐时间人也不多。随意找了个四人卡座坐下，菜单上的选择挺丰富的，像个小餐馆一样。黄昏时分，橘黄的光线在整个餐车里流转，我们看着窗外飞速掠过的草原、积雪、枯木，在粉蓝色的残霞中慢慢变成剪影，感受着火车旅行的魅力。

漫漫长路，身边的窗户仿佛成了一块投影的幕布，持续放映着北方苍凉壮阔的冬景。我们都没怎么说话，就这么静静地盯着窗户发呆，切断了自己与纷扰都市的所有联系。

从清早出发直至夜幕降临，列车缓缓进站，我们抵达了北方的边境城市：二连浩特。火车站非常小，没几步就走出来了，Sam 已经在外面等着我们了。

Sam 比我还要小一岁，戴着眼镜、浓眉大眼、皮肤白皙，看起来斯斯文文的，但在之后的旅行中，面对各种艰苦的环境时，他都表现得沉稳、老练。不管在多冷的情况下，他总是穿得比我们单薄许多，搓着手坚持说自己不冷。他说，第一次去蒙古时他就彻底爱上了那里，于是跟几个好哥们儿，一起设计了几条深度线路，成立了这个蒙古探险的向导小团队。

二连浩特是一座很小的城市，除了"盛产"恐龙化石，它为人所熟知的身份是边境贸易城市。在集市里，可以看见很多蒙古人来采购各类物资。在接近口岸的地方，一列五彩缤纷的老吉普车组成的货运队列，是二连浩特最有特色的城市景观。同样地，集市里也有很多蒙古进口货，比如马皮长靴，以及蒙古产的毛料、奶制品、手工艺品等。

出发过口岸的那天早上，二连浩特的气温为零下 23 摄氏度。我们坐进老吉普车里，像是挤进

北上火车的
旧时光

83

了一个狭小的冰箱，一边口吐白气，一边哆嗦。口岸大楼前矗立着一座巨大的彩虹桥，与背后宝石蓝的天空互相映衬，让人心情愉悦。在这里需要下车步行通过，安检、查看签证，十几分钟后我们来到了蒙古这一面的出口大厅。

这里曾是成吉思汗的领地，是万马奔腾的草场，也是游牧子民的王国，一切都让人迫不及待地想要去探索。

我们4个人，加上2个向导和2位司机，带着大包小包的行李，把两辆SUV塞得满满当当。就这样，我们朝着乌兰巴托的方向前进……

在二连浩特会合＋换钱
做好最后准备！

乌兰巴托
"黑市"奇遇
"Black Market" Of Ulaanbaatar

　　在戈壁上开了 5 个多小时，我们终于抵达了乌兰巴托市区。来之前就听说过蒙古人民对中国人的印象不算太好，加上这里的人一个能打三个，晚上又爱喝酒，所以向导建议我们天黑以后最好不要在路上瞎逛。当然啦，在之后的旅行中，我们一路认识了很多真诚、友善又热情的牧民们，只是此时初来乍到，连说话声音都不敢太大。

　　"乌兰巴托的夜"对我们来说，就是早早回酒店休息，然后隔着窗户，看看城市的阑珊灯火。白天的乌兰巴托，比我们想象的繁华许多，毕竟蒙古全国 300 万人口有一半都生活在这里。

在市中心的"成吉思汗广场"附近，剧院、商场、博物馆、共享单车应有尽有，一切都很现代化。开车行驶在路上，一眼望去，两边的街景跟中国北方的城市很像。但在路上走着走着，又能看见摩天高楼下的蒙古包，日韩系的车流之间是牧民骑马的铜像，静静透露出草原民族的文化骄傲。

刚来蒙古的几天里，我们还观察到了一些以前不知道的有趣现象。

第一是蒙古人虽然身材魁梧，但在公共场合说话声音非常小，甚至可以说是轻声细语。第二是蒙古人热爱音乐，除了传统的草原歌曲外，在这里嘻哈和流行音乐非常受欢迎。当地朋友说，蒙古的说唱在欧美国家很有名。第三是最神奇的，在这里开车不分左右舵，大量二手日韩车进口到蒙古，大家都是上手就开。蒙古司机常说，马都能骑，还管什么左右舵！

在乌兰巴托的短暂停留，除了逛逛国家博物馆和隔壁的羊绒商场，以及吃顿正宗的涮羊肉之外，我们最大的任务就是采购。离开城市后，我们会有很长一段时间要睡在蒙古毡房，甚至简陋帐篷里。在冰天雪地的草场与森林中，必须做好最高级别的防护措施。

像国内北方城市！首都很现代化

于是我们来到了位于乌兰巴托市郊的纳兰图勒市场，当地人称之为"黑市"。听说在这里，可以找到一切你需要的东西。

我们的车停在了室外的停车场，远远就看到入口处是一座巨大的 Tiffany 蓝拱门，上面是大红色的西里尔蒙古文。穿过大门，里面是一片巨大的露天市场，数千家摊位构成了一个跳蚤市场与农贸批发商场的大型混合体。色彩缤纷的摊位上，密密麻麻地挂满了日用百货商品，还有蒙古风的袍子、俄罗斯的毛皮帽子等。

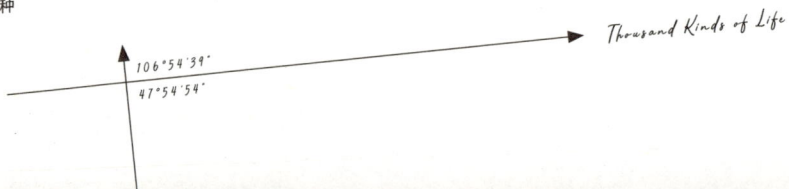

Thousand Kinds of Life

106°54'39"
47°54'54"

在这里，不同的商品被大致划分到了不同的区域。而在每个区域内，都可以找到三到四长列、上百家售卖着类似商品的摊位。

巴图是Sam的蒙古搭档，在蒙古人里个子不算高，但结实精壮。有棱有角的脸形和笑起来时露出的一口白牙，使他自带一种诚恳善良的气质。由于曾在中国读过书，所以他的中文非常不错。自从来到乌兰巴托，就由他带着我们东奔西跑。巴图对"黑市"的结构了如指掌，我们跟着他快速穿过人群，左拐右拐，不久就发现了第一个目标——毛料制品。在这里，你可以找到物美价廉的骆驼毛制品和牦牛毛制品，它们比羊毛更保暖，但质地更硬一些。

买了毛裤、毛袜、毛手套，接下来要去买靴子，以便在零下30摄氏度的冰湖和雪地上长时间行走。我们发现路上最常见的鞋，是一种毛皮表面的长筒靴——这就是蒙古特色的马皮靴。不仅外面是毛皮可以防水、防雪，内衬也有铺毛，而且非常帅气。在这个市场卖的普通马皮靴，价格是500～600元人民币一双，而市里的专门店里的精品马皮靴则要八九百元一双。

Tips　市场购物

羊毛裤的价格在100元人民币上下，骆驼毛裤的价格大约为90元人民币；羊绒袜的价格约为75元人民币，骆驼毛袜的价格约为12元人民币

乌兰巴托

"黑市"奇遇

但对于我和 Sue 来说，我们一方面觉得动物制品不环保，另一方面以后需要穿的机会也不多，于是选择了 Sam 给我们的另一个推荐——羊毛毡靴。

来到一个新的摊位，上面层层叠叠摆满了很多白色和灰色的大胖羊毛毡靴子。这些鞋就像加大号的毛绒袜子，没有鞋底、鞋带，也没有任何花纹，好像卡通片里画出来的一样，特别可爱。套在脚上，整个人的气质一下子蠢萌了起来。Sam 拍着胸脯保证说，这种羊毛毡靴子又暖和又防雪，草原上的牧羊人都穿这个。而且它价格便宜，只要 90 多元人民币，在蒙古穿完不带走也不心疼，唯一的缺点就是会掉毛……看着这些夸张的卡通大头鞋，我和 Sue 将信将疑地一人买了一双。

但后来的无数事实证明，相信本地人的经验真的没错。这双便宜又可爱的鞋子真的是雪地利器，不仅在室外的几个小时都完全保暖，而且圆圆的形状在积雪中十分便于前进。

-30℃ 脚完全不冷！

比北方　更北

Norther Than North

接下来的十几天，我们要学着游牧民族生活，在辽阔的草原上不断迁徙，四处为家，慢慢深入蒙古北境的森林中去。除了我和 Sue、十三阿全、向导 Sam 和巴图以外，还有两位司机——Zaodao 和 Obo 两位蒙古大汉，他俩熟悉路况，有充足的野外驾驶经验。

出发当天一大早，我们带上了所有家当，首先来到城郊的一家大型仓储超市，采购路上需要的食物和用品。不爱羊肉的 Sue 和十三买了超级多的方便面、辣白菜、辣萝卜，还有玉米罐头与火腿。向导们则采购了大量的矿泉水、饮料、湿巾，甚至还有 4 瓶伏特加！

伴随着车里的马头琴声和婉转的蒙古语吟唱声，我们正式向更北方驶去。

比北方
更北

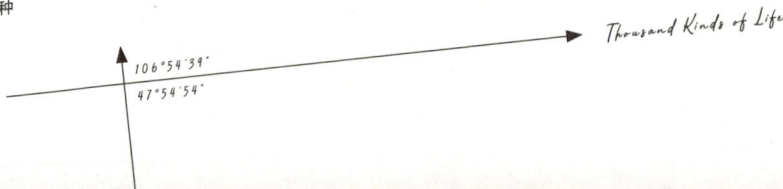

一开出乌兰巴托收费站，没有任何过渡，我们立刻就进入了寂寥的荒野，现代文明仿佛瞬间消失得无影无踪。

最初几个小时，两侧还都是黄褐色的枯草与山丘，不一会儿，窗外的画面颜色就逐渐淡了下来，变成了一种不太干净的白——那是戈壁上铺了薄薄一层雪。巴图说今年的气候有些反常，乌兰巴托没有往年冷，雪也下得很少，不过别担心，等我们到了最北部的库苏古尔省，就会看到厚厚的积雪和壮观的雾凇了。

在接下来的两天里，绝大部分的时间，我们都是在车里醒醒睡睡，接受着一首又一首蒙古民歌的洗礼。窗外的景色大致类似，一直是大平原，偶尔在地平线的方向可以看到一些低矮起伏的山峦。有的地区有积雪，那么视野就成了奶油一样的纯白色，一会儿散落着一小群马组成的"芝麻粒儿"，一会儿稀疏地插上了几棵小树，充满了极简画的趣味构图；有的地区则是枯草与冻土构成的"巧克力协奏曲"。

Thousand Kinds of Life

106°54'39"
47°54'54"

褐色在我眼里从未如此丰富：近一点的地方接近米黄，又带着点绿；稍远的山丘呈咖啡粉；再远一点，山的轮廓会渐渐变得模糊，仿佛带了点紫色，再一层层晕染开来。

在车子持续不断的颠簸节奏之下，草原仿佛是大地色的海面，起伏的山峦成了浪头，我们的越野车则是一叶小船，在浩瀚的蒙古海上，飘飘摇摇向着远方。

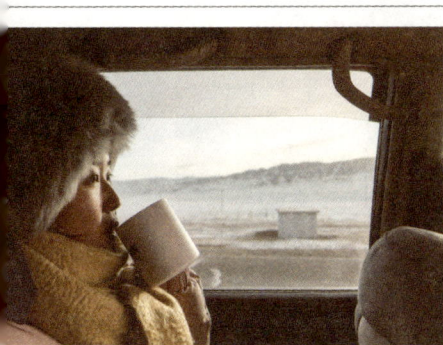

突然之间，一大群绵羊经过窗外，灰色的、白色的、花色的，几百只缓缓地挤着走。远处有两间孤零零的小木屋，屋顶被漆成了鲜艳的橘色和绿色。Sue 回过头来感慨道："我不知道该怎么说，但现在心里就是很感动……"

"我觉得，这一刻坐在这辆车上，我的眼睛看到的、耳朵听见的、身体感觉到的一切，都非常统一，是一种五感很契合的快乐。"她的眼里闪着光，夕阳的光线透过玻璃，把她的头发染得金黄。

我好像一下子进入了曾经看过的某部电影里，或者做过的一场梦里，有一种全方位沉浸式的，却又很不真实的体验。

我们爱旅行过程 大于结果！

牧场 之冬

Winter Of The Pasture

在路上的午餐，我们会在休息站或者牧民经营的小餐厅解决，晚上则会开到大一点的城市住旅馆。

第一晚抵达的城市叫额尔登特，是一座因采矿兴起的工业城市。我们在当地一家相当不错的饭馆尝了蒙古特色菜。一个是炖羊头肉，将羊脸、羊舌头、羊耳朵一起乱炖，再用半个羊头骨将其盛上来，香气扑鼻。另一个是大个的羊肉炸馅饼，发音是"Huoshuo"，看起来就是金黄的巨型饺子，是用羊油炸出来的，虽然香，但因为很腻，真的吃不了太多个。

Thousand Kinds of Life

100°13′1.2′
51°28′37′

第二晚我们抵达了木伦市，这是库苏古尔省的省会，这个省因为巨大的库苏古尔湖而得名。在公路界碑处，矗立着两头驯鹿的雕像，悬挂着萨满的鼓，象征着当地的文化特色。

木伦市是我们最后一个采购补给点。离开木伦市再开半小时，就要离开公路，开始漫长的越野了。在此后的八九天里，我们将完全和外界失联，没有手机信号，没有电，甚至无法洗澡。接下来的时间里，我们需要留宿在沿路的牧民家里。

从进入越野路段开始，以前路上所谓的颠簸就再也不算什么了。我们的车在山脊上、沟壑里攀爬着，越过结冰的小河，再沿着树林间的小径艰难穿行。如果不小心睡着了，就有可能在头"砰"地一下撞到车顶的剧痛中醒来。

路上的牧民与蒙古包慢慢多了起来，蒙古包外大多用木头搭的粗糙的羊圈和层层叠叠压扁的牛粪堆起来的"粪山"。这些牛粪既可以当作燃料，又能用来给羊群取暖。在一片山坡上，几百只羊正在散步，它们一半纯黑，一半纯白，彼此交错在一起，好像正在一个倾斜的棋盘上，下着一盘很大的棋。

当天接近下午四点时，我们的车缓缓拐进了一片山坳里，眼前出现了一大片围栏，这就是我们今晚的落脚点。围栏上面有一扇漆成了亮橘色与绿色的小木门、冒着热气的烟囱、几块太阳能板与一个卫星电视信号接收器。隔壁还有一

牧场
之冬

栋小小的木头房子，用于存放用来过冬的米和肉、应急工具等。这些就是一个山区牧民家庭需要配备的东西。

我和 Sue 都是第一次接触游牧人家，更是第一次走进蒙古包里。所以跟着迎接我们的男主人 Bayrdalai 大哥一起进屋后，我们对眼前的一切都充满了新鲜感。

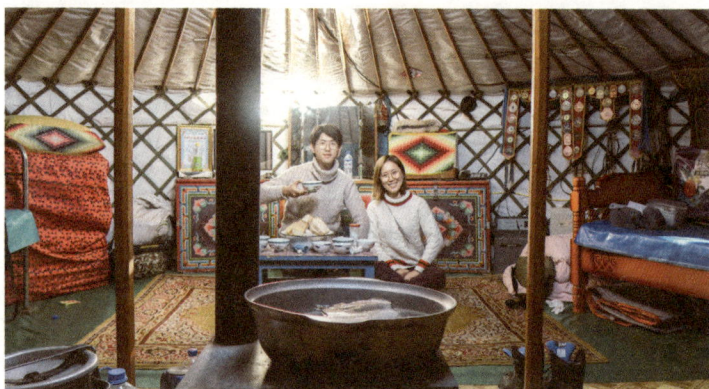

我猜测这应该算一个中等大小的蒙古包，面积在 25 平方米左右。一进屋，首先会看见正中是一个传统的铁质火炉，女主人正在往火炉肚子里添柴为屋里供暖。火炉后面连着一根滚烫的通向屋顶的烟囱，路过的时候千万不能当成柱子去扶…… => 被烫过！

门的两侧分别是厨房区，以及洗漱区——其实就是一个小木柜子，墙上有镜子，还挂着个小桶，平时往桶里装上干净的水，扭开水龙头就可以洗脸。

顺着两边的墙再往里，放着两张对称的单人床。牧民夫妻平常一人一张。床上盖着蓝色的塑料布，白天顺便当沙发用，穿着外衣就可以坐。最后来到正对着门最里面的一侧，这里放着整个屋里最华丽的家具：3 个一组的彩绘木柜子，上面描绘着蒙古的传统花纹。柜子上放着小电视机和收音机，墙上挂着许多与骑马有关的奖章、马鞭、缰绳等。电视柜前的空地上还有张小餐桌，一日三餐大家席地而坐，围着这张小桌子吃饭、聊天。

在这里没有手机，也没有网络信号，全靠着一部 20 世纪 90 年代的座机电话跟临近的牧民们联系。而最近的小镇也在 40 千米外。

Thousand Kinds of Life

100°13'1.2"
51°28'37"

　　进屋后，牧民大姐给每个人都倒了奶茶。蒙古的奶茶虽说也是茶叶、热水配牛奶，但颜色很淡，口味偏咸。在天寒地冻的时节，坐在屋里喝上滚烫的一口，身体一下子就温暖了起来。

　　Bayrdalai 大哥和他妻子长着非常传统的蒙古人相貌：宽脸盘、方下巴、高额头、小眼睛，仔细看大哥的面孔，会发现与画像里的成吉思汗惊人地相似……他们平日里穿着旧旧的蒙古袍，很少大笑或流露什么激动的情绪，除了后来我教大哥用 iPad 玩游戏，他第一次紧张得大呼小叫……

　　接下来的几天，我们在牧区的生活，一般是这样的。

　　早起第一件事，就是跟着牧民大姐去挤牛奶。这里的牛长着长毛，有着泰迪熊一样的圆圆的毛绒耳朵，非常可爱！伴随着日出时的柔美晨光，大姐会把母牛们都赶到牛圈里，再牵着小牛找到妈妈，让它去舔一舔，母牛就会开始分泌乳汁。紧接着把小牛们拉开，用几个小木桶装满挤出来的新鲜牛奶。再把所有小牛都放了，让它们痛快地"吃个早餐"。

　　橘色的阳光晕染着牧场，小牛们变得更加毛茸茸的，小桶里的热牛奶也冒着腾腾的白气，一切都散发着最新鲜、纯净的气息。

牧场
之冬

带着刚挤的新鲜牛奶，我们回屋泡上奶茶，开始吃牧民们自己做的"面包早餐"。早餐后，我们最重要的任务就是砍柴。在蒙古包外，堆放着足够牧民一家用一整个冬天的大圆木。大哥用电锯锯下一截圆木，我们再拿斧头生疏地将其劈成各种不规则的小块，并送进屋里存放好。

有了火，接着就需要水。这里的人冬天一般会去附近的冰河和冰湖，切出大块纯净的冰，用卡车将冰运回来后放在后院里。每次要用水时，就搬一块冰放到锅里融化掉，然后将水烧开并存到大罐子或暖瓶里，用来洗漱、煮饭、泡茶等。

中午，牧民大姐就用我们亲手砍的柴和化的水，给我们蒸了一屉蒙古羊肉馅包子！据说这是他们过年过节的传统食物，满满的羊肉馅儿，香味扑鼻！

到了下午，还有很多事情可做。巴图和 Sam 先带着我们去附近的山里骑马。蒙古马长着厚厚的长毛，体态矮小精悍，据说耐力一流。我们也是第一次在雪地针叶林中骑马，听马蹄踏雪的声音，呼吸着西伯利亚的冷空气，感觉自己已经彻底进入了另一个时空，把原来的生活完全抛在了身后。

到了晚餐时间，所有人都已经饥肠辘辘，而最正宗、新鲜的"手把羊肉"已经在家里等着我们了。煮满了羊排的大锅里不断地"咕嘟"着，香气弥漫在整个蒙古包里。把装了满满一盘子羊排的

大托盘放在屋子中间的地上，大家围坐成一圈，直接徒手开始吃。几个在场的蒙古兄弟一人掏出一把小刀，动作行云流水地割下一块块肉就往嘴里送，几分钟就吃掉了半盘子羊排。可怜我和阿全笨手笨脚，吃了半天还在和筋对抗……

→ 我和十三在吃泡面……

到了离开这片山谷的早晨，天都还没亮，我们已经收拾好了一切，牧民大哥也帮我们把冻结实的剩余羊肉用绳子绑到了车顶上。披星戴月出发时，我从后车窗最后看了眼这片牧场，看了看我们短暂生活过的"家"。

新的一天，牧民夫妇又要回归到他们的日常生活之中了。在这座远离现代文明的大山里，这种在我们看来极度简单、朴素，甚至有些寂寞的生活，究竟是他们无法选择的宿命，还是甘愿享受的幸福，也许只有牛、羊、马儿，还有草原上的星星和月亮知道答案了。

牧场
之冬

森林　边境

Border Of The Forest

再次醒来的时候，我们的车正开在一片雪原上。已经九点多了，太阳竟还没有完全升起来，天空从紫色过渡到粉色，雪地在天色的映照下泛着淡蓝。目之所及，只有我们两辆车。雪慢慢地越来越厚，仿佛吸收了世界上一切杂音杂色。

下车走走，连脚步声都是洁白的，呼吸则带着红晕。树木裹了冰霜，成了一大片挺立的艺术品。视线远处的地面上升起了一处处水雾，透过雾气看背后的山，山也成了用水彩抹出的一片片氤氲幻影。

Thousand Kinds of Life

100°13'1.2"
51°28'37"

由于接下来我们要前往的森林位于蒙古和俄罗斯的图瓦共和国的交界地带，所以要先到附近村庄的边防哨所办一个通行证，报备一共几个人、准备待多久、目的是什么，然后再继续上路。

直到下午三点多，我们终于到了森林附近。今晚落脚的地方，是进森林露营前最后一个相对"舒适"的人家。这是一位本地大姐 Tuwshin 的家，蒙古包的面积比之前住的还要小一圈。Tuwshin 大姐身材娇小，留着长发，说话、举止都无比温柔，不管是家里还是衣着都收拾得干净、整齐。

Tuwshin 大姐在当地村子负责人口统计，所以在这一带有比较广的人脉。之所以要在她家过夜，是因为只有她能帮我们联系到此行最终要去森林里见的人——查坦族（Tsaatan），那个快要灭绝的驯鹿游牧民族。

Roy 的长长心愿单之一

森林
边境

那天夜里，繁星万里。整片星空下，只有蒙古包的门缝隐隐透着光。我和 Sue 拿了张垫子，躺到了屋外零下 30 摄氏度的雪地里，盯着浩瀚星河，辨认着北极星和猎户座的方位，全心全意地拥抱着世界本来的样子。

我是被迫的……还好星空真的够美！

Thousand Kinds of Life

100°13′1.2″
51°28′37″

查坦　传说

Tales Of Tsaatan

其实诞生蒙古之行的缘由，要从五年前说起。那时候我在微博上无意间刷到一组图——一位国外的人类学家拍下的"蒙古查坦部落"。

那组照片真的太美了，美到仿佛是奇幻电影里的场景。我第一次知道，原来世界上仍然有人可以跟动物如此亲密无间地生活在一起。驯鹿不同于待宰的牲口，也不只是交通工具，而是家庭的一分子。人们带着它们吃饭、睡觉，一起去山谷里洗澡，孩子在月光下躺在驯鹿的怀中安眠。这是真实存在的吗？难道如今依然存在着我们未知的世界吗？在深深的震撼中，我当时特意发了朋友圈和微博感叹这个故事。

一年前回顾自己的主页时，我再次看见了这组图，那种久违的兴奋感再次冒了出来。有感而发之下，我又写了一段话，并立下了一个目标，信誓旦旦地说自己要去做一些更有深度、更有意义的旅行。这恐怕也是让"千百种生活"这个系列萌芽的其中一粒种子。

于是我开始疯狂地查资料、做功课，去了解这个部落的背景与生活。在中文资料很少的情况下，我又跑去外文网站看纪录片，然后整天在 Sue 耳边念叨着。 => 只好帮他实现！

我由此知道了，这个民族叫作查坦族，算是蒙古和图瓦共和国的少数民族，目前只生活在蒙古北部的边境森林里。他们人数稀少，一共只剩不到 300 人，是世界上仅存的几个保持原始游牧方式的驯鹿民族之一。我还知道那里路途遥远，要坐几天的车，还要睡在野外。到了冬天大雪封山时，食物会变得稀少，驯鹿为了觅食会前往森林里雪最深、最厚的地方。

我们经历了长时间的犹豫、讨论和等待。终于，在经历了数千里的路程，好多天的越野颠簸后，我们终于迎来了这一刻，站在了这片传说中的泰加针叶林的边缘。

四年前初次知晓的，在过去一年日夜向往，但只能在书里、纪录片里、别人的文章里见到的查坦人，此刻正牵着驯鹿，缓缓向我走来。

跨上了驯鹿，我们并驾齐驱，逐鹿雪原林海，把一切抛在了身后。那种经历了长久的期盼与等待后梦想终于成真的感觉，真的久违了！

骑着驯鹿
入深山

*Riding Reindeer
Into Remote Mountains*

　　查坦大叔一共带了 13 头驯鹿过来，其中公的较强壮，负责载人，母的则背上木头支架负责驮货。Sam 说，别看驯鹿个子小，但背部力量很强，只要你不是特别沉的大胖子，它们都能载得动。而且大多数时候它们都在森林里自由觅食，背人、背货只是偶尔需要，所以不必太担心影响它们的健康。毕竟查坦人几千年来都过着与驯鹿为伴的生活，所以他们自有分寸。

　　蒙古北境的森林地形起伏不平，又有厚厚的积雪，靠人脚前进缓慢又艰难。但驯鹿不同，它们喜欢寒冷的天气，皮毛天然防水、防寒，即使在最冷的北极也能生存。它们有大大的脚掌，可以轻松穿行在积雪的山地中，因为被查坦人养大，所以它们也都乖巧认路。

既然如此，我们也就不再客气，小心翼翼地享受着这珍贵而又梦幻的时刻。

骑驯鹿和骑马的感觉完全不同，驯鹿的背更窄、更矮，很轻松就可以跨上去。但走路的时候，你会随着它的身体左右摇摆，需要过段时间才能适应它的节奏。

等所有人都成功"上鹿"后，我们的鹿队正式启程。查坦大叔让他的儿子骑在最前面带路，自己则殿后，这样万一哪只驯鹿突然走神，载着人走错了，他能快速追过去把掉队的人带回来——我和 Sue 都分别被这样"援救"过。

那天天气晴朗，气温也不是很低，一路上大家都很兴奋。Sue 骑在我后面，一路自拍，激动地喊着这个体验太奇妙了，就为这一刻，之前的所有辛苦都值得！

我们时而在平地鱼贯前行，时而钻入密林，向上爬坡。需要驯鹿走得快一点时，就大喊几声"Chiu"！遇到太近、太矮的树枝挡路时，请自己想办法避开，驯鹿只会闷着头赶路，可管不了那么多。

Thousand Kinds of Life

100°13′1.2″
51°28′37″

大概骑了四五十分钟，查坦大叔让我们下来走一会儿，给驯鹿一点儿休息的时间。每到这时候，我们才会察觉到驯鹿走得究竟有多快。

查坦人至今仍然保持着最传统的游牧生活方式。也就是说，他们在森林中四处为家，住到哪里完全取决于鹿的食物在哪儿，在一个驻扎点待上两周就会转移。所以最终的目的地只有查坦大叔知道，我们就这么把自己完全交给他，向着雪山深处前进……

今生最梦幻
体验！☆

骑着驯鹿

入深山

最漫长的
一夜

A Longest Night

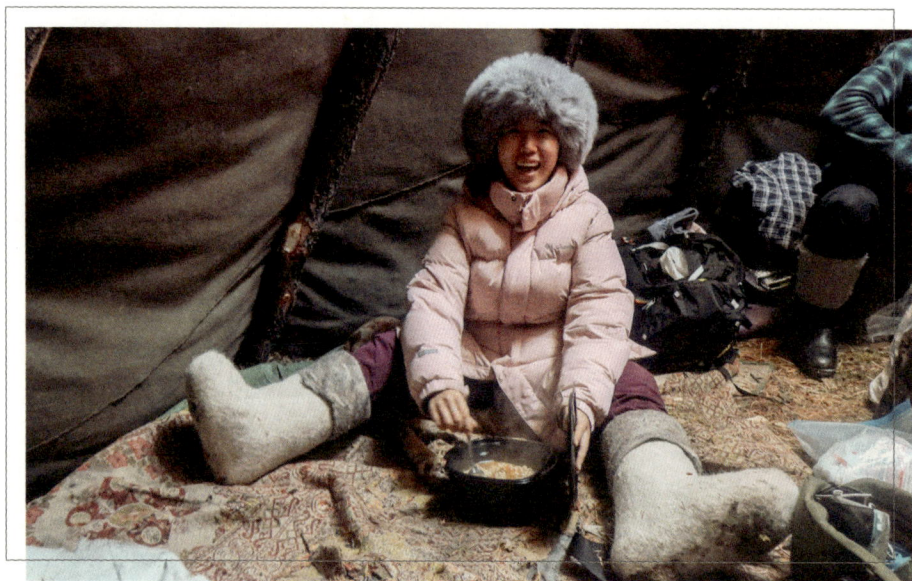

　　就这么走走停停，赶了两个多小时的路，远远的终于出现了他们的驻扎点。那是一片相对开阔的小空地，间隔大概 30 米远扎着两顶帐篷。

　　这两顶帐篷跟美洲印第安人的 Teepee 帐篷同出一源，都是用细长的圆木搭成锥形，外面搭着一层帆布。帐篷最上方是开口的，方便里面的烟囱伸到外面，在更原始的时代，烟囱可以让篝火产生的烟直接升上去飘散。

Thousand Kinds of Life

100°13′1.2″
51°28′37″

我们的帐篷里并没有"地板"，地面上直接就是松针落叶，还有一个带烟囱的旧炉子。帐篷内的空间非常狭小，我们 6 个人两人一组，头尾相连，绕着炉子躺成一圈才刚好睡下。天一黑，就只能靠着头灯和炉火照明，水也只能等雪融化后再喝，喝的时候还要不断捞出夹杂在其中的杂草枯枝。

查坦大叔这时候忙着给鹿儿们松绑，而我们也赶紧收拾行囊、搬运食材、铺上睡袋，要在天黑之前做好准备，迎接冬日极寒森林中的第一场露营。

闭着眼睛躺在地上，我已经不知道时间是如何变化的。虽然身下铺了鹿皮，微微起伏的地势仍然时刻提醒着我睡在野外的事实。

侧头看了一眼 Sue，她戴上了羽绒头套，把开口缩到最小，只露出了鼻子和嘴，却并没有发出熟睡的呼吸声。我猜她也一样失眠，正在努力让自己放松下来。再看过去，帐篷里唯一的光源来自中间的炉火。火光微微摇曳，在帆布做的墙上打出一个高高的、模糊的影子，那是 Sam 坐在炉子边为我们看着火。同时借着微光，他专注地削着一把木勺子。在这没网、没电的安静夜晚，这是为数不多的打发时间的方式之一。

我头上戴着厚厚的毛帽子，抵挡着左手边帐篷外不断进来的冷空气。一布之隔，就是零下三十几摄氏度的森林与雪地。躺在睡袋里，时间都失去了意义。在半睡半醒和不断调整姿势之间，我觉得自己好像一个被速冻保存的身体，在等待那个约定好的时代唤醒我，却总在错误的时间醒来。

耳边时不时地会响起清晰的摩擦雪地的声音，那是鹿群经过帐篷时所发出的声音。但昏睡中，你可能会下意识地担心是不是狼或熊正悄悄凝视着自己。

在那个无比漫长的夜晚，我的意识悄悄休息了，感受正主导着身体。每一个毛孔都发挥了自己的作用，让身体记住了炉火发散的并不稳定的热度、冷暖气流在身边的交汇、木柴噼啪爆裂的声响以及开炉门添柴时漫出的烟熏味。

暗红的火光，此刻是属于失眠的人的极光，无言地上演着关于查坦族祖先的秘密……

最漫长的
一夜

最后的
驯鹿游牧人
The Last Reindeer Herder

当晨光再次出现时，我们终于回到了"现实世界"，开始了正式的"查坦生活"。

"查坦"是蒙古语，意思就是"牧鹿的人"。他们来自现属俄罗斯的"图瓦共和国"，图瓦人叫他们"杜克哈"，所以他们现在图瓦语跟蒙古语都会说。

我们这次拜访的查坦人是一家子。大叔 Zorig 带着两个儿子和一个儿媳，以及六七十头驯鹿一起生活在森林里。

千百种

生活

Thousand Kinds of Life

100°13′1.2″
51°28′37″

冬天
奶奶会带
小孙子
去外面生活

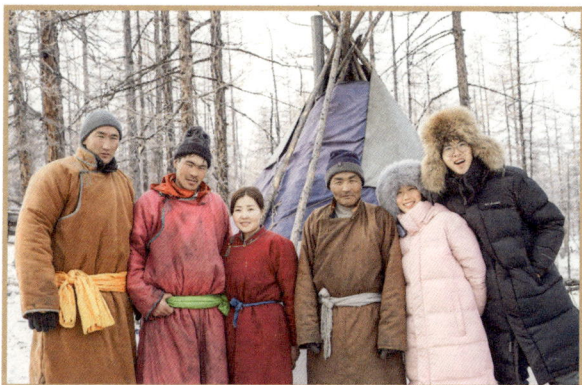

每天起床后，男人们会先砍树、劈柴。又粗又长、好几米高的树干，一个人就能抗着走！有了柴，再挖来一袋子雪，就可以烧开水了！儿媳会用帐篷里的炉子烧水煮饭，再喂喂他们养的小狗。

经过前一晚的体验，我们发现这小火炉真的不太好用。一旦柴塞得太多，整个小空间会热到不行，而等大家都睡了，没人添柴的时候，火又基本处于熄灭状态。不妨自行想象一下，睡在零下三十几摄氏度的大雪地里，我们穿着 4 层衣服、4 层裤子，外面套上长款羽绒服再塞进超厚的羽绒睡袋里，都险些扛不住……

但在这种环境下待惯了的查坦人真的很抗冻。气温最低的清早，当我全副武装出来散步，还是禁不住瑟瑟发抖的时候，恰巧 Zorig 大叔也刚走出帐篷，然而他只穿了单层的秋衣和秋裤。他微微一笑，问我："冷吗？""冷啊……你不冷？""一点也不！"说完他就溜达着去附近上厕所了。

在这里最有趣的活动，就是和驯鹿玩耍了。巴图教过我们如何让驯鹿亲近你。在森林中，驯鹿最缺乏的就是盐分，所以需要找大量的苔藓类植物来摄取盐分。如果这时候你手拿一小撮盐，就会成为驯鹿们眼中的"Super Star"，它们会追着你舔个不停……我们常常为了跟驯鹿拍照而用盐巴"贿赂"它们，结果屡试不爽。

刚住进查坦部落的时候，我和很多人一样，也好奇他们平时怎么赚钱呢？在现代社会，人类的生存法则使我们习惯于一种逻辑：人们一定会做某种工作，并换取酬劳，然后购买生活所需。哪怕是牧民，也会养很多牛羊，需要钱的时候可以卖了它们。但查坦人不是。除非极特殊的情况，否则他们不会卖自己的驯鹿，也不会吃它们。

最后的

驯鹿游牧人

查坦人与驯鹿之间的感情，恐怕比牧民与自己养的牛羊之间的感情更深。驯鹿对他们来说更像家庭成员，他们的居住地往往随着驯鹿的需求变化而改变。极寒天气下，他们甚至会把驯鹿牵进帐篷里，跟自己挤在一起。人们保护自己的驯鹿，而驯鹿会为人提供鹿奶、鹿角。乳制品提供营养，鹿角制品则可以用来换取其他生活所需。所以在查坦人生活的森林世界里，原本并没有钱的概念。

但时至今日，查坦部落的人数不断减少，更多的人离开了森林，融入了现代文明世界。蒙古政府也很重视对查坦族的文化保护：不论大人、孩子都会发放津贴，也会免费让孩子们接受教育。所以现在，查坦人只需要负责好好养鹿，让鹿群的数量越来越多。当然，每到夏天，他们也会来到湖边扎营，接触一些慕名而来的旅行者，开始卖自己的手工制品。

Zorig 大叔跟我们说，希望自己的孙子长大了，还能继续回到森林里照看家族的驯鹿，延续祖先留下的传统生活方式。但看着电视、接触着互联网长大的新一代人，大概很难不向往大都市中的现代生活吧。到时候他们会做怎样的选择，都是他们自己的权利，只是——也许在不久的将来，曾经的查坦部落也将成为历史，变为只存在于博物馆和观光村里的展示了。

所以要旅行
要记录
要亲眼见证！

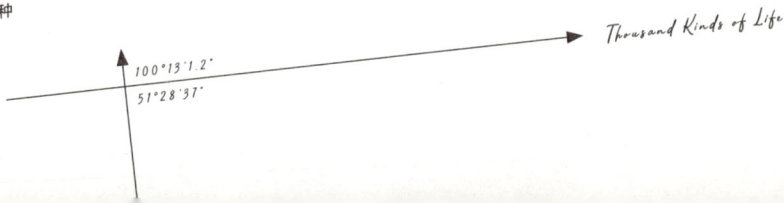

可以滑的
天空之镜

蓝宝石冰湖！

Slippery Sky Mirror

返回时，我们选了一条和来时不同的路：直接取捷径，从库苏古尔湖上一路"滑"到底。

库苏古尔湖是蒙古最大的淡水湖，长度为 160 多千米，也是贝加尔湖的"姐妹湖"。更为出名的贝加尔湖到了旺季时已经人山人海，但大家并不知道，就在它的不远处，有这么一个几乎一样美，而且更为僻静、小众的选择。

到这一天，我们已经连续 8 天没有洗澡、洗头了。只要穿过这片冰湖，就可以回到有宾馆的木伦市了。在崎岖不平的林间颠簸了几个小时后，这片巨大的蔚蓝美景，就这样惊艳地出现在我们眼前。

可以滑的
天空之镜

♡完美
Ending!

它好像一颗镶嵌在地球表面的蓝宝石，一道道冰层挤压形成的白色裂缝，为湖面绘上了迷人的纹理。

由于这里的水极其干净，加上气温极低，所以冰面具有像玻璃一样的质感。用手摸上去感觉干爽又光滑，甚至可以轻轻抹掉浮灰。走在湖上，就好像走在那种高空玻璃桥上一样，让人有些紧张。而 Sue 用力蹦跶了一会儿，发现安然无事后，就彻底放开了，一会儿表演滑冰，一会儿表演摔跤。厚厚的羽绒服搭配着羊毛毡靴子，她整个人像个卡通人物一样，一举一动在我眼里都分外可爱。

转头一看，巴图正握着根绳子，在车子的带动下开始"高速滑冰"，Sam 则坐在车顶上拍着视频。车在冰面上不断加速、转圈，巴图在后面被甩来甩去，运动的轨迹正好呈弧线状。

我和 Sue 当然也轮流上去体验了一下。无边无际的湖面变成了我们的私人滑冰场，风在耳边呼啸，远山在视线里流动，冰层中的白色纹路也好像活了起来，在我的脚下不断快速舞蹈、扭曲、变幻。离心力和加速度让我的心跳加快，肾上腺素加速分泌，但又保持在一个不至于产生恐惧的程度。车停下后，我和 Sue 一致认为这是毕生难忘的一次精彩体验！

Thousand Kinds of Life

100°13′1.2″
51°28′37″

等所有人都玩够了，大家就继续行进。两台车在湖上开着，简直像海上列车一样，又快又平稳。

我们就这么满心欢喜地盯着窗外的湖面，静静回想着在蒙古发生的一切故事：拥挤的"黑市"，落日与雪原，清晨热气蒸腾的牛奶；马背上的怦怦心跳，蜷缩在睡袋里依偎着度过的一个又一个寒冷的夜，驯鹿沾了雪的鼻孔喷出的热气；斧子劈进树干，冰在锅里融化，树梢擦过耳畔，雾气爬上了镜片；脚冻僵了，脸又红了，粉蓝色的月光，以及睫毛上的冰晶。

耳旁的马头琴急促地拉个不停。我们哭过、笑过，我们牵着手，一起沉入湖水的深蓝，却又在炉火的摇曳里醒来。蒙古的所有回忆与幻想、现实与梦境，都融合在了一起，并在大脑里归档了。

至此，旅居生活对我的意义，已经愈发清晰。这世界无穷大，但其中99%以上，不过是强行被灌输的抽象概念。只有当你肯花时间一步一个脚印地走，亲眼看见不同的色彩和光影，听见落雪声和浪潮声，被极寒与酷暑刺痛时，这个世界才会真正属于你。

我们想要所有"好"的经历，也应该拥抱各种"坏"的体验。我感觉到自己是真真切切地活着的，不会在某个意外不期而至的时候，抱着遗憾和悔恨，心有不甘。

蒙古之旅注定会成为我们铭记于心的一段生命旅程。带着它，纵有不舍，但我们还是要跨出那扇门，去迎接下一段等待你我的精彩。

可以滑的

天空之镜

印度初 体验
The First Touch Of India

老实说，印度会出现在这次的旅居中，我们自己也有点意外。

对于印度，我们的心情是很复杂的。有关它的安全和卫生警告层出不穷，但许多旅行者的无上赞美，还有印度电影里缤纷的文化和场景，又是那么地让人心向往之。

印度这么大，又这么复杂，要第一次去就挑战住一个月吗？地点该怎么选？计划又该怎么做？会不会太热？污染严重吗？一连串的问题困扰着对那里一知半解的我们。

直到我跟旅行的前辈还有正在印度工作的好友详细咨询了几轮，又买来厚厚的攻略书研究了好几天后，心里才稍稍有了点底。既然要体验"千百种生活"，当然要去那些你不了解的、难以想象的地方才更有趣啊！我和 Sue 互相打了打气，心一横，订下了机票。

Thousand Kinds of Life

千百种生活
印度篇

PLAY

扫码看
本站
旅居视频

为了省钱，我们买了特价票。早上 6 点起床，经历了 12 个多小时的飞行和转机，等走出新德里机场的时候，已经接近当地的深夜。

北京直飞七个半小时

长途的疲劳让 Sue 在车上一直不舒服。快接近目的地的时候，她再也忍不住了，蹲到路旁吐了起来。我本想下车看看她的情况，却又担心司机带着我们的行李跑了，于是只好留在车里，用镜头记录下了她的"印度初体验"。

在新德里，我们只会短暂停留几天。选择民宿的时候，我们特别把范围限定在了新德里的"大使馆区"。这里不仅街道设施比较新，有许多的小洋房、别墅可供选择，重点是安全相对来说最有保障。

最后被我们选中的，是一栋很有殖民风格的怀旧老洋房。洋房处在一个有独立大铁门的院落内，有专属的草坪，上面放着座椅和阳伞。房间很宽敞，冰箱、暖气、电视机一应俱全，而且很好地保留着百年前的房间内饰，比如高高的吊顶、拱形的圆窗，以及我最喜欢的门窗和壁灯。厕所有两扇对开木门，甚至还需要用铁门栓来锁。

房东太太 Suman 总是穿着传统纱丽，操着一口印度风浓郁的流利英语，看起来亲切又有气质。她丈夫的祖父是新德里很有名的工程师，参与过"印度门"与政府大厦的规划，甚至还被英国授予了爵位。我们现在住的这个房间，以前是他儿子的房间，现在夫妻俩还住在隔壁的主屋里。

除了房东一家，在这里我还有可以信赖的人！那就是我的大学好友——翰。所以我们来到这儿的第一件事，就是跟着他"混"！我们想看一看年轻人的生活方式，没想到就这样开启了一段意料之外的摩登印度之旅。

颠覆　新德里

Subversive New Delhi

翰工作的地方叫作古尔冈，是距离新德里市中心约 30 千米远的一个经济开发新城区。

　　豪华的酒店、外资企业的办公大楼在这里拔地而起，也带动了餐饮、购物等产业的蓬勃发展。我们相约见面的地方，也是他上班的区域，是一片叫作 Cyber hub 的街区，简单来说就是由一片办公大楼和餐厅酒吧组成的小型 CBD。在印度，像这样比较有档次的现代化区域，出入都会有男女分开的安检。走在街区里，到处都是周五刚下班的年轻男女，大家都打扮得时髦光鲜，与在任何发达国家的景象别无二致。

我们决定先吃饭。翰选的餐厅，据说是他和同事时常聚餐的地方，叫"醉酒的植物学家"，整个餐厅给人一种夜店酒吧结合植物园的感觉，菜单是创新改良过的印度菜。

餐厅里灯光暗暗的，放着节奏感强烈的 remix 音乐。大家似乎也不急着吃东西，一桌点上几杯酒，边喝边聊。他说，在新德里，这样新潮的网红餐厅越来越多，人们下了班一般约在这里，先喝几杯，八点后再开始晚餐都很正常。而到了更晚一点的时候，音乐节奏一切换，DJ 上场，就可以原地直接开始跳舞！

结束后，我们有些意犹未尽，又到隔壁的另一家店喝了一杯。这里也很特别，是用霓虹灯管、壁画涂鸦等装饰做成了孟买贫民窟的样子。一个个小包间里，模仿印度穷人的房子里的陈设，摆着破旧的电视和铁架子床。其中两个户外桌，甚至直接放在大水泥管道里。

接下来的几天，我们还跟着他去了新德里南部的 Hauz Khas Village。翰介绍说，这里可以说是"印度三里屯"，首都文艺青年最爱的地点之一！在白天，小巷子里有各种有趣的精品店、服装店、古玩店、杂货皮具铺可以逛；而到了晚上，出租车一辆辆地载着靓丽的年轻男女们停在此处，寻找城里最潮的餐厅和酒吧。

翰带我们去的，都是有格调又有趣的新潮地点，消费相对于印度普遍物价来说偏高。我们三个人这几天去的餐厅，消费基本上都是两三百元人民币。但普通人去消费的小馆子，一顿饭往往十几元人民币就能够搞定。在那些自由探索的时间里，我们可以很明显地感受到这种消费的阶层分化。

在印度门附近的市政公园散步，仿佛可以看见社会的一个小小缩影。在有点秃而且并不平整的巨大草地上，有扛着茶壶和小杯子卖茶的小贩，也有戴着头巾结伴散心的穆斯林妇女。一群学生集体出来进行户外学习，看见我的相机镜头都带着好奇的笑容看过来。很多家庭全家来野餐，孩子们吹着泡泡，小跑着、笑闹着。但就在他们的不远处，同样年纪的孩子带着小椅子、塑料桶、编织袋和一些食材站在路旁，他们没有时间大笑，反而将眼神急切地投向身边路过的每一个人，想向他们兜售小吃，渴望多为自己的家庭赚点钱补贴家用。

颠覆

新德里

这一幅众生相的画卷，与夜晚时髦街区的场景仿佛是两个世界。

在印度新德里生活的几日，让我发现自己对于这里要了解的还有很多。无论是旅游宣传还是社会新闻，总会习惯性地把一些地区标签化，这些标签构建了我们对这些地区的全部想象。但实际情况是，生活永远不止一面，社会也是复合且多层次的。再多的标签也无法绝对客观地为你还原一个目的地，也许，你只有在亲身感受过后，才会拥有只属于自己的答案。

旅行是消除偏见最好的方式！

77°12′21″
28°36′11″

狂野魔幻
老德里

Wild Magical Old Delhi

印度的首都之所以叫作"新德里"，是为了区别很早就存在的古都"德里"。

以印度门为界，南部的"新德里"被定为印度共和国的首都，是在英殖民政府的统治时期规划起来的。这里马路平整宽阔，有崭新的百货大楼、欧式的复古咖啡厅以及各种时髦的街区。

而"老德里"则是传统印度城市的样貌。它从公元前六世纪开始兴起，此后无数王朝都在这里建国立都，包括印度最后一代王朝"莫卧儿帝国"。所以在现在的老德里，不仅能看到古代印度的市井生活、最传统的宗教信仰习俗，还能看到各个时代留下的雄伟古建筑。如果要了解真正的印度，老德里绝对不能错过。

相约周末，我们与翰定好在老德里市中心的"月光集市"见面。

在坐车去的路上，已经能渐渐感觉到景色的差异了。房子变得更为低矮、破旧，好车少了很多，大多是人力三轮车与自行车。小贩推着小推车，碎石、砖瓦与泥土在人行道边随处可见。马路边到处都是动物的身影：一个男人正在喂一群山羊，车夫们赶着马和牛……最令我们震撼的是，在车流中目睹了有人骑着大象逆向而行，后面还跟着一头骆驼！

路上越来越拥堵，大卡车、巴士、突突车、面包车把我们团团围住，不停地按着喇叭，乱作了一团。我们的司机显然对此习以为常，心平气和地左拐右绕，终于把我们放在了一个相对宽阔的三岔路口与翰成功汇合。

月光集市有 300 多年的历史，曾经是整个印度最大的集市。这里的建筑大多陈旧破败，但生活却很热闹。店铺里贩卖着从衣服首饰、传统布料，到皮具箱包等各种物品。密如蛛网的纵横小巷里，随处可见卖着各种印度小吃的老店或摊贩。数百根电线交织悬挂在空中，成了黑色的丛林藤蔓，不时还能发现上面有猴子安然端坐着。

世界上最嘈杂的地方

踩着地面上的垃圾，我们闪躲着横冲直撞的人力三轮车和牛车，穿过从四面八方涌来的人潮。喇叭声、叫卖声和寺庙里的祷告乐声混杂着，尘土味、汽油味、香料味、动物的粪便味和人的体味混杂着……一切信号都在争先恐后地冲击着我们的五感，使人"头晕目眩"，却又兴奋不已。

感觉没来过老德里，就不算体会过真正的印度！

今天还有个目标是要陪Sue买套好看的印度风女装。所以在随后的时间里，我们基本上就穿行在各种小巷子和小店之间。可惜在这里能找到的，大多是隆重且颜色较艳的纱丽，都不是她想要的款式。反倒是经过一家有名的传统礼服店时，我自己意外入手了一套金黄色的"印度王子"风格礼服。长衫搭配围巾一上身，当地融入值立刻"+100%"。

Tips 在印度买衣服

———————————————————————

月光市场（Chandni Chowk）：传统的纱丽套装，"短袖+衬裙+华丽的大披肩"。相对隆重正式，适合留作纪念或拍照，不适合长时间穿着

可汗市场（Khan Market）：可以买到更年轻化也更方便的"旁遮普式"套装（Salwar Kameez），"宽长袍+宽松长裤+围巾"。推荐其中一家印度连锁平价服装店"Khadi"，在这里可以找到最接地气的印度日常着装

康诺特广场（Connaught Place）：结合现代改良设计的新潮时装品牌。比如我们最后购买的品牌"Soch"，价格为100～300元人民币时就有很多外搭与长裙的选择，比较推荐

在月光集市暂时没有更多的收获，翰便在路边随手招了一辆人力车，我们要前往大名鼎鼎的"贾玛清真寺"附近吃午饭。

By Roy.

狂野魔幻

老德里

在大清真寺对面的小巷里，我们来到了一家号称"全老德里最有名的餐厅，没有之一"的小馆子。这家叫 Karim 的老字号已经有近百年的历史，听说创立者曾是莫卧儿帝国的御厨。在这里可以尝到烤馕、香料烤鸡肉、鸡肉咖喱、羊肉咖喱等经典的北印传统菜肴。当然，地道的食用方法就是直接用手吃！

饭后下一站，就是印度规模最大的"贾玛清真寺"，它是莫卧儿帝国的皇帝沙·贾汗修建的。这位皇帝是个"建筑狂魔"，除了这座清真寺外，还修建了世界奇迹"泰姬陵"和清真寺对面的"红堡"。

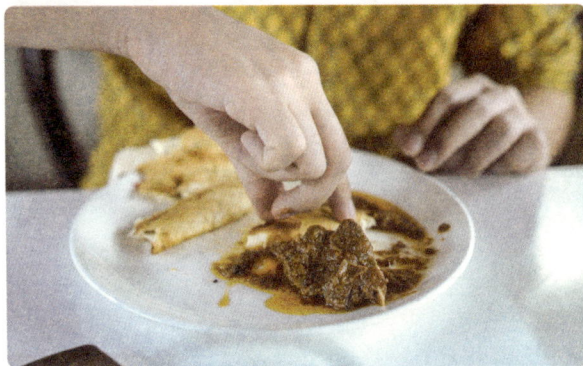

进入清真寺大门时需要脱鞋，门卫看见你是外国人，会主动提出可以帮你单独保管鞋子，但等你出来的时候可是要收费的，别问我怎么知道。

我很喜欢这里的色调，柔和的淡砖红色搭配白色，显得古朴且优美。各种特色拱廊和大圆顶的曲线显得层次错落，带着阿拉伯神话的色彩。两侧高耸的褐红色宣礼塔上绘着白色条纹，像古希腊的石柱，又像中世纪欧洲的高塔。即使只是出于对建筑艺术的欣赏，这里也的确值得一看。

寺里还有一处值得参观的隐秘角落。回到入口处另外买张票，可以排队爬上高耸的宣礼塔。顺着仅一人宽的旋转石梯爬到塔顶，就可以在一座狭小的亭子里俯瞰整座清真寺，乃至整个老德里的风景。

当我们正沉醉在景色中的时候，突然涌进了很多人，瞬间塞满了亭子。我们和来自印度各个地方的人，就这么紧密地被关在这个高空中的小空间里动弹不得，最后干脆一起来了场"自拍大会"，结束了这场参观。

这一整天，让我们透支了仿佛几天的精力。老德里大概是我迄今为止去过最混乱、最无序、最嘈杂的地方，但也是最多元、最丰富、充满生命力的地方。在这里看似规则缺位，到处都乱作一锅粥，但细品却能发现，野蛮成长的民间生活自有它的规律。不同的宗教信仰、饮食文化、服饰建筑被高度浓缩在了一起，却意外地彼此兼容、相互尊重。

老德里充斥着狂野、魔幻、炸裂的情感，绝对不会让你无聊或后悔。

狂野魔幻

老德里

阿萨姆的 舞

The Dance Of Assam

在德里逗留的几天"唰"地一下就过去了。从本篇起，就要进入本次印度旅居的正题，我深思熟虑后选择的目的地——"东北邦"。

在这片南亚次大陆上，从古至今都是不同的民族建立起的政权不断更迭，有时会出现统一的大板块强权，而多数时候则是分崩离析。所以，虽然现在的印度成了统一的国家，但每个邦（省），都有着自己独特的文化背景。在整个印度，光是官方语言就有五六种。一个"特殊的原因"让我在确定旅居地点的时候选择了"东北邦"这个知名度最小，也最"非主流"的省份。

→后面就知道！

拿出地图仔细观察，会发现在印度的板块上，伸出了一个细细的"脖子"——西里古里走廊。这个走廊连接着一块"外挂"的小领土，这就是东北邦了。由于地缘的疏远以及原生民族、文化的

千 百 种
生 活

Thousand Kinds of Life

91°44'9"
26°8'20"

不同，东北邦一直是"印度班级"里惹是生非的插班生。即使是大城市里的本国人，也大多对那里知之甚少。在《孤独星球》印度版攻略上，直接把东北邦称作"亚洲最大的空白地带"。

从新德里出发，我们直接来到了这里最大的枢纽城市：古瓦哈提（Guwahati）。你可能从没听说过这个名字，但也许听过它所在的这片地区的名字：阿萨姆（Assam）。

阿萨姆位于喜马拉雅山南麓的平原上，雅鲁藏布江从中国一路流淌穿过这里，滋养了沿岸的土地。这里气候温和、雨水充沛，人们得以发展农业。其中以阿萨姆红茶为原料制作出来的奶茶，就是我从小喝到大的"阿萨姆奶茶"啦！

在英国把阿萨姆收编进印度之前，它原本是个存在了 600 年的独立小王国"阿霍姆王国"，其建立者，是从我国云南翻山越岭而来的一支傣族部落。所以在这里无论是人们的面孔还是饮食习惯，都更亲近傣泰文化，而非印度雅利安文化。

我们在古瓦哈提住在一栋带院子的精美双层洋房里。房子坐落在一片安静的居民街区，附近都是这种一栋一栋的小洋房，样子、大小都各有特色。房东太太 BiBi 和她丈夫住在一层，我和 Sue 独享二楼的大房间和阳台。

阿萨姆的

舞

初来乍到的第一件事，就是多和房东聊天搞好关系！Bibi 阿姨也很热情，给了我不少有用的本地情报。我向她打听哪里可以感受传统文化，可惜她说，最好的时节是四月阿萨姆的春节，那时会有各种盛大的传统活动，家家户户都会用鲜花来进行装饰。但她又提到，当地有一种传统舞蹈非常有特色，她恰好认识舞蹈学校的老师，也许可以试着联络一下，看看能否为我们做一些私人安排，免得白来一趟！——真是旅途中的又一次意外惊喜！

到了约定的早晨，一辆略显破旧的面包车来到了门前，车里已经满满当当地塞了好多人。几个印度姑娘已经化好了妆，穿戴着精致的舞蹈服饰。她们看起来年纪基本在十几到二十几岁之间，纤细的骨架、小巧精致的脸庞，让平时并不注重身材管理的 Sue 受到了极大的心理刺激。

车大约开了 20 分钟，我们先来到了郊外的一处院落。这里是舞蹈老师母亲的家。老奶奶笑眯眯地为我们准备了特色的早餐：一种芝麻球以及红茶。它们被装在本地特产的黄铜碗和托盘中呈上来，民族风十足！在我们品尝时，大家好奇地围观着我们的反应，时不时发出阵阵大笑。对他们来说，在这里看到中国面孔非常新奇。其中一个叫作 Trishna 的姑娘最活泼，她笑起来会露出两颗小虎牙，热心地为我们介绍各种东西的名字，还主动伸手去捏捏 Sue 的脸蛋说她可爱，又在我被红茶烫到的时候乐不可支。

早餐结束，我们换上了和舞团的男生女生们一样的传统服装，准备转移到另一个地点。据说这种阿萨姆特色的"Bihu 舞"，必须在一棵大树下跳。就传统意义而言，这种舞是为了庆祝丰收，以及歌颂男女美好的爱情而跳的。跳舞时，女生穿戴着新月形的项链首饰，阿萨姆丝绸织的米色长裙和斜披肩，盘发并在眉间贴一个大大的红点；男生则穿着白裙和米色短袖衬衫，外加一块白色棉质头巾，颇符合这里农业大省的气质。

这是一种男女混合群舞：男生们一般带着牛角唢呐、腰鼓和竹笛在后排奏乐；女生们则手持阿萨姆最有代表性的"Jaapi"圆形草帽翩翩起舞，或者口衔特色黄铜盘而舞。Sue一脸认真地分析着两种道具应该分别代表着劳作和丰收，我深以为然。

表演结束后，便进入教学时间！由于我得负责拍摄，就由Sue来上阵表演。其实Bihu舞主要是跟着节奏重复一些手上、胳膊上和腰上的动作，即使没有舞蹈基础学起来也并不难。几分钟后，Sue已经可以有模有样地融入女生们中。大家就这样一直在大树下奏着乐，笑着、跳着，庆祝着自然的馈赠。

你看那张脸
它又白又大！

阿萨姆的

舞

大象带我
看犀牛

Finding Rhinoceros
With Elephants

　　五点的闹铃声在黑暗中响起，我们已经习惯了不得不在各种艰难的时间起床。有时候是飞机不等人，但这次，我们要赶的是一次"大象航班"。

　　今天我们就要告别阿萨姆，深入东北的另一个小邦继续旅行，但离开之前，还有一个很重要的心愿要完成，那就是——去看犀牛！

　　提起犀牛，大部分人首先会想起非洲黑犀牛、白犀牛，少数人可能还知道在印度尼西亚的爪哇

Thousand Kinds of Life

91°44'9"
26°8'20"

岛与苏门答腊岛也生存着濒临灭绝的小型犀牛。但其实在阿萨姆广袤的河源湿地上，生活着世界上95%的印度独角犀牛，它们的栖息地大多被列为保护公园，允许游客用不打扰它们生活的方式参观。

其中国际上最有名、规模最大的公园叫作加济兰加国家公园（Kaziranga Park），它距离我们住的古瓦哈提大约有4小时的车程，一来一回要花2天时间。Bibi给我们提了个建议，在距离古瓦哈提40分钟车程远的地方，有一个叫作博比托拉（Pobitora）的野生动物保护区。虽然它面积小很多，但犀牛数量多，而且特别密集。在那里花一个小时能看到的犀牛的数量，也许会超过在加济兰加花一天能见到的数量！不过由于它名气小，所以很多游客并不知道。

清早的博比托拉弥漫着浓雾，穿过一层大门，再走过荒凉的铁网吊索桥，我们仿佛进入了类似侏罗纪公园的失落世界。

再走5分钟，终于出现了一个工作人员来接待我们。简单看了我们的证件后，他找来一个穿着猎装、背着枪的同事，带着我们上到一个二层的小平台，这里就是大象来接我们的"港口"。

在阿萨姆看犀牛，骑大象是最普遍且最安全的方式。因为对于害羞又暴躁的犀牛来说，机动车的接近会让它们感到十分不安。坐着吉普车，要么只能离得远远地观察它们，要么则可能遇到它向你冲过来的危险情况。而大象作为大自然里与犀牛平等的生物，可以更轻易地接近犀牛们，也不会打扰它们。加上大象庞大的体形，犀牛一般也不敢对其发动攻击。另外，犀牛生活的地带多为湿地、沼泽，又长着高高的草，大象能比汽车更好、更平稳地穿越这种地带。

> *Tips*　博比托拉野生动物保护区大象游览时间
>
> 第一班：报到 6:15am，游览 6:30am — 7:30am
> 第二班：报到 7:15am，游览 7:30am — 8:30am
> 票　价：大象骑乘为 2150 卢比／人，乘船为 3500 卢比／人
> 交　通：在古瓦哈提预约出租车，约 45 千米，30 分钟可达

大象带我

看犀牛

当然我们也很担心这样的活动会不会成为对大象的压迫，因此我们提前查过资料，也询问过工作人员。这里的大象只会在每天早上6点半和7点半分别载一次客人，结束后它们会立刻解散，剩下的时间就在森林里自由生活。而一年中，它们也只有一半的时间需要出勤。此外，博比托拉野生动物保护区的第一目的是保护犀牛族群，骑大象是一种亲近自然的解决方案，而非娱乐项目。所以考虑再三，我们就接受了这种方式。

这天早上，整个保护区好像只有我们两个人，大象带着我们缓缓走向草原深处，身后还跟着一只小象，估计是它的孩子。小象还处于活泼好动的年纪，一会儿追着蝴蝶，一会儿用自己的鼻子往嘴里吹气玩。我们一边看着小象玩耍，一边讨论着估计要走到很深处才会有犀牛，然而突然间，两只犀牛就在远处出现了！

它们早就发现了我们，警觉地抬起头望过来。我们一路靠近，直到距离它们只有十几米远，这是我生平第一次这么近距离地观察野生的犀牛。它们的体形比我想象中的要大，通体铁灰色，背上的皮肤褶皱让他们看上去像是穿了一层厚厚的铠甲。以前从没发现犀牛的耳朵这么萌，像两个可以旋转的小喇叭一样，四处侦查着一草一木的动静。

印度犀牛只有一个角，从正面看过去，在角的左右两侧和下方两侧有4个黑色小洞，分别就是眼睛和鼻孔了，乍一看还有点分不清……爱动物的Sue一边看一边赞叹犀牛长得也太可爱了吧！要是早知道它们这么可爱，再早起10次也愿意！

犀牛们大概厌倦了大象身上那两只奇怪的"猴子"叽叽喳喳的讨论声,慢吞吞地转头走开了,只留给我们两个远去的"钢铁屁股"。这时候,远处的草丛中,又"升起"了两头刚睡醒的犀牛。清晨的草原上雾气朦胧,极其静谧,4头犀牛在雾气弥漫中呼吸、进食,好像一幅动态的古典油画。恍惚间,我们只觉得自己误入了古印度的神话世界,不小心窥见了神灵们的花园。

在接下来将近一小时的时间里,我们随着大象的脚步四处漫游,随机邂逅着更多的犀牛。最多的时候,在视线范围内有十几头犀牛,分布在我们的四面八方。有时候会看见刚洗完澡的犀牛,除了背部顶端还是灰白色,剩下的部分都被水浸湿成了深灰色。有的犀牛背上还站了一排小鸟,简直就像置身于《动物世界》的现场一样。这时候我已经心潮澎湃,Sue 也激动得说不出话来,眼睛里甚至泛着泪光。

我们在旅行中曾多次前往不同野生动物的栖息地。在北冰洋看过北极熊和海象群,在南非被整片海滩的企鹅包围,在科莫多岛心惊胆战地寻找世界上最大的巨蜥。每次置身于这样的情景中时,我们总是会由衷地对这些地盘上的主人们产生强烈的敬畏感。动物们不再是图书上的一页介绍,电视里的一档节目,动物园里的一个景点,它们在自己的世界里充满尊严地活着。每一只动物的奕奕神采都让我们相信,人类并没有比它们高级到哪里去,在它们的家园中,我们才是客人,我们应该学会尊重与谦卑。

万物皆有灵,那一天的我深深地感受到了。

大象带我

看犀牛

现存
母系世带

真实的 "女儿国"

Real "Women Kingdom"

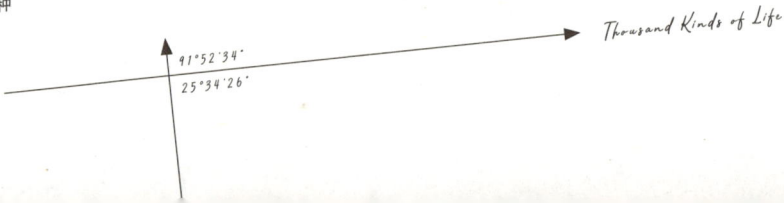

看完犀牛，我们直接从阿萨姆乘车一路南下，三小时后来到了另一个邦。这里处于印度和孟加拉国的边境，是一片高山峡谷地带。它有一个非常美的名字——"梅加拉亚"（Meghalaya），在梵语中的意思是"云的居处"。因为它处于高地，常年湿冷、云雾缭绕，所以在英国殖民时期，还称它为"东方苏格兰"。梅加拉亚也是世界上年降雨量最大的地方，"世界雨极"乞拉朋齐，以及印度海拔最高的瀑布 Kohkalikai 都在这里。

但这些并不是我们不远万里前来的原因。它最特别的身份，是印度的"女儿国"。

Tips 有趣小知识

梅加拉亚（Meghalaya）的含义是"云的居处"。在古代梵文中，"Megh"代表云，"Alaya"代表居处。与此相关的另一个同系列地名是"雪的居处"。雪为"Hima"，雪的居处即为"Himalaya"——喜马拉雅。

梅加拉亚曾属于阿萨姆。在英国殖民时期，英国人认为它地势高，正好俯瞰阿萨姆和孟加拉两处平原，所以在此管辖全省，很多本地人就渐渐跟着开始信仰基督教。所以到现在为止，梅加拉亚还是印度以信仰基督教为主的三个邦之一，城市相貌和建筑风格也都非常西化。大概也是因为这样，梅加拉亚是全印度最干净的邦之一，并且英语化程度非常高。

但这里的最特别之处，是自古以来就是"母系氏族社会"。所谓母系氏族，就是所有的孩子都随妈妈的姓氏，以母亲的血脉作为家族的根基。在家里，女生决定着家里的生意与收入。结婚时，家里的男生要离开自己的家加入女方的家里，而家里的房子和财产，也都由最小的女儿继承，女儿要承担起照顾父母的责任。如果有的家庭没有女儿，他们就会从别家认养一个干女儿，并把财产传给她。所以在梅加拉亚，生女儿远比生儿子更令人开心。

这一切可不是快要消失的部落习俗，从这里的村庄到现代化的城市，全省 300 万人口中，有 80% 以上的家庭依然依此生活。

在大家印象中女性地位低下的印度，却有着这样特殊的社会，这里的生活会是什么样子呢？好奇心促使我们不远万里前来一探究竟。

我们落脚的地方是这个省的省会——"西隆（Shillong）"，一座不折不扣的山城。从进入城镇起，路的两侧出现了许多尖屋顶的欧式木屋和教堂，颜色繁多且错杂。每家的院子里都种着鲜花，路上走动的女性比例较印度其他地方大大升高。她们大多身材很娇小，有穿着正常现代服装的，也有穿着传统服装的——用一条格子长披肩单肩斜穿在身上。

真实的

"女儿国"

在西隆我们预留了本次印度旅居中最长的时间，因为女性的地位在这里极高，卫生状况又好，让 Sue 很有安全感。我们住在一家山腰上的小酒店里，酒店外观有着浓浓的英式复古风情。

相比于古瓦哈提，西隆更像是一个山间小镇。城里所有主要的广场、市场、车站和建筑，都在步行可达的范围之内。要想体会本地最具烟火气的生活，最好的地点是 Bara Bazaar，一个庞大的传统集市。与印度别处最大的不同是，这里所有的摊贩都是女性。

整个集市像一个巨大的迷宫，无数条纵横交错的小巷子，被成百上千的铺子塞满。不同的商品在这里有比较明确的分区，卖布料、日用品、水果蔬菜、鱼和肉的，都各自集中在一起。市场里的人非常多，明显能感受到女性的比例极高，许多带着孩子的人会用一块布把孩子背在身后。

在这座城市生活的日子里，其实并不能看出"女儿国"有多么地不同。但可以感受到的是，与老德里这种传统印度社会相比，在这里出门在外的女性要多得多。在路上大家很少有匆忙的神色，可以随时穿裙子和紧身牛仔裤，也能无所顾忌地当街放声大笑。我在这里看到的女性，不是被供起来、保护起来的，也不是理所应当地让男性承担所有生活重担，高高在上的"公主"。她们重视教育，能够独立经商，可以逛街享乐，也可以独自拎着很重的东西走在路上。也有很多男性会抱着孩子，帮着妻子一起经营生意。

"女儿国"并不是最完美的两性社会，因为在这里仍然存在"嫁"与"娶"，只不过换作男性必须融入女性的家庭，并且被剥夺了继承财产的权利。但它让我看到了一个真实存在的"反父权制乌托邦"的缩影，也看到了女性被给予机会后自由生活的样子。

我认为，美好的婚姻生活，本来就不是要求任何一方理所应当地去履行义务，也不是"财产换人"的等价交易，而是男女双方一起修筑一座平等的堡垒，去共同面对本就不易的生活。

世上也许很难有绝对的公平，但我们总要朝着光的方向不断前行。

全世界独一无二！

有生命的 桥

The Living Bridge

　　其实我对梅加拉亚最初的印象，也是最终决定来这里的原因，来自我曾经看过的一部 BBC 纪录片《人类星球》。它描述了一个住在印度偏僻地区的民族"卡西族"的一项特别传统。

　　卡西族生活在峡谷丛林，那里地势险峻，平常需要翻山越岭才能前往不同的村庄集市。因此在山谷中的一座座桥，就成了打通道路的重要工具。由于梅加拉亚终年潮湿多雨，用木头制造的桥梁常会因湿度高而迅速腐朽。卡西族的祖先找到了一种厉害的方法：将两岸长着长长根须的无花果树藤交织缠绕，人为编织出一座"树桥"。一开始，藤蔓很细、很脆弱，但随着时间的流逝，这些树

Thousand Kinds of Life

91°52'34"
25°34'26"

藤会越来越粗，并在人们一代一代的持续补充编织下越来越强韧。雨水不仅无法损坏它们，反而会让它们变得更强大！就这样，卡西族人不费一砖一瓦、不毁一草一木，仅仅靠着对自然的引导，成就了举世罕见的"活树根桥"。

当年BBC的拍摄，让许多人被深深震撼。活树根桥既是自然奇迹，也是人文奇迹，是人类为了适应环境所迸发出的绝妙的生存智慧。只是来到这里之后，我听说被BBC取材拍摄的两处桥，如今已经变成了景点，许多媒体和游客纷纷慕名而来，附近的村庄甚至还做起了民宿生意。但我大老远地跑过来，可并不想仅仅参观一个商业化的展示样本，我相信，作为一项流传了数百年的民族传统遗产，在群山中一定还藏着更多的活树根桥。我想去到最原生态的、未被现代文明触及的地方，去亲自感受与百年前相同的奇迹。

难上加了难……

这时候，也差不多该本期的主人公登场了。

初次见到他，是在西隆吵吵嚷嚷的车站广场旁。他其貌不扬，个子不高，穿着黑色运动外套，背着黑色背包，是那种无数次与你擦肩而过也不会引起你关注的人。

忘了介绍了，他是个在山上的小村子里长大的卡西族小伙，今年23岁，有着一个让人过目不忘的名字，他叫Morningstar——早晨的星星。

会跟他产生交集，纯属在我埋头搜索活树根桥资料时的偶然。为了找到游客路线以外的桥，我大费周折，最终找到了一个电话号码，而正是他接了我的来电，就此打开了我和Sue真正了解梅加拉亚的大门。

我们约定了时间，跟着Morningstar去到了他生活的村庄。作为从小在丛林旁长大的孩子，他对森林比任何人都了解，他带着我们到了他家，把我和Sue的行李暂时留在了竹木小卧室里，接着我们来到了一片峡谷的断崖边。顺着石板楼梯，我们要开始真正的丛林之旅了。

有生命的

桥

139

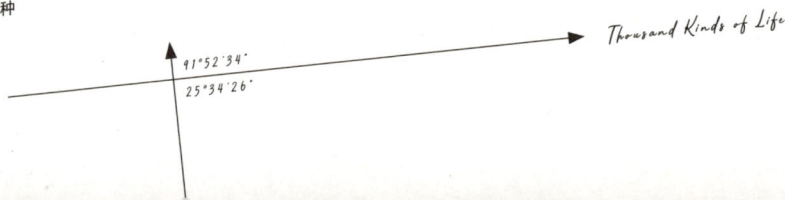

在走了 15 分钟后就到了楼梯的尽头了，接下来是一条相对平整的林间土路。再往后，连土路也没有了，全靠 Morningstar 辨认方向。这时候已经到了森林的较深处了，巨大的植物遮天蔽日，我们走在铺满落叶的山路上，不时需要爬过粗壮的布满青苔的树根。今天的阳光极好，穿过树叶的缝隙落在我们身上。山里凉爽却不冷，空气里满是泥土与植物的味道，但我却无心享受这一切，满脑子惦记的都是心心念念的活树根桥。

毫无预料地，第一座桥出现了！这里的桥没人维护，各种藤蔓疯狂生长，乍看之下甚至有点儿辨别不出桥的样子，这反倒让我想起了老德里街上悬挂的那一簇簇电线。

活树根桥一般用的都是一种特殊的无花果树，这种树本身会不断长出绳子般的气根，它们会吸收养分，慢慢变粗，从而形成新的枝干。Morningstar 飞快轻巧地就通过它走到了对岸，留我和 Sue 在后面慢慢往前"蹭"。树根上的青苔踩上去让人很不踏实，树根之间的缝隙也提醒着我们它的高度，加上又没有扶手，我们走到中间时不禁蹲了下来，手脚并用地爬了过去。不过随着我们之后在桥上来回拍摄，发现这些树根真的是无比坚固，走在桥上的脚步也越来越敏捷。

它们在无人机视角下更为震撼，一些垂下的树须落到了地面上，又长成了粗壮的树干。桥上的我们就像身在奇幻电影的场景中一样，正要拜访森林中精灵栖息的地方。

而后的几个小时，我们不断往森林更深处前进，遇到了无数大小不一的活树根桥，它们有长有短，有的看起来年代久远、结构复杂，有的不过是两三根粗枝扭成的小桥，甚至还有树根楼梯！Morningstar 自豪地说，这都是他的私人路线，即使是在当地，也没有几个年轻人有这样的能力。

在一座又长又高的巨型活树根桥旁，他第一次认真聊起自己的经历。

和很多在村子里长大的孩子一样，他过着每天在丛林中玩耍、无忧无虑的生活。自有记忆以来，父亲总是背着他，走过一座座活树根桥，那是童年最习以为常的记忆。活树根桥对卡西族人来说，是那么自然而然的事，意义嘛，也不过是一种工具罢了。他们从未想过，这是全世界绝无仅有的人文遗产。

2014 年，他第一次接触到外国的访客，来自美国的旅行者 Patrick Roger 请他当向导，去记录那些不知名的树桥。这是他第一次意识到活树根桥的不同寻常，它竟然能吸引一个远在天边的人，并且让他在接下来的两年内多次前来，而且一待就是半个月或一个月。

但在那时，活树根桥其实已经开始慢慢被村里的人遗忘了。人们学会修建更结实的混凝土桥，孩子们也不知道如何编织。唯一两座因为 BBC 的取景而出名的桥，只是被当作吸引游客的摇钱树，成了旅游景点。在这背后，缺乏保养的它们将来会如何，并没有人真的关心。

Morningstar 在走访了梅加拉亚的许多村庄和活树根桥后，决心要改变这个状况。他成立了"活树根桥保护基金会"组织，拉上了几个同村的伙伴，从家附近的活树根桥开始，定期去进行新的编织和维护。他去请教那些有专业知识的老人家，记录不同的样式和设计；游说学校开设实践课程，带孩子们重新走入森林；走遍那些原始雨林，一座座地测量找到的每座桥的数据，并存档立案。

但在这一切的背后，他也不过是个 23 岁的男孩。他高中没有读完，与两个弟弟以及其他姐妹一起住在爸爸妈妈家里。他没有得到政府的任何支持，甚至没有得到村里人的理解。唯一的慰藉，来自他建立的 Facebook 页面上的全世界素未谋面的陌生人的支持。

他很骄傲地对我们说，他的相机是一位德国植物学家寄来送给他的，他的电脑也是美国的好心人赞助的。那些学者、探险家、媒体人、电影制片人，不远万里地来到他生活的村子，用自己的方式鼓励他，让更多人知道他的努力。当同龄人在奋力搬去大城市、争取好生活的时候，他也在奋力把人们的目光从大城市拉回森林中。

有生命的
桥

一个从未走出过自己家乡，没有接受过完整的高等教育，没钱、没资源的年轻人，是什么唤醒了他，促使他自愿承担这份莫大的责任？我至今都觉得感慨。世界之大，我们想象不到，人们在如何过着自己的千百种生活。也总有人在你不知道的地方，默默闪着光，像一颗清晨的星星，试图点亮整片天空。

我们在 Morningstar 生活的村子里一直待到了第二天下午。他带着我们去他阿姨家喝茶、撸猫，介绍鼓手朋友给我们认识，又带着我们去不同的邻居家做客。这里就是最传统的卡西族部落，很多人仍然住着竹子和木板建造的房子，留出屋内地板的一角烧柴取暖、煮茶。停电的时候，还会点上煤油灯。清早，每家的孩子都会提着桶，到村子的取水处接山泉回家用。

Morningstar 告诉我说，我和 Sue 是第一对来到这个村子，去过那些活树根桥的中国人。我们很荣幸，也很骄傲，并答应他一定会把发生在这里的故事带回中国，讲给更多人听。

现在，这些人里又多了一个你。

Thousand Kinds of Life

91°52′34″
25°34′26″

焚香　告别

Cense To Say Goodbye

还有太多没讲的故事……

　　在梅加拉亚住了 2 周的时间，我们又要继续上路了。在结束印度之旅前，我们还有最后一座城市要去——那就是鼎鼎有名的加尔各答（Kolgata）。

吃了路边摊！没拉肚子！

　　加尔各答曾是英国殖民时期的印度首都，也是西孟加拉邦的首府。英国文化对这座城市的深远影响随处可见，比如街上老爷车式的黄色出租车、大量维多利亚风格的建筑、喝下午茶的习惯等。在英国殖民时期，它一直是印度近代教育、科学、文化和政治的中心，直到今天，它也依然是印度的文化中心，也是文艺浪潮与先进思想兴起的地方。

我们在加尔各答的时候，恰好遇见了印度教最盛大的节日之一：湿婆与妻子帕尔瓦蒂的婚礼 Mahashivratri。

由于 Sue 比较恐惧过分拥挤的地方，再加上要赶着更新视频，所以"婚礼"当天，"难得"由我独自出门采风。

我在独自赶更新……

打了一辆出租车，径直前往河畔的老城区——一座加尔各答最有名的湿婆神庙 Baba Bhootnath 的附近。司机最终停在马路边上，向着侧面的路指了指，示意往里面走即可。我心里有点兴奋又有点发虚。这一带的城区十分破旧，地上到处是碎石和垃圾，在用大锅煮着神秘物质的街边摊的不远处，就有肮脏的临街男性小便池；废弃的火车轨道边满是棚户，墙上挂着衣服和破布，山羊与野狗在路边的垃圾堆里翻找着食物；而人们就在铁道上穿行，这里仿佛是一条贫民窟版的精品步行街。

来到最靠近河岸的街上，人流量一下子暴涨，因为湿婆神庙就在这里。十来米宽、几千米长的路段上，每一平方米都塞满了人！两侧的杂货店里都在卖万寿菊花串，有的人挤到店旁要买装在陶罐里的贡品，有的人则结束了朝拜在逆向行走。大家头上都绘着象征湿婆第三只眼的红点，动不动就会有一队仪式装扮的年轻人，喊着口号，举着挂满铜铃的法器破开人群。

而我，一个非常不和谐的外国人，就在这前胸贴后背的人潮中艰难地往前挪动着。

湿婆神庙被各种鲜花和彩布装点着，这里是人群风暴的台风眼，是流动的起点和终点。数名白衣警察维持着秩序，催促从庙里出来的人加速离开，并防止新来的人插队。从庙门口开始，划分队伍的金属栅栏沿着街一路摆放到了视线尽头。由于进寺庙不允许穿鞋，所以排队的几千号人全都光着脚，庙附近也衍生出了看鞋的生意。一些阿姨们坐在地上铺块布，上面一双双地放满了鞋，不知道阿姨们闻到的是什么味道……

我不愿意花几个小时排队，注意到庙的附近有个大门，大门后面是条通向河边的路，就打算先进去看看。进去的时候，大门旁的保安拦住我，告诉我里面禁止拍摄，在得到我不会拍摄的保证后便同意让我进去。边往里走，边感觉这里似乎不是普通的河边堤岸。我注意到在一栋建筑的屋檐下，有好几排两三米高的架子，人们似乎在忙碌着什么，空气中有燃烧的味道。再一转头，左手边的桌子上盖着块白布，里面赫然露出了一双脚……刹那间我明白了自己进了什么地方，以及这里为什么禁止拍照。

我立刻回头，加快脚步就往河边冲，一直到了河堤上，看着波动的河水和远方的大桥才冷静了下来。

回想起来，让人感到奇怪的是，这条小路上并没有凝重肃杀的气氛。人们要么坐在墙边的椅子上边聊边等待，要么聚在一起，在河边抽着烟，仿佛是个悠闲的午后。有人看见竟然有个中国人出现在这儿，还过来与我搭话，畅聊中印两国关系。印度人的泰然自若，与我想象中的火葬场的氛围非常不一样。

焚香

告别

145

　　继续沿着河岸向前，来到开阔的河畔广场，结束了朝拜的人们坐在这里放松休息。几个孩子在浑浊的河水中洗澡嬉戏，另一边有人正打鼓奏乐、载歌载舞。一个街头流浪艺人从手里的藤盒里突然抓出一条蛇，摆出 Pose 让我拍照，转头又跟我要 50 元人民币。周围看热闹的热心群众纷纷跟我说这是骗子，让我快走，他们来挡住他……一个孩子冲上来请求与我合照，结果引来了更多的孩子，每个都想照。

　　我决定直接逃跑。在印度盛典的河边，只见一群本地青少年追着一个狼狈逃跑的外地人，不远处还有人群正在和舞蛇人斗智斗勇，构成了荒诞电影里的搞笑画面。

　　在加尔各答这一天的独自冒险，让我的印度之行彻底圆满了。在摩肩接踵的人群中，人们对信仰的虔诚、对生死的淡然、对传统的执着，都以我从没经历过的方式震撼着我。夹在吵吵嚷嚷的棕色人海里时，穿过层层贡品，穿过变幻的身影，穿过弥漫的燃香烟雾，我看见一位身着绿袍的年轻女孩正跪在地上双手合十，闭目祷告。

　　我想，她现在的世界，一定很安静吧。

印度 很神奇
在的时候想逃离
离开后却会立刻思念……

焚香

告别

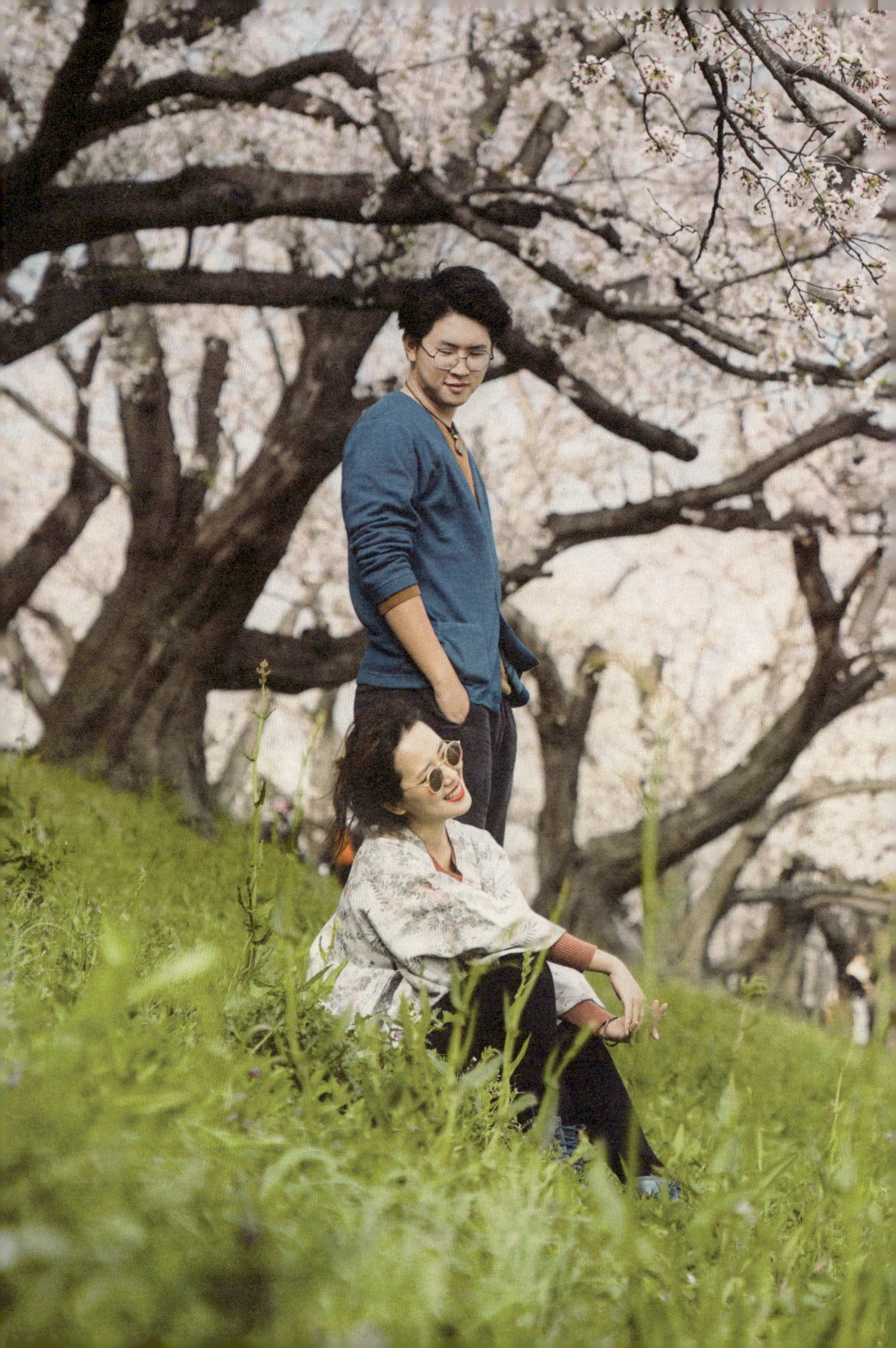

睡在
河豚料理店
Sleep In A Puffer Fish Restaurant

三月中旬，北京的天气渐渐转暖，为了抓住第一缕春光，我们换好行李不愿久留，连忙开启了下一站的旅居生活。

这一次前往的城市，是 Sue 期待已久的地方——日本京都。

相比于东京的繁盛嘈杂，我们更偏爱京都的古色古香、禅意悠然。我们特意把日本站放在了三月中旬到四月中旬，正好覆盖关西地区的整个樱花季！在这一站，我们邀请了"八大阿"组合中的两位常驻嘉宾——小墨与阿猴。我们 4 人一起租下了一整栋和风木屋，尝试了一场为期一个月的春日"Double Date"！

Thousand Kinds of Life

千百种生活
日本篇

PLAY

扫码看
本站
旅居视频

整栋都是我们的！

为了更好地体验日本本地的生活，同时也为了节省成本，我们特意挑选了京都与奈良之间的一个小乡镇"城阳"的一间民宿。住在这里，既能感受日本小镇简单安静的生活，又可以只花30分钟坐电车直达京都最繁华的市中心。

在关西机场坐空港快线到大阪天王寺，换车坐到京都站，再换电车坐到富野庄站下车。拖着大箱子走出车站的时候，天几乎全黑了。路上没什么人，最明亮的光源来自路过的超市。顺着房东发给我们的指引，我们很快找到了这一站的"新家"。

黑色的天空背景中，一栋传统的二层日式房屋伫立在岔路口，门前亮着的灯牌上写着"富野"二字。

开门迎接我们的是一位名为"大槻"的年长女士。她留着一头干练的短发，身穿大红色和式工作装，精神矍铄，年纪看着像60多岁，后来我们才得知她已经70多岁了。

在一楼一进门，映入眼帘的并不是常规的客厅或者民宿前台，而是一个长长的吧台。吧台前的玻璃柜里放着许多食物模型，后面就是料理操作台与厨房炉灶……没错，它曾是一间河豚与高级怀石料理餐厅。

大槻女士便是创办了这间餐厅的主厨。在日本文化中，像她这样的"女掌门"又被称为"女将"。一生未婚的她，把生命的全部热情都奉献给了料理，并作为主厨，在这间餐厅里度过了人生中数十年的时光。随着年纪越来越大，精致复杂的怀石料理所需要的高强度工作让她渐渐力不从心。于是不久前，就在一位好友的帮助下，她把"富野料理"改造成了"富野民宿"，用另一种方式，来传递她的风格与理想。

　　为了留住这栋老屋引以为傲的过去，一楼完整保留了餐厅与厨房的格局，甚至在大槻女士偶有余力的时候，民宿客人还可以向她预订料理。而二楼曾经的大包间则改成了卧室，里面摆满了各种具有日本风情的工艺品和画作。我们将卧室等分为三个区域，我们和小墨阿猴各自睡一侧，中间则留作大家休闲娱乐的公共区域。

　　安置完行李，熟悉了屋子的边边角角后，早就饥肠辘辘的我们找到了附近的一间小居酒屋，小小地庆祝了一下旅居第一天顺利入住。狼吞虎咽地吃完葱烧烤肉盖饭、培根卷圣女果小串，还有各种口味的烤鸡肉串后，我们又回到卧室，钻进暖乎乎的被炉里，沏上一壶绿茶，来上一份房东特意准备的红豆铜锣烧。

此时，我已经产生了一种强烈的预感，日本估计会成为我们旅居以来"最具幸福感"的一站！

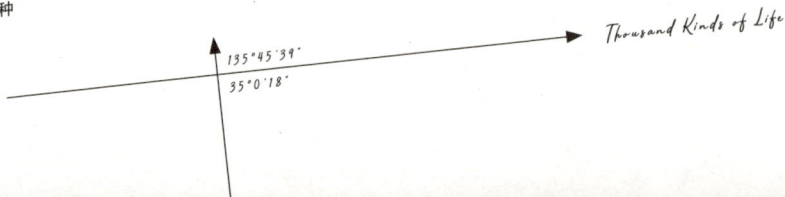

好吃又省钱！←

135°45′39″
35°0′18″

Thousand Kinds of Life

若草山的
日落

奈良秘境

Sunset Of Wakakusa Hill

　　初到日本的几天，我们并没有安排行程。在附近溜达着熟悉周遭的小巷子和小店，或者单纯在路口的便利店买一堆便当、零食，4 个人待在民宿里一起享用。在经历了印度尼西亚、蒙古和印度相对恶劣的环境与紧张的行程后，我们终于慢慢找回了一点最初无所事事、享受生活的感觉。

　　一个阳光明媚的早晨，我们终于决定出门一起去踏青！我们选择的目的地是我和 Sue 都还没去过的著名古都——奈良。之前对奈良的了解，仅限于奈良时代的都城"平成京"，《火影忍者》里的"奈良鹿丸"，以及遍地都是"野生鹿"的超人气拍照区。

若草山的

日落

由于奈良的鹿已经被很多人拍过了，所以我们本来不想再拍鹿。但是一出奈良站就发现，这里"鹿的气息"实在过于浓郁，以至于你根本没法忽视它的存在！

车站里有吉祥物"鹿麻吕君"的各类卡通明信片、贴纸、印章和扭蛋，车站外有小鹿主题的大头贴亭子，在路上鹿饼摊贩随处可见……让你不管是抱着什么目的来的，都会忍不住把它抛在脑后，眼睛里只有鹿、鹿、鹿！

真香！

从车站往外走不到 10 分钟，就会经过位于城市中央的巨大的"奈良公园"。从这里开始，就正式进入鹿儿们的活动区了。

根据我的观察，鹿的日常状态大概可分为以下几种：走在路边闲逛，并上下打量路过的人，甚至跟踪路人的，属于"觅食鹿"；懒懒地卧倒在草地上，被摄影师和路人们围拍的，是"饱腹休闲鹿"；还有极少部分躲得远远的，不屑为 5 张饼折腰的，属于"傲娇鹿"。

但不管哪一种，就是没有低头吃草的，这是生活在奈良的鹿们最基本的"尊严"！当然，以上这些都属于已经完美融入了人类世界的"都市鹿"。当然也有心系自然、离群索居的"野鹿"，这个之后再讲。

相对会与人类保持距离

135°45′39″
35°0′18″

Thousand Kinds of Life

我们终究没有抵抗住鹿饼的诱惑，150日元一叠的鹿饼，简直就是奈良的通货，是人与鹿谈判的筹码！手里没有几张鹿饼，走在街上根本"抬不起头"来，只能眼巴巴地看着别人"风光无限"，群鹿绕膝……但我们并不打算过早地消耗宝贵的鹿饼，毕竟公园是游客的密集区，通货膨胀得厉害。

顺着奈良公园一路爬山，穿过两侧布满了供奉石灯的长长的林荫路，就会来到奈良最古老、最著名的建筑之一——春日大社。来春日大社的原因之一，其实和奈良养鹿的起源有关：传说在1000多年前，在春日大社创立之初，一位神祇就是骑着鹿来到了奈良。因此，鹿从那时起，就被看作是神的使者，受到当地人的爱护，并且保护它们一代代自由繁衍生息。

坐落在山间的春日大社，具有日本寺庙最典型的风格。朱红色的大门与排柱，种着松柏的庭院，挂满了人们抽到的纸签文的架子，成排的铜质吊宫灯的影子被阳光打到干净的雪白的殿墙上，再配合着随处可见的小鹿，让整个画面显得既古朴又灵动，充满了神圣感。

→至今收藏！

来到这里，最火爆的项目当属求签了。比较特别的是，这里的签文会卷成一个小纸卷，被一只陶制小白鹿衔在嘴里。这就等于你花钱求个签，还附赠一个可爱的小使者，谁能不心动？谁能不买账？签文可以选择日文或者英文两种，Sue抽到的签上写着"不管今年走到哪里，都不会发生不好的事情"，这是不是意味着我们的环球旅居将一路顺利呢？

春日大社第二受欢迎的项目，叫"绘马"，也是日本寺庙常见的与访客互动的小设计。买一块小木板在上面画上图案，写下自己的心愿，挂在寺庙中以求得到神明的庇佑。当然啦，在奈良，这块小木板也被设计成了鹿头的形状，供人们自行发挥创意。

若草山的

日落

在这里嬉戏、拍照、找鹿，尽情放松过后，不知不觉已经到了下午 4 点了。我们在奈良的最后一个目标，是爬上城市的最高处——若草山，去看一场日落！许多人在仓促的日本行程中，留给奈良的时间也就只有匆匆半天，然后还要赶往宇治，或者赶回大阪。如果你下次有时间，一定要爬一次若草山，在黄昏时分，你会在那里看见真正的奈良。

进入若草山，首先看到的是有着一大片草坡的小公园。许多本地年轻人喜欢在这里铺个垫子野餐，也有人在这里遛狗、玩飞碟，当然偶尔还有婚纱照"游击队"出没。沿着侧面的石板台阶往上爬，大概爬了十五分钟，就可以到达第一层观景处。爬山的过程并不枯燥，因为你会遇见前面提到过的"野鹿"们。它们似乎在刻意跟人类保持着距离，兀自在宽阔的山坡上奔跑、跳跃、低头吃草。搭配着早春还泛着黄的草色，我们好像瞬间到了非洲大草原。

一定要坚持爬

我们抵达最高处时，正好是夕阳的光线最柔美的时候。太阳落到了云层之下，橘色暖光照耀着整座城市。

越高越美！

奈良没有高楼，一座座小房子在光线下亮晶晶地反着光，从山顶看过去，就像波光粼粼的海面一样，异常壮观。身处这场落日之中，这番美景与一天的辛苦，让我们终于决定拿出压箱底的鹿饼了！于是我和 Sue 诱骗着两头小鹿来到风景最美的角度，留下了它们与远处的夕阳的合影。

Thousand Kinds of Life

135°45′39″
35°0′18″

　　我们一直待到若草山临近关闭，凉凉的晚风催促着我们披上外套。恋恋不舍地坐在长椅上，看着深蓝色天空下的寺院屋顶，身边高高的草丛里，一种长角的雄鹿突然探出头来，发出簌簌的声响。这一刻的奈良，安静得好像只属于我们。

不要离它太近哟！

若草山的

日落

集市！
Roy & Sue 最爱！

东寺的　集市

Toji Temple Market

作为日本传统文化保留最完好的古都，京都最初吸引我们的，就是它的城市风貌。

　　整个京都的结构横平竖直，极其规律，连街道的名字都完美地按照一条、二条、三条这样的顺次排列，所以不必担心会迷路。除了几条主干街道与商业步行街，京都大部分的路都是窄窄的，排满了清一色木质结构的和式小楼。哪怕是新修的建筑，也会采用一整套极其讲究的传统设计元素，以保证它既与周围的邻里环境融为一体，又能保留住日本建筑的种种风格。

千百种
生活

Thousand Kinds of Life

135°45′39″
35°0′18″

古代的寺院和庭院，在京都更是数不胜数。漫步在弯弯曲曲的小巷间，可能随意碰见的一幢小神社，就有近千年的历史。在著名的锦市场里，你会发现各种代表着京都传统饮食文化的腌渍食品和地方风物，人们依旧穿着传统的日式开襟工作装，继承着历经几代传下来的祖业。

我个人感觉，日本人是非常善于保存的民族，最直观的体现就是这里的二手和古董行业的发达。在日本的每座城市，你都可以找到大量的 Vintage 服装店、卖古董瓷器和茶器的古美术店、二手奢侈品店等。其中日本人最爱的一种集市形式就是跳蚤集市。

以京都为代表的许多日本的城市，都会定期举办各种规模的跳蚤集市。运气好的话，可以以很划算的价格买到有趣的绝版玩具、古董工艺品、二手和服、文创杂货，甚至是盆栽置景等。此外，集市中可能还有各色传统小吃摊和互动游戏摊，真是便宜又好玩！

我们这一回在京都赶上的第一个大型集市，就是每月 21 日在东寺举办的"弘法集市"。

东寺的
集市

一进入东寺大门就已经有摊位了。通常在集市最外圈的是小吃摊，比如烤团子串的、烤笋的、卖关东煮的，让刚来的人可以吃饱肚子再继续深入。除此之外，集市并没有严格的区域划分，各种类型的摊位一家挨着一家错落排开。有的老板会弄个遮阳或遮雨棚，并用几层的架子把自己的古董摆放得整整齐齐，但更多的也就是随意堆放在几张桌子上，甚至地上还放着几个大箱子，里面装满了旧火车玩具，20 世纪 80 年代的迪士尼手办，或者上百个老茶杯。

其实我们更喜欢后一种，因为这种摊位的老板通常都是统一低价出清，大家在乱七八糟的东西里翻翻找找，更有一种淘宝捡漏的乐趣，堪称跳蚤集市中的奥特莱斯！

至于价格方面，那绝对超低。比如，大件二手和服外套只要 60 元人民币，一个可爱的和风陶瓷小瓶只要 30 元人民币，一尊较大的信乐烧陶瓷狸猫也就 90 元人民币。即使你囊中羞涩，也总能抱回那么几件心仪的小东西，作为日本之行的特别纪念。

我们从笑眯眯的老伯那里买下了一对长着狸猫眼睛和尾巴的可爱小茶杯，从优雅的和服女士那里买了两个日本达摩造型的零

钱包，从一位戴眼镜的大叔手中买下了一个有着 150 多年历史的烧陶般若面具。后来，我们还遇到了一位有趣的手艺匠人小哥，他的摊位上卖的全是自己纯手工制作的日本传统玩具，材质有木头的，也有陶土和纸质的。小墨买了一个手持玩具，利用重力和牵线，4 只小兔子会围着一个大碗捶打年糕；我和 Sue 则买了一个木头做的古代送货小哥，只用单手就可以控制他呼哧呼哧、手脚并用地奔跑起来！

在京都的这一个月里，我们幸运地赶上了好几个集市，比如北野天满宫集市、平安跳蚤集市、京都每年举办 3 次的"大古董祭"等。跳蚤集市的一大魅力，就在于它的不确定性。有时可能一天下来一无所获，但有时又会在短短几十分钟内遇到好多令人心动的有趣玩意儿，还有的时候，你稍微犹豫一下，也许就永远错过了某样东西，而且这一生再也无法遇见它。

逛跳蚤集市多像经历一次浓缩的生活啊，我们在其中学着辨别、协商、忍耐，学着倾听内心，也学着面对遗憾。但不变的是，它让我们对生活永远充满期待，因为你永远不知道接下来会遇见和发生什么。不要放弃啊，再往前逛一逛，也许惊喜就在转角的摊位上静静等待着你呢。

Tips　京都集市时间表 🕐

平安跳蚤市场
时间：每月 10 日
地点：冈崎公园

东寺弘法集市
时间：每月 21 日
地点：东寺

北野天满宫集市
时间：每月 25 日
地点：北野天满宫

京都大古董祭
时间：一般每年春季、初夏、秋季举办，共举办 3 次，每次为期 3 天

地点：京都市伏见区竹田鸟羽殿町 5（京都府综合见本市会场）

怀旧玩具店

东寺的
集市

1、2、3，
开口说日语

1 2 3 Speak Japanese

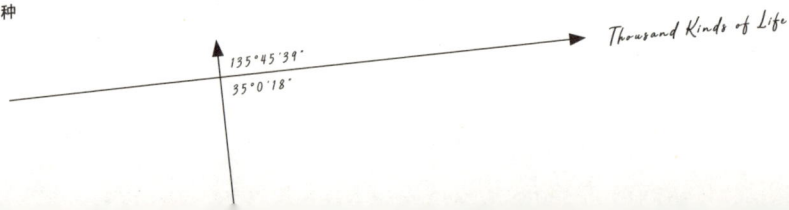

在京都的生活慢慢形成了规律的节奏。如果今天不出门，我们中午就在便利店买份便当，晚上光顾家附近一对老夫妇开的"中华料理"小店。如果天气不错，我们就一起搭电车到市中心散步。我们去八坂神社附近的小路上买烤团子，在路过的小公园里玩跷跷板，去本地的人气咖啡厅，在露台上看鸭川的夕阳，又在深夜探索河源町商业街的各种有趣小店。

千百种

生活

135°45′39″
35°0′18″

Thousand Kinds of Life

我们不追求把钱花在昂贵的高级餐厅，路边随处可见的连锁店（松屋）反而成了心头好！24 小时营业、机器支持中文点餐，然后用支付宝、微信支付即可，30 多元人民币就能点到超大碗的优质烤牛肉饭套餐！

推荐！

我们过着没有目的、不受任何行程拘束的生活，并且，因为住的地方并不在京都市内，所以我们的活动空间也不局限在京都。比如，某个周末，在小墨的提议下，我们决定来个大阪一日游。不过大阪的那些知名旅游区我们都去过了，那么安排点什么项目比较好呢？在网上查了一下，我们发现了一个很有趣的活动：由大阪本地人给你上一堂日语速成课，并带着你去本地商业街边吃边逛进行实战练习！

⇒ 零基础也 OK！

Yuko 就是我们这堂特殊日语课的老师了！她是个瘦瘦高高的姑娘，留着卷发，让人感觉亲切又活泼。她会说一些中文，所以就决定利用自己的优势在周末开启这个小副业，带领更多从中国来的游客从本地人的视角认识大阪，体验真实的当地生活。

Tips　新 Yuko 日语学习体验

Yuko 目前自己经营 2 种体验项目：学日语＋吃小吃；本地人带你进行大阪一日游。
可以通过 Email 或微信跟她提前联络沟通。
Email：yukosakaguchi.02.03@gmail.com
微信：yukoinosaka

我们和她约在大阪中之岛公园附近的地铁站见面。见面后，我们边互相认识，边溜达到了河畔公园里，找了个地方坐下来后，我们便正式开始"日语集训"了。Yuko 为大家分别准备了一份上课用的"教材"：一张 A4 纸，正反面印了满满的日语单词和例句，并被折成了手掌大小，方便随时查看。另外还给每人发了 1000 日元的"零用钱"，用于一会儿在商业街的购物实战！

1、2、3，
开口说日语

这堂一个多小时的日语课简单又实用。大家从用日语自我介绍开始学起，很快掌握了简单的打招呼等礼仪用语，以及一些买东西问价格的句子等。

Yuko 之所以把见面地点选在这里，是因为这里临近她特别推荐的商圈——天神桥筋商店街。"商店街"是一种日本特有的商业文化，除了泛指一般的商业区外，更多时候是指带有拱顶的长长的室内步行街。不同于百货大楼，商店街的经营主体更贴近生活，基本上是一家家小铺子在卖柴米油盐、特色小吃、书报杂货、蔬果生鲜等。这些商店很多是经营了几代人之久的家庭老店，因此当然是体验当地生活的最佳去处！

其中这一条天神桥筋商店街是全日本最长的商店街，纵贯 6 个路口，哪怕走马观花地溜达下来也要一两个小时。但因为相对远离道顿堀一带，这里反而没什么游客，是非常地道且小众的旅游好去处。

Yuko 已经预先选好了几种她最推荐的、可以边走边吃的小吃。从甜甜圈到可乐饼，再到鲷鱼烧和大阪特色的薄饼夹章鱼烧……虽然每样都只买了一点儿来尝尝看，但最后大家都饱得不行，无力再去她额外推荐的餐厅了！

超好吃

排队最长的就是了！

与之前我们自己瞎逛不同，这一整天，趁着刚背了单词和句子的热乎劲儿，大家都试着用磕磕巴巴的日语，努力与老板交流。打招呼，表达想买什么，谈价格，表示感谢……用这临时特训的日语，竟然可以坚持对话三四个回合！这不仅让我们沉浸在一种真的融入本地生活的成就感中，也让很多当地人感受到了我们的真诚与友善。

成就感满满 ♡

现在的世界真的很发达，发达到很多资料动动手指就可以找到，翻译软件已经可以在很大程度上帮你说你想说的话。但我依然觉得，人工智能并不是万能的。当我们通过自己的一点努力，去学习对方的文化，用对方的语言与之沟通时，这个举动本身包含的意义，恐怕比任何准确的翻译都更重要吧。

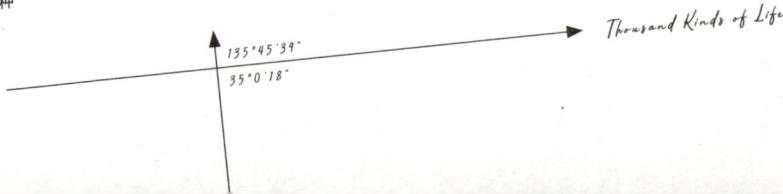

Thousand Kinds of Life

135°45′39″
35°0′18″

樱花树下的便当

亲手制作！

Bento Under Sakura Tree

　　我们第一次来京都，是两年前的十一月。那时候也是为了充分感受传统风情，就在网上挑选了一家开在老宅里的民宿，那是我们第一次认识 Kenji 与 Nobara 夫妇。他们为自己的民宿起了个名字，叫作"Hana house"，即"花之屋"。

　　这是一栋住了 Kenji 家几代人的祖宅，完美保留了一直以来的传统风格。它有着高高窄窄的木质楼梯，铺满榻榻米并装有滑动纸门的和式房间。走在昏暗狭窄的走廊上，木头做的地板会发出"咿咿呀呀"的充满岁月感的声音。<u>整栋房子所见之处，全部堆满了木头做的老家具，各种欧洲风格的古董瓷器，以及日本传统摆设。</u>

未来梦想之一！

一开始我们只是感叹 Kenji 夫妇跟我们一样，有点"囤积癖"，后来才得知，他们不仅是传统画家、日本厨艺师、服装设计师，更是古董交易商。在我们没看见的房间里，还有更多堆积如山的古董！住在 Kenji 家的那段日子难忘又美好，每天早上，我们 4 个人一起在餐厅里边听爵士乐，边享用 Nobara 做的日式早餐。第一次知道京都的"大古董祭"，也是 Kenji 专程开车带我们去的。离开之前，他们还拿出了由他们父亲亲自设计的，价值 4 万多元人民币的古董和服给 Sue 体验试穿……短短几天，我们成了很好的朋友，即使在离开日本后也一直保持着联系。

于是这一次来京都旅居，我们自然而然地联系了他们。我跟 Kenji 商量了一下，因为正好赶上了樱花季，不如跟 Nobara 学着做一次日式便当，然后大家一起带着便当去赏花吧！

两年后再次来到 Kenji 家，这里几乎没什么变化。院子里的石板小路被灌木丛淹没，门厅里的古董瓷器似乎更丰富了，厨房里的桌子上摆着他们已经准备好的满满的食材，今天我们两对情侣都决定派男士下厨。Nobara 很细心地准备了一份菜单，列出了我们将制作的食物，包括炸鸡、玉子烧、炸南瓜蘑菇、饭团等。想不到在这小小的便当盒里，竟然要塞下 8 种食物！

事不宜迟，我和阿猴在 Nobara 的指导下，从基础的调味做起，逐步练习削南瓜、拌土豆泥、一层层地煎玉子烧、为炸鸡裹面粉、手捏饭团等。

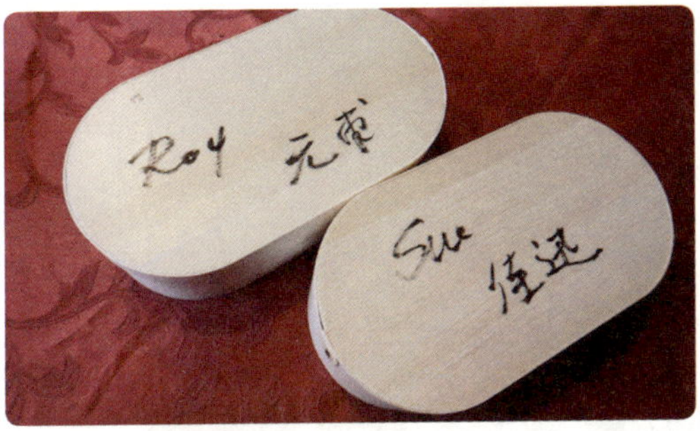

在一个多小时的叽叽喳喳的声音中，我们终于各自准备好了便当。"料理老师"在盒盖上亲笔写下我们的名字，并用印花布做了个包裹，Kenji还带了一壶热茶与几个杯子。就这样，大家带着小时候春游的心情浩浩荡荡地出了门。

穿过电车道，经过老寺庙，走过满是老式民居的小路，我们抵达了一个小公园。空地旁有许多棵高大的樱花树，樱花开得正盛。数不清的粉色与白色花瓣互相挤压着，远远看上去像是一团团淡粉色浓雾，在树冠枝丫上缠绕，映衬着蓝色的天空，宛如一幅极其梦幻的印象派水墨画。

电影里的纯爱场景！

在这里没有外地观光旅客的身影，只有住在附近的一些本地家庭席地而坐，此外还有一群幼儿园的小朋友们，正在樱花树下一起吃点心、做游戏。

樱花树下的
便当

我们一下子就明白了，为什么在日本的动画里，春天总是那么浪漫而动人。

Kenji 在靠墙壁的位置铺上毯子，我们纷纷打开自己的便当盒围坐在一起。风轻轻吹拂，投在我们便当上的樱花树的影子也在微微摇曳，这是春天带来的最美调味料。Kenji 说，像这样春天来樱花树下野餐，在日本文化中叫作"花見パーティー"，意思就是"赏花聚会"。每到樱花开放的季节，这是大家最期待的事情。这时要非常郑重地约上要好的朋友，准备好便当、饮料和点心，一起用全身心去感受，不浪费这份一年一次的时光礼物。

我们坐在巨大的樱花树下，静静地品尝着便当里春笋、萝卜、南瓜的味道。在如此美好的氛围里，连对话都显得有点多余，我的大脑陷入了一种懒懒的舒适感中，只想此刻永远不要结束。

赏樱的 季节

四种不同体验

Sakura Season

进入四月上旬，京都各处的樱花基本上都开了。整座城市都沉醉在春天的气息里，人们讨论的话题也总是离不开花：比如，二条城的夜樱展开始啦，几点才能看到没人的八坂神社一本樱啦……

地铁站内，在铁道线路图旁，张贴了每日更新的赏樱情报，实时通报各个公园的樱花已经开到什么程度了。免费取阅的书报架上，所有杂志报纸的封面都与樱花相关，有介绍最美的樱花火车隧道的，还有介绍绚烂的樱花游船秘境的，等等。便利店里，各种春日限定商品也开卖了。春笋限定便当、樱花主题和果子、樱花冰激凌争抢着当季最火产品的"王座"。

四月的京都是粉红色的，没有人能够躲开这一波梦幻攻击，我们当然也不例外。

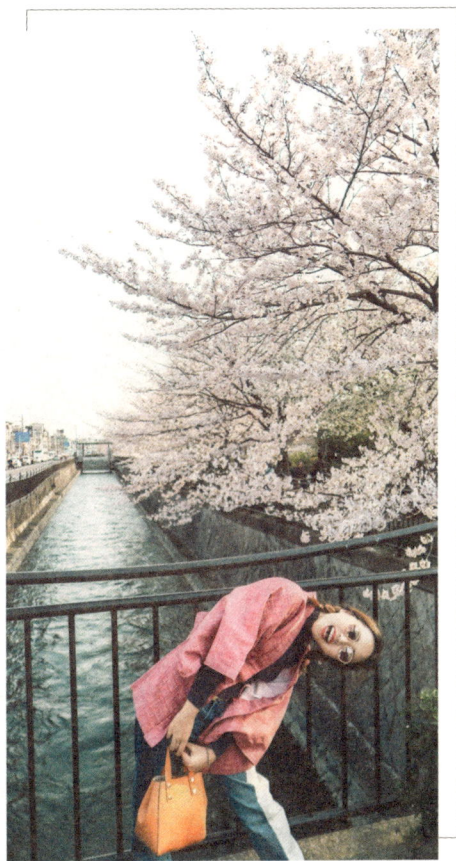

赏樱的
季节

早早收集了各种期刊，Sue 和小墨认认真真做起了笔记，挑选着赏樱线路，规划着我们的日程安排。在这场"赏樱大战"中，情报就是一切。掌握了别人所不知道的赏樱秘境，就能收获花钱也买不到的私人体验。

赏樱第一站，我们来到了冈崎公园。从随意路过看见的海报中我们得知，这一天会在此处举办盛大的"樱花祭典"。当我们抵达时，公园内果然已是人山人海。这一天，来自京都各个学校的学生们，会穿上各自设计的和风演出服，举行一年一度的"樱花祭"舞蹈大赛。他们在朱红的平安神宫前，随着音乐奋力起舞，高喊着热血的口号，仿佛要把生命与青春的全部热情都融入其中。

在这和煦的春风里、干净的蓝天下、樱花的环绕中，我们仅仅是在一旁围观，都被这情景感染得心潮澎湃、热泪盈眶。原来日本动漫里那些热血又中二的剧情，真的是源自生活的艺术。

赏樱第二站，叫作背割堤。这是位于京都府八幡市的一条绵延几千米的堤坝，在桂川旁的这条长堤上，因为种植了几百棵樱花树而吸引了大量游客。每到这个季节，背割堤的樱花全部盛放，会形成一条 1.4 千米长的"樱花长城"；如果走在堤坝上，两侧的樱花树仿佛又变成了一条粉红色的"花之隧道"。

　　背割堤的人虽然很多，但有毅力走到底的却不多。随着樱花树编号数字的增大，人口密度也大幅下降，我们很轻易地就找到了自己喜欢的树，并在树下的小草坪上铺开野餐垫、放好零食和便当。这一天的背割堤东风浩荡，樱花花瓣随着一阵阵风纷纷飘洒，落到了野餐垫上、便当里，还有每个人的发梢上。

赏樱的

季节

赏樱第三站，是乘坐京都"伏见十石舟"去水上看樱花飘落。坐着传统造型的木舟，游荡于自江户时代起就用于运送清酒的河道之上，夹岸的樱花树会填满你所有的视线。此时已经接近暮春，到了樱花飘落的季节，樱花花瓣几乎铺满了整个河面。我们的小舟划过，水面上泛起一层粉红色的涟漪，又很快恢复平静。坐在河边的青草地上，花瓣如春雨一样落个不停，沾到 Sue 的脸上和衣服上，也落进了我心里的最深处。

这种种情境，都可以说是完美的赏樱体验，但奇怪的是，直到现在，每当我回忆起在日本度过的樱花季，最先在脑海里蹦出来的却总是这样一个画面：下午四点多的光暖暖柔柔的，鸭川春水潺潺，少女们把裤腿挽到大腿处去河里玩耍。沿着河岸一路的樱花都开了，有情侣买了汽水来到岸边，坐在满树繁花下聊天。Sue 穿着桃红色的 Haori 和服外套蹦蹦跳跳地走在前面，我站在堤岸上，记录她踩着大石头横渡鸭川的画面。

隐藏第四站！

作为京都最"俗"、最普通，也是最容易路过的地方，鸭川边的樱花既不是最多、最密、最大株的，也不是人最少、最僻静的，但它却属于路过的每一个人。那些放学路上的孩子、下班赶着回家的白领、忙着送货的快递小哥、出来买晚餐食材的老人，不必做足准备、不必抢占时机，都会在经过这里的时候，放慢脚步，在河边坐上几分钟。

樱花开得最美的时刻是多久呢？以怎样的心情赏樱才算不虚此行？原来你在自己都还没察觉到的时候，就已经本能地被吸引了。时间、地点、周围的人这时候都不再重要，只觉得看着这棵树莫名地想哭，而且想一直看下去。

这一刻，我终于遇见了属于我的"一期一会"。

最美……只在一瞬间！

赏樱的

季节

花魁 与 艺伎

Oiran And Geisha

如果你曾到过京都的"花见小路"一带，那你一定遇到过这样的场景：一位身着华丽和服的姑娘，踩着高高的木屐，梳着发髻，画着雪白的妆容，在身边阿姨的带领下，缓缓穿过小巷，走入某间置屋。

时至今日，不只外国人，哪怕对于日本其他地方的人来说，"艺伎"也让人感到好奇。这个古老又神秘的传统职业，如今已经成为京都的文化象征之一。

我对艺伎最早的认识，来自电影《艺伎回忆录》，里面描绘的旧时代京都街景，充满风情的艺伎歌舞着装，都是我对日本传统文化最早、最深刻的印象。你可以把他们理解成传统艺术的表演者，从十几岁开始就要花上很多年的时间去拜师学艺、刻苦训练。艺伎既会对外售票公演，也会接受有钱的日本政商名流或者俱乐部熟客的私人预约，在聚会上进行私人表演。

但到了现代社会，愿意选择这条艰苦道路的年轻人正在变少，艺伎也渐渐成了夕阳行业。

机缘巧合之下，在京都认识的一位本地姐姐，为我们提供了珍贵的资讯。原来每到樱花季的时候，祇园里的一所艺伎学校都会有限定公演！今年的公演时间是 4 月 1 日—4 月 16 日，不到 200 元人民币就能买到二楼的看台票，再加 36 元还能在表演开始前喝一杯艺伎亲手泡的抹茶。

我们看的演出时长在一小时左右，共分为 8 场。前半段是一出音乐剧，是《爱丽丝梦游仙境》的和风改编版；后半段则是为了纪念新天皇即位，专门表演的经典传统剧目。他们或吟唱着古曲的旋律，或怀抱着三弦琴弹奏；挪动着小碎步，把几百年前的艺术就这么生动地带到我们面前。

可遇不可求！

每一场演出，从舞台布景到演员装扮，都像一幅幅古画一样精致，然而画中人却动了起来。

如果说看这样的演出需要缘分，那么想在京都体验艺伎文化，还有一种更为简单的方式——艺伎装扮写真。许多本地摄影机构都可以根据你的需求，为你量身打造不同的艺伎造型，并有摄影师带着你出街拍摄。

我们此行的两位女生，早已对这类精心打扮、变装拍照的项目垂涎不已。资料查得多了，便有了一个新的选择。原来除了艺伎装扮外，在京都还有另一种变装体验，叫作"花魁变装"。

扮成艺伎，需要把脸画成雪白的传统妆容，造型上更为古朴、保守。相比之下，花魁的装扮主打性感妖艳，你可以选择各种华丽的和服振袖，戴上满头的金簪银梳，在宫廷般的场景中，香肩微露、倾国倾城。作为拍照留念，女生们几乎毫不犹豫地选择了后者。

更夸张

我们在约定的时间来到摄影工作室，立刻有工作人员把 Sue 和小墨带进了化妆间。化妆师在里面快速且熟练地为女生们装扮。又白又厚的粉底要一直擦到肩膀，把头发梳整齐盘起来，再把整个假发套直接戴上，并插上各种簪子。换装间里，几十件和服任你挑选，化妆师会为你仔仔细细地穿戴好。而最外面还有一层最厚、最华丽的拖地外搭，需要提前通过图册选好，化妆师会在进入拍摄间时再为你穿上。

Tips　京都花魁写真信息参考

在东京与京都有若干类似的花魁写真体验馆，一般会提供多种不同价格和主题的套餐，大致有以下几种类型。
1. 室内拍摄：有不同背景的房间、不同的服饰和妆容，以及不同的成片数量，价格在1000~2000 元人民币。
2. 季节限定室外体验：一般较贵，会在 2000 元人民币以上。
3. 另外，有的店也可以根据客人需求进行 VIP 定制。

花魁

与艺伎

变装完毕，我们一起来到了二楼的拍摄间，女生们要分别到各自选好的主题背景中拍照。Sue 选择的叫作"金丝雀"，小隔间里呈现的是一种古典宫廷风格，以红色和金色为主色调，在灯光的渲染下显得高贵奢华。摄影师也非常专业，一边指导 Sue 摆出各种姿势，一边使用各种道具帮助她找到最美的状态和情绪。平时完全没有尝试过性感妩媚风格的 Sue，傻傻地按照摄影师的要求做动作，竟然还真的达到了想要的效果。

拍摄过程大约持续了 20 分钟，结束后女生们去卸妆，卸完妆后就已经可以拿着 iPad 选图了！摄影师会提供 30 多张图，每个人根据自己之前预订的套餐，可以从中选择 3 张或 5 张图，他们会为你精修并打印装订成相册。如果觉得拍得特别满意，也可以现场升级套餐，选择更多成片，或者加钱购买电子档，等等。总之一切都非常专业、迅速，出炉的效果也百分百打动了女生们的芳心。

男生其实很羡慕！

我不禁感叹，日本真的是一个相当神奇的地方。我们在旅途中总是努力想避免套路化的景点，或者商业化的游客纪念品，但在旅游业如此发达的日本，这些明摆着为游客定制的服务，却让人一点也讨厌不起来。

下次还想再拍！

他们总能找到有格调的方式，把自己的各种传统文化，用巧思与创意包装起来，再用专业、体贴的服务送达顾客。在这里，少有恼人的推销或者旅游骗局，一切都透明且令人安心。不论是春日大社的小鹿签文、樱花系列的伴手礼，还是身穿布衫、戴着斗笠的人力车夫，再到艺伎表演、换装体验……你会不断惊讶于传统文化与商业模式竟然可以达到如此完美的平衡，并心甘情愿地当好一个游客，吃吃喝喝、买买逛逛，让每一天都成为假期。

　　说真的，好希望这场假期永远不会结束啊！！

偶遇宅男粉丝！

花魁
与艺伎

⤵ 日本告别篇 T^T

扭扭扭 扭蛋！

Gacha !

如果说樱花是我们这个月在日本的第一大主题，那么扭蛋绝对可以名列第二。

从到日本的第一天开始，一直到离开的那天为止，只要是出门的日子，我们一定会带回几个新的战利品。与小墨和阿猴一起满大街寻找新的扭蛋机，一起蹲着一个个投币，为得到心仪的款式尖叫，再互相交换重复的样式……无数个与扭蛋相关的小片段，是穿插在日本旅居生活里最开心的回忆。

扭蛋，也就是被放在球形塑料外壳里面的小玩具或小手办。通常每台扭蛋机都有一个主题，会包含一个系列的几种不同的造型。根据里面内容物的精美程度，扭一次的价格通常在 18 ~ 30 元人民币。扭蛋最有魅力的地方就在于它的不确定性，为了得到自己心仪的那一款，有时候你需要扭无数个重复的蛋，但有时候却可以一击即中。 → 中奖的快乐！

我和 Sue 平时并不热爱买动漫的周边，但就是无法抗拒日本的扭蛋。原因之一就是它们实在是做得太可爱、太有创意了！日本人想尽办法把各式各样的生活创意、卡通形象、经典 IP 放进这小小的塑料外壳里。拟人造型的小盆栽，各种坐姿的猫咪，倒地打瞌睡的非洲动物，博物馆同款的古生物化石……扭蛋的主题简直包罗万象！专门的扭蛋店里往往会有数百款不同主题的扭蛋在售，其中总有几款能打动你。

135°45'39"
35°0'18"

Thousand Kinds of Life

日本之所以至今仍然具有强大文化活力，正是源自一种开放包容、万物可玩的态度。任何创意都因为有人买单、有人欣赏，从而促进了更大胆的尝试。比如，在大阪限定的"城市象征"扭蛋系列中，与通天阁、道顿堀、章鱼烧等经典形象一起出现的，还有一位身穿豹纹、涂浓妆、染紫发的"欧巴桑"。因为在日本人的印象中，大阪大妈们是个很神奇的存在——说话大嗓门、热情有活力、爱八卦、表现欲强烈、爱管别人的"闲事"。但大阪人反而能够换个角度，以这些本地大妈为豪，甚至还成立了一个"欧巴桑偶像女团"，希望以大阪"欧巴桑"的能量，唤起世界的活力！

看着满街的外国人因为好奇而被一台台扭蛋机吸引，仔细辨认着说明书上的艺伎与三弦琴、皮卡丘与蜡笔小新、新干线铁路线路……你不得不承认，这真的是一个极其厉害的好思路！

扭蛋在日本不仅仅属于"宅文化"，也不仅仅是消费主义的产物，它用小小的躯壳，承载着日本人的文化自豪感与向世界传播日本文化的使命。

我们在日本的旅居生活就在这些小小的幸福感中结束了……在这儿的一切记忆，都在这些点滴小事中发酵，酿成了一壶壶美酒。酒虽然不烈，但会在每次回味细品的时候，散发阵阵幽香，让人在不知不觉中微醺。希望等到枫叶红遍山野的季节，我们会再次回来，坐在枯山水的庭院中下棋赏景，与你分享更多生活的禅意。

很快再次回来！

扭扭扭

扭蛋！

179

横扫欧亚
跳蚤市场

Flea Market Between Continents

环球旅居缓缓迈进第六个月，没想到清迈的一切还在眼前，竟然嗖地一下已经快要走完过半的旅程了。

前五个月在风格各异的亚洲国家度过，我们已经准备好前往更远的远方了！这一站要讲的故事发生在一个很特别的地方。它是世界上唯一一座横跨欧亚两大洲的城市，也是对人类文明的发展产生了举足轻重的影响的城市，更是我们第一次去就爱上，并且想要再次去的城市：它位于土耳其，叫作"伊斯坦布尔"。

北京直飞十个小时，我们在当地时间中午 12 点之前降落在了伊斯坦布尔机场。四月末正处于最舒适、温暖的季节，空气干净、阳光充足。伊斯坦布尔整个城市被"博斯普鲁斯海峡"一分为二，西边属于欧洲，东边属于亚洲。所以对于生活在这座城市的人来说，约朋友跨大洲吃个饭是分分钟的事儿！

Thousand Kinds of Life

千百种生活
土耳其篇

扫码看
本站
旅居视频

我们这次选定的第一家住处，位于亚洲区一个非常热闹的生活区，叫作 Kadikoy。每天都有无数班渡船从这里的港口往返于亚洲和欧洲之间，载着跨海通勤的上班族、观光的游客们以及卖艺的流浪提琴手奔向生活的彼端。我们住在一幢老公寓的顶楼，在露天阳台上就可以掠过层层红瓦屋顶看到不远处的海岸线。

周围的街区完全是本地人生活的地方，街巷间十分安静。除了面包店、杂货店等，能见到的最多的就是咖啡馆。每间咖啡馆门口都会摆上带垫子的椅子，这往往是最受欢迎的位置。人们就这样晒着太阳、坐在路边聊聊天，就能消磨大半天的时间。

伊斯坦布尔有着很多举世闻名的历史建筑，比如圣索菲亚教堂、大巴扎集市、蓝色清真寺、耶莱巴坦地下水宫等，这些经典的旅游景点，我们在第一次来的时候就参观得差不多了。这一次来之前，我在网上重点搜寻的，就是当地年轻人喜欢去的冷门景点。其中做了重点标记的、最期待的，就是我们每一站旅居必备的主题：跳蚤市场。

总之很好逛！！！

每个星期天，在欧洲区北侧都会开放一个叫作"Ferikoy Antique Market"的跳蚤市场。当出租车准确地停在一片天蓝色的半露天厂房时，我意识到，这个市场的规模比我想象的还要大，能容纳数百个摊位，完全没有空余的地方。

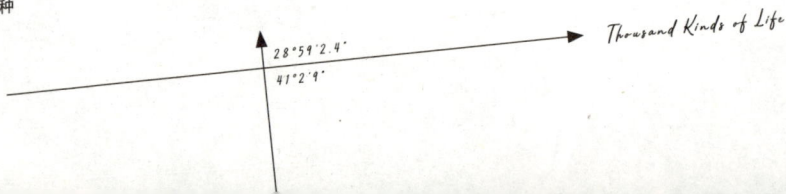

28°59'2.4"
41°2'9"

Thousand Kinds of Life

作为欧洲和亚洲的交通枢纽，伊斯坦布尔千百年来一直是亚欧甚至非洲进行贸易与文化交流的地方。而这里的旧货市场，在某种程度上也反映出了这个特点——东西多而杂，能见到多国象征着不同文化的物件：日本的艺伎娃娃、英国的瓷器、土耳其本地的手工编织物、非洲部落的木雕面具、美国的老画报玩具等。

Tips 跳蚤市场信息

名　称：Ferikoy Antique Market
地　点：Cumhuriyet, Semt Pazarı No:8, 34380 Şişli/İstanbul, Turkey
时　间：每周日 9:00am — 6:00pm

我们对这儿的第一印象还不错，摊位上的东西都摆放得很整齐，每个店主都有自己专攻的方向，逛起来非常方便。其中卖旧漫画、旧玩具的尤其多，当然还有数不清的欧洲瓷器、奥斯曼帝国时代的古董、老地毯、老地图……除此之外，这里甚至还有很多二手杂货，比如香水、墨镜、唱片、包包，可以说基本上把二手店应该有的商品类别都覆盖到了！

横扫欧亚
跳蚤市场

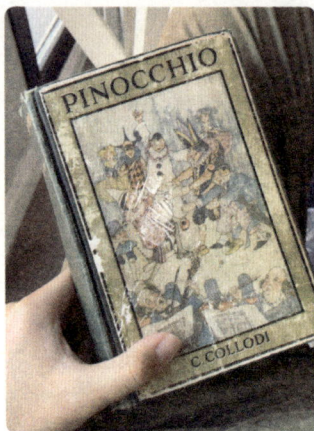

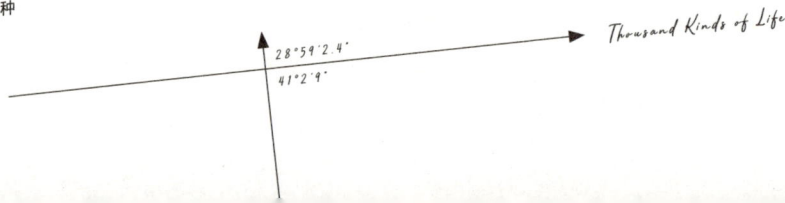

半天逛下来，我们入手了一个 20 世纪 50 年代的手工打制"黄铜称"、一个 150 年前的非洲部落面具、一个"阿拉丁神灯"旧玩具、一本百年前的插图版《木偶奇遇记》绘本、一个刻着本地信仰"蛇王"的老托盘，还有由两位硬汉大叔手工创作的蟹钳项链。 ⟶ *是真的蟹钳！* 🦀

其实我酷爱到这种"破烂"集市淘货，除了喜欢那种等待惊喜发生的不确定性，更多的是因为在找到每一件宝贝后，通过它我又多了解了这个世界一点。比如，那个银制老托盘上面刻着的形象，老板告诉我它叫作 Sahmaran，源自土耳其中部村庄的民间传说。回去查阅资料后我才知道，上面刻的是"蛇王"，关于它的传说其实广泛流传于西南亚与地中海沿岸，之后我还注意到，在伊斯坦布尔的很多老餐厅、老店铺里，也都挂着它的形象。

至于那本百年前出版的《木偶奇遇记》，原来里面的八张彩页插画，是当年非常有名的童书插画家所作，在当年算是难得的精装版本了……这些老物件经过几十、上百年的颠沛流离，在不同的国家和主人手中流转，被赋予了只有时光能创造的独特的"年代感"。通过触摸它、拥有它、了解它，我感觉自己的旅行不仅涉及地理的平面，还存在于历史的纵深里。

我和 Sue 自从旅行以来慢慢爱上了这种"寻宝"的感觉，一点点学会辨别这些东西的真伪和价值，也逐渐萌生了一个小愿望，就是将来的某一天，我们可以开一间小小的"酥肉旅行博物馆"，把这些年在路上遇到的缘分、带回家的物件都展览出来，给大家讲讲它的来历，以及与之相关的旅行故事。 ⟶ *就快实现了！*

希望此刻正在读着这本书的你，在未来还会带着它来我们的博物馆坐坐。我会为你奉上一杯土耳其咖啡，然后像书里一样啰啰唆唆地，亲口为你讲述更多奇遇。

20 块钱的 快乐

Cheap Happiness

　　在土耳其住了约一周，我们不得不从老公寓搬出来了，因为即将迎来"八大阿"组合里最后一对加入我们旅居的飞行嘉宾：阿脸和阿崔。

　　在亚洲区另一片比较发达的商业街区，我们重新订了一间现代高档公寓里的民宿，是宽敞的两室一厅，里面有崭新的家具以及北欧风格的软装，气氛很温馨也很有家的感觉。为了让第一次来土耳其的阿脸和阿崔从各方面感受伊斯坦布尔的魅力，我和 Sue 特别安排了一些"非主流"的购物行程。

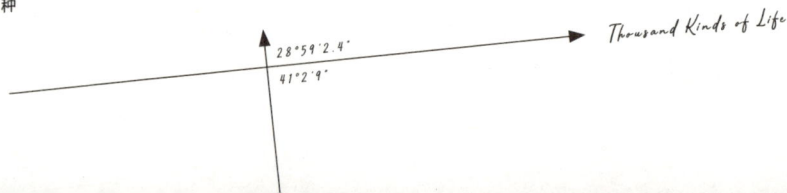

第一次来伊斯坦布尔时，我们就惊喜地发现，这座城市远不止是印象中的古老、传统、富有异域风情。只要稍微远离大巴扎一类的旅游区，就会感受到这座城市更现代、更波希米亚风格的一面，最明显的一点体现就是数量众多的古着和二手店。

"古着"的概念，在国内也算是近些年才变得越来越流行起来，但其实在欧美、日本甚至泰国，古着早已是非常成熟的产业了。所谓古着（Vintage Clothes），狭义上是指那些具有年代感的老衣服，被重新回收、清洗、修补后拿到专门的店里卖；广义上说，现代工厂按照以前的样式重新设计的复古款式的衣服也可以算古着。买古着来穿的人，一方面追求的是不撞款的独特品味，包括老衣服特有的好面料、特殊设计等；另一方面，就同样的质量来说，古着往往比新款式的衣服便宜不少。逛古着店买衣服，既省钱又有趣，常常有意想不到的收获。

乍一听我们的第一个安排是去古着街区淘货，阿脸和阿崔其实是没有兴趣的，因为在大多数人的概念里，想到买的不是新衣服可能有点排斥。但两天之后，两人已经连连大喊"真香"，只恨自己的行李箱不够大了！

我们首先来到的是亚洲区一片连本地人都很少知道的小街区，这是伊斯坦布尔最新崛起的小文艺区，叫作 Moda 区。有想法的独立设计师、艺术家、书店老板纷纷入驻这个房租便宜又僻静的地方，逐渐形成了蓬勃发展的文创圈子。

28°59′2.4″

41°2′9″

Thousand Kinds of Life

我们在这儿发现了好几家有趣的小店：比如设计师老板娘专门回收阿富汗的老挂毯，并把它拼贴设计到牛仔外套中；在一个古着品牌连锁店里，原创设计的"复古款"灯芯绒厚外套，不仅花色独特，价格还不到 200 元人民币；在国内卖 80 元一双的袜子，在这里的小店只卖 10 元一双，仔细一看，原来这个品牌就是"Made in Turkey"的；一间开在地下室的老书店，堆满了有上百年历史的皮质封面的古董书，空气里灰尘与油墨味混合在一起，仿佛时间在此停步了。花几十块钱买到了一本 1879 年出版的插图版《印戈支比故事集》，老板坐在木桌前用油蜡纸为我细细包好的情景，像极了老电影里的场景。

而最夸张的一家店，位于一幢有着上百年历史的老阁楼里，其中一整个房间里挂着的衣服，统一 20 元人民币一件随便挑，买完还赠送一个印有他们家 Logo 的布袋。从那家店走出来的时候，Sue 和阿崔的脸上洋溢着幸福的微笑。虽然衣服不算高档，但在这样的价格之下，购物本身就已经能给人带来足够的快感了。

Tips 土耳其古着店推荐
────────────────────
使用谷歌地图搜索名称：
独立大街附近：Grandma Vintage
Kadıköy 的 Moda 街区：Angeli Carnevale Café / Nost Vintage /
Sentetik Sezar / Mode vintage / Bee Vintage

20 块钱的

快乐

独立大街是所有来伊斯坦布尔的人不容错过的地方，但其实真正好逛的小店，都藏在从主路往侧面延伸的小巷子里。第一次来伊斯坦布尔，我们就在这里发现了一家叫作"Grandma Vintage"的小店，并在里面用超低的价格，淘了好几件之后出镜询问度极高的外套和衬衫。这次再回伊斯坦布尔，带着阿脸和阿崔故地重游，没想到小店不仅还在，旁边还开了一家更大、更新的分店。店里有复古墨镜、毛呢大衣、各种休闲衬衫和有趣的外套，还立着一根钢管，顾客逛完第二层后可以直接滑到第一层。

今日 战利品

当天晚上，我们排队爬上城市制高点——加拉太塔，俯瞰整个金角湾的风光。晚上八点的夕阳光让城市熠熠生辉，显得暖烘烘的。海鸥们滑翔经过老房子的屋顶，有人正在天台上拉琴。远处的博斯普鲁斯海峡上，船只在夕阳的余光中影影绰绰。我们跟其他人挤在这极其狭窄的瞭望阳台上，目送夕阳一点点消失，然后抱着一天的战利品，心满意足地踏上了回家的路。

By Ry.

编织的 故事

A Weaving Story

背包Sue上线

这个故事关于土耳其文化的代表之一——地毯。

地毯作为人类最古老的手工艺品之一，兼具家具与艺术品两种身份。从整个泛阿拉伯世界，到北非的柏柏尔人，再到南美的印加文化，各种善于编织的民族把它们的历史与生活，全部都一针一线地融进了这一块块的小世界中。从 2016 年去以色列，到前年去迪拜、突尼斯，再到去年的卡帕多西亚，我们从两个对地毯一无所知的小白，到成为逛遍各种城镇地毯店的爱好者，再到如今大概能分辨出不同地毯的风格含义和价值，算是入了人类文化收藏界的一个"千年大坑"！这次在伊斯坦布尔长住，自然就花了不少时间，去探访那些有趣又有故事的土耳其地毯店。

在网上查了不少资料后，我锁定了一家口碑相当不错的小店作为探访地点：Hazal Kilim。它并没有开在大巴扎、蓝色清真寺一带的游客区，而是藏在北部海边的一条巷子里。老板仿佛特意不想让人找到它似的，店铺小小的入口就混在集市杂乱的摊位中，稍不留神就会错过。

走入这家店的第一感觉是干净雅致。那些老城里的游客店，大多没什么陈列意识，目之所及的地方铺满了各色的旧毯子，虽有风情但显得脏乱。而且各种货物混在一起让人很难判断地毯的品质。这里则不同，所有毯子都整整齐齐地叠放在柜子里或墙边。每个房间都有可以透进阳光的窗，以及供客人休息的精致的雕花木椅。

第二感觉是品位。我自认为逛过不同国家的不少地毯店，至于样式花纹也算见过不少，但挂在这家店墙上的挂毯，张张都很别致，各有各的特色，从中能感觉到店主独特的个人品位。

老板娘 Angin 第一时间起身接待了我们。她一头黑发，个子高，皮肤白，并且能说一口流利的英语。了解了我们的来意后，她把我们带到二楼，开始介绍这家店以及她的理念。

28°59′2.4″
41°2′9″

Thousand Kinds of Life

这家店专门卖一种叫 Kilim 的平织毯，并且基本上都是古着或古董毯。这意味着她店里随便一条毯子，都有少则五六十年，多则一两百年的历史。这都是 Angin 在过去 30 多年的人生里，从土耳其各地的村庄居民、游牧民以及地毯贩子的手中一条条收来的。

为了提高效率，我也没多想，就随口询问她有没有最喜欢或者最得意的藏品，能不能拿出来给我们欣赏一下。没想到这么"合理"的一个问题，却被她神情严肃地纠正了一番。在 Angin 眼中，地毯是没有优劣之分的。一条地毯被卖得贵，但并不代表它就该对每个人都有同样的价值。她希望传达给每个人的理念是，你选中一条地毯的原因，应该是感到它对你说话了或触动你。这种触动可能来自某种颜色、某种构图，甚至某种质感。所以不应该由其客观上的稀缺度或者繁复程度来决定自己是否爱这条地毯。你爱它，只因为它对你来说是独一无二的。

*爱肉博士也如此！^^*

她讲起自己对 Kilim 的热爱。

在旧时代，这种平织毯不像现在成了商品与工艺品，而是每个家庭的生活用品，每个村子的每个女人都得会做这种平织毯。由于毯子通常是为了自己用而编织的，所以融入了每个人的喜怒哀乐。

Angin 说每张地毯就是一个编织出的故事，通过上面的图案、颜色、质感，你可以读出编织者的人生。有的人期待新生命，则编织了代表好消息的鸟儿；有的人祈愿家庭幸福，则编织了辟邪的眼睛，并围绕眼睛织了一些代表幸福的星星；有的人期待家族繁荣，则排列了无数的生命之树。

这些地毯上的小图案，好像拉丁字母。同样的元素，用不同的方式排列组合，就表达出了不同的语言。所以她沉迷于每一次得到一张旧毯子，收藏到的，其实是一段不可复制的人生故事……

手工制作的珍贵之处 ♡

聊了许多关于地毯的种种故事，我当然期待此行不会空手而归。从这里带走一条心仪的、藏着故事的旧地毯，就是我此行的重要目标。但唯一的问题是那些我看上的古董地毯都太贵了，大大超出了我们目前的预算。唯一在预算内的，是几条近年新编织的毯子。它们从图案样式上来说虽然也很好看，但我们总觉得缺少了岁月洗涤过的那种厚重感。看我们两个苦着脸犹豫了很久，Angin 猜到了我们的烦恼。她坐在房间一侧的扶手椅上，给我们讲起了她自己的人生故事。而这个故事，彻底改变了我们的想法。

她在很小的时候就跟现在的丈夫相识。年轻的时候，两人都没什么钱，买下的第一辆车是一辆二手小破车，他们每个周末都要开它去逛跳蚤市场，在别人不稀罕的老物件里挑挑拣拣。虽然买回来的都是些小玩意儿，但那种一起寻宝的快乐无可替代。

那时候大巴扎已经是国际性的景区了，无论何时都挤满了慕名而来的游客。她总会幻想，要是能在这里开店，随便做点什么生意应该都能成功吧！怀着这样的憧憬，她和丈夫盘下了游客区的第一个店铺，却在半年内赔得血本无归。因为在那个年代，周围的店铺都在卖传统工艺品或者珠宝，还是第一次有人开店卖旧杂货。人们好奇地探进头来，又摇摇脑袋出去。这苦苦坚持的 6 个月，是 Angin 第一次面对残酷的现实。

当积蓄所剩无几时，Angin 终于认清这不是他们的最佳选择。因为无力继续承担大巴扎的高价房租，他们搬回了 Ortakoy 区的老宅子里，并重新选择了一门生意：地毯。这个选择与她儿时的经历有关。Angin 的曾祖父曾是与俄罗斯人做生意的地毯商人。她还记得小时候在祖父母的大房子里，从墙上到地上都铺满了各种毯子。作为一个孩子，这种小时候的耳濡目染，造就了她融入血脉的审美品味，也在人生的迷茫期救了她。她决定重拾家族记忆中的事业，成为一名地毯商。

谁承想，老宅的地毯店一开业，就收获了空前的成功。Ortakoy 区不像游客区那么肤浅，也不像一些"上流街区"那么狭隘。在这里居住、往来的，有富商名流，也有普通人与艺术家，整片街区充满了活力和生活气息。她破釜沉舟，花光积蓄选择的地毯被争先恐后地抢购。在这个人生的路口，她好像终于看见了命运在窗外露出微笑。

希望某天
可以说
我们做到了！

我悄悄瞥了一眼身边的 Sue，猜得到此刻她心中定是百感交集。老板口中年轻时的自己，太像现在的我们。一样的热爱怀旧，享受淘旧物的乐趣；一样的固执，硬要尝试那些没有把握的选择；甚至一样的努力，试图要将热爱变成一生的事业。我们现在对话的，会不会就是多年后的自己呢？在找寻"千百种生活"的路上，我们期待遇见的，就是许多像这样的时刻吧……于世界各处那些闪闪发光的人生故事里，看见自己未来理想生活的影子。

老板讲完故事，缓缓补充道："人生不应该是一蹴而就的，没有人在年轻时就能完成一切目标。如果你真心热爱一件事，那么就得有些耐心，慢慢学习、慢慢积累，在能力范围内一点点提高目标，因为只有这样，你才能体会到最后获得的美好。"

编织的
故事

我们早已忘记了用相机拍摄。下午五点，夕阳的光透过背后的窗斜射进来，照得背上暖烘烘的。空气中浮动的灰尘，让这个房间显得异常安静。

后来的事情就顺理成章了。她在这栋祖宅的店，一开就是三十年。她见证了土耳其地毯在国际上大放异彩，来自遥远的西方国家的买家络绎不绝，也见证了手工地毯行业的没落。

地毯制造商们为了降低成本，把工厂设到中国、孟加拉国、阿富汗等，用更低廉的人工成本，制造出大量模式化的地毯工艺品。到现在为止，在土耳其旅游区能看到的新地毯，90% 都是在国外生产后再运回土耳其的。而在本地的村庄、城镇里，则渐渐找不到能做出精美地毯的妇女了。

土耳其地毯的传统工艺可以复制，灵魂却已经丢失。

讲到这里，她的情绪有些激动，眼眶微微泛红。对于花了一辈子的时间去热爱、去学习地毯的人来说，那种使命感和无力感，真的很让人心酸……

在故事的最后，我们买下了那条令我们犹豫不决的新地毯。因为"新"与"旧"的意义，在我们心里已经发生了改变：它不再是靠时间去衡量的东西，而是通过有没有被你赋予与你的生命相关的经历来衡量。今天下午的种种经历，那些细碎的阳光、温暖的感动、娓娓道来的情节，都在不知不觉间，已经被织入了这张毯子中。它将被我们挂到家里的墙上，时刻展示着此刻的回忆。

我们的生命其实很像编一张属于自己人生的地毯。你的性格，明媚或深沉，将成为它的色调；你的爱与理想、你的世界观、你的快乐与失意，都将被一层层地编织进去，成为它的图案和质感。

世界上没有所谓的最完美的地毯，而俗世所认为的"最贵""最稀有"也不能代表什么。那些别人认为好看的，远不如自己喜欢的。地毯如此，生活亦如此。

毕竟，它们最大的魅力，在于每一条都与众不同，每一条也都无法复制。

By Roy

奥斯曼　街头小事

Ottoman Street Trivia

　　我们在伊斯坦布尔住得越久，就越爱这座城市。每天都在 20 多摄氏度的阳光中醒来，博斯普鲁斯的海风，吹过每一条开满咖啡馆的彩色小巷子；海鸥从下棋的大叔们旁边低空飞过，吓了熟睡的猫咪一跳，它伸了伸懒腰，来到我们身边蹭了蹭，撒了个娇。伊斯坦布尔对于我们来说，不仅有宏伟的教堂、清真寺，壮美的海峡风光，更是具体到日常生活的一蔬一饭。漫步在街头，我们总会被一些有趣的小小细节所吸引。

28°59'2.4"
41°2'9"

Thousand Kinds of Life

在人流量比较大的马路边，常常会有小摊贩摆着一张小桌子卖彩票，老板通常是上了年纪的老大爷。我和 Sue 热衷于买一种 2 元钱一张的刮刮乐，叫作"Hemen kazan"。用硬币刮开涂层区会显示 6 个代表金额的数字，如果其中有 3 个数字相同，你就可以赢得这个数字面额的奖金。这种刮刮乐的中奖率极高，每刮个两三张就会中一张，但基本上都是 2 元钱，相当于白玩了一次！运气好的时候，我们能用最初的 2 元钱连续刮上五六张，偶尔还会中个 10 元、20 元。这种刮刮乐最大的乐趣在于，它常常会出现两个非常大的数额，比如 200000，然后混入一个20000……我在逐步刮开的过程中有那么一瞬间会觉得，自己马上就要中几十万了！这时候桌子边上一起刮的人会全部凑过来，帮你加油打气，一起兴奋。虽然基本上不可能中，但这种片刻的紧张感，还有与陌生人打成一片的小契机，也让我们乐在其中。

　　在土耳其还有一种本地人很爱去的传统咖啡馆。在路边摆上木头小茶几和小凳子，大家紧凑地围坐在一起，老板会用一个大托盘一次端着很多杯红茶或者咖啡穿梭在人群间。在这里，传统红茶和咖啡都是小小一杯，茶用玻璃杯装，一般只要 2 里拉，咖啡杯则是金属或陶瓷的，一杯 5 ~ 7 里拉。土耳其作为咖啡文化的发源地之一，有着不同于其他地方的特色。他们通常用小火慢煮装在壶里的咖啡，然后不断把表面已经变得黏稠的部分舀入小杯中，最后得到一小杯浓郁黏腻的浓缩咖啡。大家一般都会点上这么一杯咖啡，然后在街边坐很久，尽情享受无所事事的悠闲时光，咖啡馆老板也不会因为你只花了一点点钱而给你摆脸色，因为这就是他们的文化。毕竟在土耳其，跟朋友约在咖啡馆闲聊，也是生活中的头等大事呢。

奥斯曼

街头小事

197

　　如果留心观察身边，你还会发现许多坐在路边下棋的人。在土耳其，他们玩的是一种在各个中东国家也广泛流传的传统棋，叫作"Tavla"。和围棋类似，两边分别用黑棋和白棋，最终抢先于对方，把所有棋子走回自己家并归零，就算获胜。相比于象棋类的游戏，这种游戏更接近于一种数学游戏。都说土耳其人和其他中东国家的人自古善于经商，也许针对这种计算和思考能力的锻炼，通过这样的游戏，早就融入他们的日常生活中了。

　　在独立大街步行 10 多分钟，我们还发现了一家神奇的小店，名叫"ASRI TURSUCU"，是一家创立于 1913 年的百年老字号。店里一共就 3 张桌子，但每次去都能看到许多打扮时髦的年轻人，甚至还遇到过本地向导专门带着外国客人来打卡，俨然一家网红饮品店的样子。只不过，它卖的既不是奶茶也不是冰沙，而是……腌菜！

　　从外面经过这家店的时候，就能通过橱窗看见许多玻璃大罐，里面腌满了各种色彩缤纷的蔬菜，从胡萝卜、橄榄、黄瓜、甜菜根，到各种我不认识的混合蔬菜。走进店内，会发现这些玻璃罐前放着小标签，表明里面的蔬菜"入罐"的年代，近一点的是 1995 年，远一点的甚至有 1966 年就开始腌的！

跟我们一般见到的供人带回家的腌菜不一样，来这里的人，都是来现场享用的！收银台边，又放着一大排玻璃罐，里面装着各种不同颜色和类别的腌菜。如果你没有特别的要求，就可以花 5 元钱点一杯"经典混合"，口味分为"加辣"和"原味"两种。年轻男女们每人都会这么点上一杯，像坐在巴黎的咖啡馆里一样，连菜带汁一起享用。我们出于好奇也点了两杯，可以说是又酸又咸，吃了几口就吃不下去了，只感觉怀疑人生……

建议自带米饭！

开玩笑

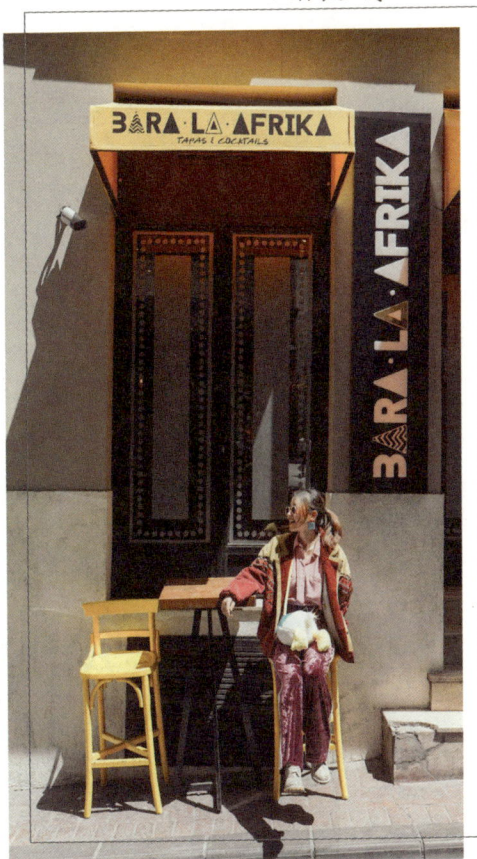

在旅行中，我们很喜欢住在这种有着浓浓生活气息的城市里。大家不只是过着两点一线的生活，城市也没有完全构建在一板一眼的功能性上。人们不是宅在家里，而是忙着在外面享受生活，做着一些无用但美好的事情。在这样的城市中，高档的百货大楼与地下室里的奇怪小店有着同样的生存空间；勤奋的工作和悠哉放空也不冲突；哪怕并不认识，大家也可以自然地与身边的人搭话聊天。

我们喜欢的城市，不该被巨大的商业资本所主导、支配，而应该由 100 个人开上 100 家独立的店面，让居民常常逛逛走走，看见风格各异的景色，发现意想不到的惊喜。

伊斯坦布尔，大概就是这样一座城市。

私藏推荐

苏莱曼尼耶
清真寺

土耳其 人

The Turkish

　　很多人在网上看了我们的视频，都会留言咨询关于去土耳其旅行的问题，其中有一部分是关于它的安全情况的。土耳其的边境冲突在新闻中常被提及，自然会给人一种处在战争中的印象。还有一部分问题则是关于土耳其人的。有人表示朋友在土耳其受到了不友好的对待，有人在买东西时被"宰"，而更多的人，则对他们感到很陌生。提起土耳其，大家很容易想到那些建筑、热气球、奇特的地貌、精美的地毯等，但对于"土耳其人"的概念却很模糊，恐怕知道最多的，也不过是街头卖冰激凌的小贩吧。

如果要现场分辨土耳其人和阿拉伯人的相貌，恐怕大多数人都要懵一会儿。但实际上，土耳其人的长相更接近欧洲人。因为在他们的祖先中，最多的是地中海一带的原始民族，以及东罗马帝国留下的希腊罗马人后代，此外还有少数高加索民族，以及从中亚迁徙而来的突厥民族。至少在伊斯坦布尔看到的土耳其小伙和姑娘们都长得很好看！

第一次来土耳其的时候，我们对当地人的印象也不是很好。路边的店家会过分热情地招揽你，几句话下来恨不得和你成为最铁的哥们儿。但笑容的背后，可以明显感受到这是一种很表面的友善，让人分不清几句真、几句假。我们在街上打车的时候还被骗过两次，明明是打表计费，最后抵达时机器却跳出了一个明显贵了好几倍的数字。一旦我们表现出质疑，司机的态度立刻就变得很差，连吓唬带威胁地逼着你付钱。

⇒ 景区附近！

但这一次，我们在这里真正住下来后才发现，以前所遇到的，不过是全世界商业旅游区的常态。不论是大巴扎里的香料店，还是清真寺旁的地毯店，你对于所遇见的老板来说，不过是他十年如一日的生意里，经过的千千万万个游客之一——一个"行走的钱包"罢了。对你来说充满新鲜感的一次对话，他可能已经与无数人说过上万遍了，这只是他工作内容的一部分。这个道理同样适用于泰国等一系列旅游服务业较发达的国家。

但离开游客路线后，我们发现那些在生活中遇见的"真实的"土耳其朋友，其实完全不是这个样子的。

我们第一次入住的老公寓，是一位高瘦络腮胡小哥的家，我们住在二楼，他住在一楼。小哥在伊斯坦布尔除了这个家外，还租下了几个不同地方的房子做民宿，平时以此为主要收入来源。他大部分时候都过得相当悠闲：很晚起床，没事画个画，晚上偶尔与几个朋友在客厅抽烟、喝酒、看电影。小哥跟我们说话时总是慢条斯理的，不过度热情，但足够友善。我们会在进门遇见的时候，简单聊聊今天过得怎么样。我们也会请教他附近的好餐厅或值得一去的地方。大家没有特别多的共同话题，于是便保持了一个礼貌且让彼此感到舒服的距离。

随和

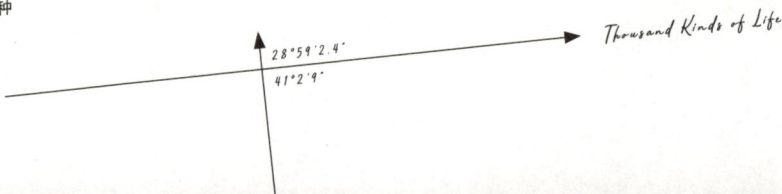

28°59′2.4″
41°2′9″

Thousand Kinds of Life

在阿脸和阿崔离开土耳其后，我们离开了亚洲区，搬进了在伊斯坦布尔的第三个住处，并成功完成了从"亚洲"到"欧洲"的跨越。这是一栋位于塔克西姆广场旁的高级公寓。乘电梯上到顶层，就只有民宿女主人一户。与之前的慵懒小哥相反，她是一个事业型精英女性，主业是艺术品投资顾问，租下了黄金地段的高档公寓的一整层，与她的兽医男友住在一起。她在家里养了一只毛绒玩具般的巨大的英国古代牧羊犬，就是网上有名的"拖把狗"，还养了一只温柔乖巧的缅因猫。

我们入住那天，她亲自在家接待了我们，并花了大概 40 分钟的时间详细地介绍了家里的每一个角落……虽然从事"半自由职业"，但她的生活依然很有规律。在没有客户或者生意的时候，她每周都会去上瑜伽课，或者在家里开电话会议，以及用电脑写作。至于为什么她要把家里的一间房用来做民宿，据她所说，只是因为自己出国旅行的时候觉得住在别人家挺有趣的，反正有地方，就拿来试试看。我们入住的时候，她刚把房子挂在网上还不到一个月。

认真

住在祖父留下的老房子里的女老板，有着黑发、深色皮肤和深眼窝，我们偶然走进了好似"有求必应屋"的她的小天地里。店里的东西大多风格不羁，就如同她本人，穿着夸张大胆，又略带异域风情。她把门一关，就在店里放起了音乐，为我们用沙哑的嗓音演唱了一段动听的本地歌谣，之后还放起了电子舞曲，带着我们在楼梯上跳舞。之后的几天里，有时候经过那个街区，我们还会碰到她。她会装作生气地说我们都没再去她店里，然后大家笑着挥挥手作别。

热情！

土耳其

人

我们还探访过一间超级小众的"玩具博物馆"。老板买下了一栋3层的纯白小洋楼，并在里面放满了满世界收集来的古董玩具。博物馆里的每一个房间主题都不同：从世界民俗风情，到电影IP、火车、军舰、飞机，再到玩偶屋、运动场，时间跨度超过百年。后来我们得知，这位老板原来是一位有名的童书作家，因为儿时失去的一艘玩具蒸汽船给他留下了深深的遗憾，从而走上了玩具收藏、童书创作的路，希望用一生的时间去弥补自己童年的遗憾。

除此之外，我们在伊斯坦布尔还遇到了太多擦肩而过、萍水相逢的人，某间咖啡馆里与我们闲聊的店员姑娘、古董杂货店的老板、早餐店里卖土耳其卷饼的大哥、棋牌室里主动关注我们账号的小青年……在我们心里，土耳其人早已摆脱了冰激凌小贩和卖地毯的狡猾大叔等我们对其的刻板印象，他们是一个个热情、可爱的人。住在伊斯坦布尔的年轻人，大多都自由、开朗、健谈、时髦，并且有自己的世界观。

下次来的时候，别只顾着拍美丽的风景和教堂，记得停下来和当地人聊聊天、交个朋友，也许你会认识一个完全不一样的土耳其。

28°59'2.4"
41°2'9"

Thousand Kinds of Life

欧 与 亚

告别亚洲啦！

Europe & Asia

　　转眼间，在土耳其的旅居生活又要结束了。与前面或曲折、或奇特、或唯美的几站相比，好像在这儿没发生什么特别的事，平平淡淡地就过去了……也确实是这样没错！在伊斯坦布尔的生活过于悠闲和幸福，每天就是坐船吹吹海风、看看鸟，找间新的咖啡馆喝喝饮料，在地图上找找没走过的小路，试着多发掘一些没去过的小店。但我觉得，这恰恰是这里的魅力所在。有的城市就是用来放松和享受的，多看点什么、少看点什么、有没有错过什么"必去"的景点根本不重要，只有带着这种心情旅行，才算是真正融入了当地的生活吧。

　　这站以后，我们就可以正式告别亚洲，去更远的地方冒险了。能生活在一座横跨两大洲的城市，并不断来回品味着其中的区别，本身不也是一件很酷的事吗？

在土耳其的前半个月，我们生活在亚洲区。相比之下，这里的物价、房租都更低，生活更接地气，许多在欧洲区那边越来越少的老棋牌室，在这里依然很多。虽然不像欧洲区那边有数不清的名胜古迹、高楼大厦和大商场等，但许多追求情调和清静的年轻人，反而更愿意在亚洲一侧的老社区，寻找自己的小天地。

我们住的 Kadikoy 区有好几家老字号餐厅，吸引着欧洲区那边的部分居民不惜跨大洲前来解馋，晚上再赶末班船回去。对了，我有提过吗？博斯普鲁斯海峡的渡船坐一次只要几元钱，而且全天有无数班次往返于两岸各大区的码头，堪称性价比最高的水上观光交通！

比游客观光船划算！

后半个月，我们又搬到了欧洲区。在金角湾沿岸看到的圣索菲亚大教堂、苏莱曼尼耶教堂等一系列宏伟的历史建筑，形成了土耳其最知名的风光名片，也确实会让我们赞叹。但当"真的"成为住在这里的居民时，我们会留意到的，是街道的干净优雅、公园的优美古朴、小资店面的格调时髦。

在伊斯坦布尔，可以看到土耳其最传统与最现代的两个极端的戏剧性的对比。一方面，这里有建造于 3000 多年前的方尖碑、近 1500 年前的教堂、500 多岁的世界上最古老的巨型集市。很多人继承着家族历经好几代人的祖业，依然用传统的方法制作美食、器皿、编织品。在这里旋转僧的舞蹈从未停止，清真寺的宣礼塔也一如往日地准时播送着祷告。

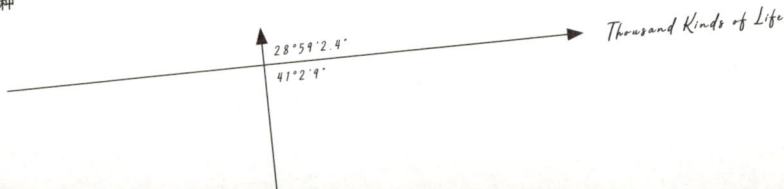
28°59'2.4"
41°2'9"
Thousand Kinds of Life

另一方面，崭新的巨变又在发生着。古董街旁开起了专用环保材料制作的新潮包的专卖店，土耳其烤肉店旁出现了泰国料理店、日本料理店、新北欧料理店，路过下 Tavla 棋的老大爷们身边的是播放着网络视频、用着主题为漫威电影的手机壳的青少年，下沉式的超大 SOHO 商场，有整整两层楼的苹果旗舰店……这一切都让伊斯坦布尔既没有丢掉它厚重悠长的历史文化，又带着这些文化财产，快速跟上了现代化发展的脚步。

　　关于土耳其的魅力，仅凭我们住的这短短一个月的时间，看到的也只能算是冰山一角。下一次再回来时，也许我们会走进安纳托利亚的更深处，去找到更多被网红景点遮盖了光芒的有趣故事。我们后会有期！

隐藏 Tips：红色电车票价超便宜！

金字塔景　房

Room With Pyramid View

从伊斯坦布尔飞往开罗只需要两个小时，当我们办完手续、取完行李并换好钱出关时，天已经黑了。我们的民宿房东派了一个司机大哥来接我们。

到目前为止的旅居生活中，埃及是最令我们兴奋且不安的一个国家。兴奋的理由自然不必多说，没有人会不向往这里举世闻名的古老遗迹，以及种种神秘又独特的传说。但由于近年来埃及的局势一直不太稳定，传到我们耳中的，往往是发生在埃及的游行示威还有恐怖袭击等，更别提旅游业出了名的坑蒙拐骗了。我们第一次来竟然就要自由行，并且住上一个月？而且还是在埃及最热的夏天！！！临行前看了下白天的气温在 43 ~ 45 摄氏度！如果不是我们俩疯了，那么大概就是经过半年的历练，对自己的适应能力已经自信到膨胀的地步了。

Thousand Kinds of Life

千百种生活
埃及篇

PLAY

扫码看
本站
旅居视频

　　司机大哥满身肌肉，看着健壮凶猛，但为人非常温和友善。在前往民宿的路上，他跟我们讲了很多在这里生活的建议与注意事项，稍稍缓解了我们的紧张感。一般短途旅行的游客，会住在开罗市区条件完备的星级大酒店里，而我们由于想住进本地人生活的街区，所以选择了距离开罗半小时车程的老城：吉萨区，没错！你记忆中的"吉萨金字塔群"就是因为坐落在这里而得名。

　　夜色中虽然看不太清楚，但能感觉到我们行驶的小路周边都是一些比较破旧的小店，盖了一半的砖头房上飘动着不知名的装饰物，路边堆着垃圾，在20世纪70年代风格的"咖啡馆"里，很多男人穿着长袍、抽着水烟。最后我们的车停在一幢裸露着砖头的楼下，地面上堆满了施工用的沙土，周围的孩子好奇地打量着我们。

　　房东派管家来帮着我们把行李搬进去。楼里有很狭窄的电梯，但是没有门……这导致我们在上升的过程中，看到的就是不断变化的水泥、砖墙、地板……

其他条件可想而知……

　　我们的住处在10楼，隔壁就是施工到一半的毛坯房，工人们晚上11点了还在敲敲打打，旁边则是他们的小孩在嬉闹。至此我的内心已经万马奔腾、十分不安了。虽然打开公寓门后，跟网上的图片基本一致，现代、干净，卫浴、厨房、大床、冰箱一应俱全，但是一门之隔，就是那样杂乱而未知的环境，让初来乍到的我们着实度过了一个忐忑的夜晚。但这一切，在第二天一早拉开窗帘后，就都变得值得了……因为在朝阳下，窗外赫然耸立着的，正是3座金字塔！

一切为了它！

吉萨金字塔群大概是地球上认知度最高，也是现存最大、最古老的人类建筑了吧。我们曾想象过很多次：骑着骆驼，穿越遥远的大漠，跋山涉水后，才终于揭开金字塔神秘面纱的一角。却没想到，金字塔和周边的城区如此紧密地挨在一起！住在吉萨区，不管是在大马路上还是在小巷里，从各个角度都很容易瞥见它们的身影。

而我们最终被这间公寓打动的原因，就是它足够高的楼层以及所处的距离，正好能让 3 座金字塔以十分完美的构图等距排开，并展现在我们窗前。每天在各个时段看着它们，感受着这几位亘古巨人在晴空下、夕阳下、紫色的霞光中、沉沉的暮色里呈现出的不同样貌，真的可以抵消住在脏乱落后的吉萨老城区的一切不适！

正是在这里，我们看到了埃及最原始、最脏乱无序的一面。大多数游客来到埃及，住在旅游区的酒店里，一进大门就是封闭区域，吃喝不愁、安静整洁。而我们住的街区呢……这么说吧，有次

金字塔景
房

211

我们打车回民宿，司机开到我们巷子里的时候都震惊了，说你们俩住得也太地道了，连他都不会住在这儿……

我们住的楼，在一条"灰头土脸"的小巷里，街上随处是垃圾，永远尘土飞扬。因为我们赶在"斋月"来体验埃及生活，所以白天所有场所全部歇业，路上都没几个人。倒是有几家小商店、水果摊还开着门，但基本上找不到餐厅吃饭，加上几乎每天高于 40 摄氏度的气温，导致旅居这么久以来，我第一次有点儿难以放松去享受在一座城市的生活。

但走在老城区的路上，我们也发现了它特有的趣味。除了跟印度一样的突突三轮车，有时候还会碰见孩子骑着马，在"马路"上经过；有时候又是老伯赶着小毛驴，拉着一车的西瓜；再或者是父子俩骑着高高的骆驼在路上缓缓前行。除了印度，也确实没有哪个首都会有这么混搭的居民区了。

我们在埃及不平凡的生活，就这样在与金字塔的遥遥相望和吉萨区的酷热市井之中徐徐展开了。

每日景象

31°8'13.2"
29°58'30"

金字塔的
两个面

两次参观对比

Two Sides Of The Pyramid

抵达埃及暂做休整后，我们去的第一个地方，自然是我神往了二十几年的吉萨金字塔群。

其实"吉萨"是开罗附近一片地区的名称，所以这片景区统称为"吉萨金字塔群"。而每座金字塔实际的名字，应该来自建造它的法老，比如最大的就叫"胡夫金字塔"，这座金字塔建于4600年前。什么概念呢？中国那时候的领袖是黄帝，也就是还处于传说时代。

来到金字塔后有两件事让我们挺惊讶。

第一是金字塔距离城区如此之近。整片景区处在一个小高地上，被老城区半包围着，另一面则直接是荒漠。老城区里有很多民宿都主打金字塔景观，比如我们住的地方，走到景区门口只要10分钟左右，可以说是金字塔养活了吉萨整个地区。

第二件事是这里作为世界级知名景区，游客竟然这么少！！除了几个养骆驼的以及几个卖纪念品的小贩，剩下的游客只够坐满一间餐厅。于是那天我们尽情享受着空旷的景区，拍了很多喜欢的照片。既没有排队等待，也没有被打扰。当时我们猜想，大概是因为夏季是旅游淡季吧，大家可能都嫌热不愿意来。

特指斋月期间第一次去……

景美人少天气好

金字塔比我们想象中的还要巨大。站在它们脚下，你可以看到每一块巨石都接近一个人的高度。金字塔是可以零距离触摸和感受的，景区内甚至修了一些楼梯，让你能够在最下面几层的指定线路内走动。有许多靠近地面的石头表面已经被百年来到访的游客摸得十分光滑了。像这样来到金字塔旁边，看着它从远远的锥形，变成了一道望不到顶的高墙，才能真正感受到 4000 多年前的人们要建成这样的巨型建筑，是多么不可思议的一件事。

由于住得近，日日隔窗相望，所以那次回来后我一直想再去一次金字塔，补拍一些照片。谁知道第二次去，简直成了一场灾难。

那天是斋月结束后的第一天，也是开斋节假期第一天。从走出家门开始，街上就车水马龙、无比喧闹。来到金字塔景区，我感觉全埃及的孩子都出来了，骗子好像都恢复"营业"了……每一条路上都挤满了成群结队的青少年，不管你走到哪儿，都不停地有人凑上来拍照、卖东西、要钱，还有人可能只是为了锻炼中文，一直反复说着你好……只要我们停下脚步，就会立刻有一圈孩子围着我们，根本没法拍任何东西。大概撑了半个小时吧，我们就落荒而逃了。

31°8'13.2"
29°58'30"

Thousand Kinds of Life

为什么同样的旅行目的地，有人回来后赞不绝口，却也有人回来后大骂垃圾、坑人？除去个人审美和知识水平的偏差，其实每一个人在去到一个地方旅行时，看到的都只是一个片段的节点。如果我们只去了第一次，会觉得金字塔真的无比美好，意犹未尽；如果我们只去了第二次，可能会彻底失望。但因为有了这样的对比，我们不仅懂得了珍惜第一次的美好体验，也明白了不能太过主观地看待一件事。亲自前往尚且如此，更何况纯听别人说的呢？

所以，随着看到的事物越多，我们越来越认为，世界上没有绝对的事物，也很难评价绝对的好坏。你的经历决定了你的认知，经历得越多，认知就会越完整。旅行一直在提醒我们不要变成一个狭隘的、固执己见的人。

我想，这就是法老这一次送给我们最大的礼物吧。

Tips 金字塔参观心得

1. 只在官方售票窗口买票，其他任何人跟你说的任何话都不要信。景区通票为 160 埃及镑 / 人

2. 检票处找由头说要补交钱的，不要相信

3. 进入胡夫金字塔内要额外购票，听说里面只有隧道和空房间，当地向导不推荐游览

4. 大金字塔侧面的小金字塔是可以免费进入参观的。里面也是隧道，有工作人员会在里面索要小费

5. 景区内另有一间太阳船博物馆（Solar Boat Museum），想要游览，则需在博物馆另外购票，内有 4600 年前的木质法老古船，推荐参观

金字塔的

两个面

三条腿的
骆驼

一次冲击 + 危机！

The Camel With Three Legs

　　来埃及前，我特意买了一本《孤独星球》埃及篇翻来覆去地研究。在书本中一个不起眼的角落里发现了一个小区域——开罗郊外的"骆驼市场"。作为沙漠地区最重要的生产力，骆驼的存在对于我们来说并不陌生，但那些景区里的骆驼从哪儿来、到哪儿去，什么人在饲养，背后的产业链是怎样的，却很少有人关心。于是这个号称"北非最大的骆驼集市"深深引起了我的兴趣。算好了周五的交易日，我们起了个大早，踏上了远离都市的路。

那一刻我的命运已被决定！TAT

　　离开开罗市中心 60 千米，我们抵达了一个叫"Birqash"的村子的附近。沿路已经可以看到很多载着骆驼的卡车与我们相向而驰，他们都是完成交易的买家。

31°8'13.2"
29°58'30"

Thousand Kinds of Life

这些骆驼大多是千里迢迢，从遥远的苏丹沙漠，沿着著名的古代阿拉伯商路"Darb al-Arba'in"（或者叫"40日之路"），来到 Birqash 的。迎接他们的，是一路的高温、疲惫，不断的鞭打，当它们最终来到这个决定命运的终点时，大多已经骨瘦如柴。那些体力不支倒下的，可能被就地屠宰或抛弃，剩下的则在这里等待埃及的买家光顾。

整个市场占据着 Birqash 的一整条街道，有一个大门作为主入口。大门内外都有大批骆驼等在路边，卡车、货车、面包车频繁出入着。至于外国人，门口岗亭里的门卫会征收每人 100 埃及镑的参观费。这里没有明码标价，他随口叫多少，你就得给多少。

进入大门后，繁忙吵闹的市场景象立刻就展现在眼前了。骆驼成群结队，有的在路上被驱赶着转移位置；有的跪在路边等待；比较幸运的，主人会有专门的院子，骆驼可以在里面等待，时不时还能吃到些干草。但如果有骆驼试图挣脱掌控或者逃跑，就会立刻被数名驼夫围住，他们会用手里的长棍吓唬甚至抽打骆驼。为了防止骆驼们乱跑，所有骆驼的一条前腿都会被绑起来，所以身边常能看到骆驼半走半蹦地前进。

在这里进行交易的卖家来自不同地区，面孔黝黑的大多来自苏丹或索马里；而肤色较浅、轮廓较深的则可能是本地的阿拉伯人。这里鲜少能看到女人的身影，所以作为一个外国女性，Sue 显然引起了很多人的关注。在整个拍摄过程中，时常有人主动来合影，并为我们展示他们的骆驼。他们的笑容和互动，基本上是友善的，但毕竟环境陌生，我们还是尽量避免在一个地方停留过久。

三条腿的
骆驼

买卖骆驼的生意基本上是家族生意。孩子们从小就学会了牵骆驼、骑骆驼，给它们绑腿甚至惩罚它们。当你看到一个那么小的身影，却能熟练地牵制住两三米高的骆驼时，除了佩服，心里还有很多复杂的情绪。由于骆驼是北非最重要的肉食来源之一，所以我想，相比于马匹对于蒙古游牧民族而言更像伙伴，骆驼对于这些商人而言可能就只是一种商品。

而对于我们，和此刻正在阅读本书的你来说，这些场面和行为无疑是刺眼的，甚至难以容忍的。毕竟我们成长的环境和接受的教育，让我们的生活有较多的选择。我们从小被教导动物对地球的重要性，以及人与自然应和谐相处。我们可以义正词严地呼吁保护这些动物，因为他们并不会直接影响我们的生活。

立场不同 是非不同

但对于这些在贫困、炎热的沙漠中长大的人而言，出生在什么样的家庭，已经在很大程度上决定了他们的人生。在我们认字背诗的年纪，他们唯一学到的是如何驯养这些动物，为家庭换来收入。我看见市场中仅 10 岁出头的小男生，手持长竿，学着父亲的样子驱赶骆驼，身旁的父亲一脸骄傲。我看见向我们表达善意的人，鼓励我们过去拍照，一边笑着却一边重重地拍打着骆驼的头，试图让它们乖乖配合。这些举动是如此自然地存在于他们的生活中。

但这些交易，难道无法在不虐待动物的前提下完成吗？我相信有办法，但这不只是对目不识丁、从没看过外面世界的驼夫的要求，还需要整个政府和环境来引导。在埃及这样的国家，背后能牵扯出的问题就非常复杂了。

我写下这些经历，并不是为了高举大旗去批判，或者呼吁人们一起来谴责他们。我只是作为一个观察者，把亲身所见和所感分享出来，并试着从不同的角度去理解不同的人的生活，而这也是我们《千百种生活》所追求的人生意义。

准备离开骆驼市场时，我们才发现打车软件在这里无法使用。而环绕在我们四周的，只有载着骆驼进进出出的大型卡车和驱赶着驼队的驼夫们。在这远离市区，并且周围都是只说阿拉伯语的村民的地方，我第一次有些惊慌，一边暗自责怪自己没有提前想好离开的方式，一边安抚 Sue 开始变得焦躁的情绪。

大概 20 分钟后，我们终于在路边找到了一个卡车司机，并用翻译软件谈妥了载我们回开罗的价格。卡车的空调是坏的，座位几乎是一个硬壳，只有收音机"嘶嘶啦啦"地播放着阿拉伯语的祷告词。飞驰在 40 摄氏度的高温下，埃及灰黄的空气从窗外灌进来，提供着唯一一丝凉意。我们一路都很沉默，想了很多很多……

争吵… 欺骗… 惊险后续见视频！！

三条腿的
骆驼

埃及　夜宴
Night Banquet Of Egypt

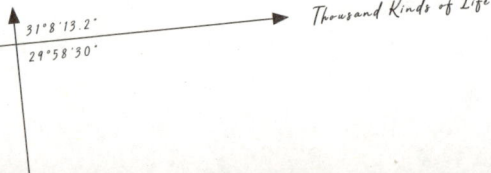

肉博士教汉字

　　从季节上来说，埃及的 6 月绝对是游客避之不及的时令，因为那时不仅开始进入夏季，每天热到几乎窒息，而且还赶上了一个特别的时候：斋月（Ramadan）。根据伊斯兰教的宗教历法，每年的第九个月是封斋的一个月。在这段时间里，从日出到日落，所有的教徒不能饮食，并且会减少外出活动，潜心修炼心性、陶冶情操，体会穷人饥饿之苦。不过我们这种游客就很不适应，大部分的餐厅、商店白天几乎都不开门，就连外卖都很难订到。

31°8'13.2"
29°58'30"

Thousand Kinds of Life

但一到晚上，整个城市又复活了，楼下街道的吵闹声有时会持续到两三点。既然白天几乎荒废，晚上的时间可不能再浪费了。为了深入感受埃及普通家庭的生活，我在网上找到了一对埃及夫妻，可以预约加入他们的家庭晚餐，品尝地道的"斋月传统大餐"。

某天傍晚，我们打车来到了距离民宿 40 分钟车程的一处新城区。这里的街道、住宅、商场都是为新兴中产阶级而设计的，整洁、有序且充满现代感，跟老城的画风截然不同。

男主人名叫 Ahmed，他和妻子 Shorouk 养育了一对非常可爱的女儿。其中小女儿 Maria 只有 1 岁多，大女儿 Karma 已经 7 岁了，就读于国际学校，除了学习阿拉伯语还在学习法语。Ahmed 和 Shorouk 都是非常健谈开朗的人，英语也相当标准流利。

打从我们进门起，他们就展现出了绝对的热情。"你们是第一对来我们家做客的中国人！""我们家有筷子！""打算在开罗待多久呀？""带你转转我们家，给你介绍一下吧！"夫妻俩直接跳过了破冰阶段，仿佛多年老友似的，在我们左右你一言我一语地抢着发问，还时不时打断对方，好让自己多说点。这种真挚坦率，让我们既有些手足无措，又感受到了满满的温暖。

Ahmed 和 Shorouk 的家庭在埃及来说虽然算不上富有，但绝对是小康以上。他们会在炎热漫长的夏天搬到新城区的房子避暑度假，等孩子上学了，再搬回市内交通方便些的住处。Ahmed 在跨国电信公司工作，他的妻子则专心照顾两个孩子。为了让 Maria 和 Karma 成为大方得体且具有国际观的女生，他们专门在网上推出了"家庭晚餐"的体验项目，为的就是让两个孩子从小有机会接触来自世界各地各式各样的人，从而开阔她们的视野，锻炼她们的交际能力。我对于他们能有这样的教育观念感到十分佩服。

孩子大方可爱不认生！

盛满晚餐的大小盘子、碟子摆了满满一地，颜色鲜艳缤纷。别以为阿拉伯人只吃烤肉和烤馕！这次的晚餐包括通心粉炒面配番茄酱、双色炖茄子、香料炸鸡排、传统蔬菜汤、土豆沙拉、蔬菜沙拉等。由于斋月期间大家白天不能进食，所以晚餐特别丰富。吃完这一顿后，一般看情况半夜还会吃夜宵，而且天亮前大家要再起床吃一顿早餐好好补充一下，然后挺过下一个白天。

埃及

夜宴

我们坐在客厅的地上边吃边聊。这还是第一次不需要我主动找话题，对方就能说个不停！

晚餐结束后，Ahmed 拉着我们演示如何煮他爱喝的土耳其咖啡，Shorouk 则拿出了家中珍藏的一次性筷子，让我们教教全家筷子的正确使用方法。夫妻俩带着孩子一边学，一边拿手机拍视频，自豪地记录下自己学会的新技能。我向他们介绍了很多关于中国的文化，解释中国古代跟古埃及一样，用的也是象形文字，而且延续到了今天。Shorouk 也给我们讲了很多有关开罗与埃及的故事。听说我们已经去参观过举世闻名的"埃及博物馆"，她特地拿出了小孩的"历史知识课本"，问了我很多关于古埃及文化的常识题。在我们聊天时，小 Karma 也渐渐跟我们熟悉起来，一会钻到 Sue 的怀里，一会拿着我们的相机到处拍摄，玩得不亦乐乎！

本来设想的持续 1 ~ 2 个小时的一顿晚餐，最后聊了整整 4 个小时，大家相互告别时，还有一点儿意犹未尽的感觉。作为中外文化交流的小使者，我和 Sue 将在国内买的一幅卷轴状的京剧花旦剪纸画送给了小 Karma，Ahmed 夫妻开心不已，立刻就把它挂到了墙壁上。而在此后的旅途中，我们依然保持着联络，基本上每过几个月他们都会在群里问我们到哪里了，并分享他们的近况。在旅居的最后，我还一笔一画地描绘出他们的阿拉伯语地址，从大洋彼岸往埃及寄了张明信片。

他们收到啦！

与 Admed 一家人的相识，成了我们在埃及的重要回忆。有时候人与人之间就是这样，短短的相处能因为彼此气味相投、真心付出，从而成为一段长久的关系。而这些跨越了半个地球所收获的朋友，也都成了我们坚持走下去的珍贵动力。

3000 年前的 国都

Capital From 3000 Years Ago

    在开罗住了 10 多天后，我们启程来到了在埃及开始后半段旅居生活的城市，也是埃及的历史名城——卢克索。

    卢克索跟开罗一样，沿着"生命之河"尼罗河而建。它起源于 4000 多年前的古埃及中王国时期，并在新王国时期进入鼎盛阶段。那时候它的名字为"底比斯"，是全世界最繁华的大都市。住在底比斯的法老，其威名的震慑力南至东非，北跨地中海，甚至影响了两河流域。

在这期间，四处征战、财力雄厚的法老们为了获得永生，用了大量黄金，大兴土木修建了巨大华丽的神庙，还有数目繁多的隐蔽墓葬。每一任法老离开时，都会用大量金银珠宝陪葬。埃及干燥炎热的天气，加上连绵上百千米的荒漠，让这些精美的建筑和沉睡在地底的墓葬，得以躲过多年的战火、偷盗和自然侵蚀，一直保存到了现代。3000 年前的世界，几乎就这么原模原样地穿越了时空，来到了我们面前。

这座有着 500 多座举世无双的墓葬，以及近 4000 年前的巨大神庙的城市——卢克索，也被称为"世界上最大的露天博物馆"。

现在的卢克索，也是一座非常美的城市。刚到开罗的时候，漫天尘埃、满街烂尾楼、满路的建筑垃圾，简直让我们大跌眼镜。但来到卢克索，我才感觉到这才是我想象中埃及的样子！沿着尼罗河而盖的老酒店、古建筑，修剪整齐的棕榈树，共同构成了唯美的河滨风光。人们仍在使用马车出行，往来的车夫都穿着传统埃及长袍。

每天出门买晚餐时，马蹄"咔嗒咔嗒"的声音，河畔橘黄色的落日，河面上三三两两的帆船，孩子们在河里比赛游泳时的欢笑声，这一切绘制成了我心中最美的埃及的样子。

你敢相信吗?!

我们就住在卢克索神庙附近。这座 3300 年前的神庙，有着传说故事里的连排巨石柱、几十米高的法老神明雕塑、历经 3000 多年风沙依然鲜艳清晰的故事浮雕壁画。河畔的卢克索神庙，就是这座城市的名片，无论是乘坐马车、帆船，还是乘坐汽车，你都无法避开它。

开斋节期间，在神庙旁的广场上举办了一个小型园游会。太阳下山、天气凉爽起来后，这里就成了城市里最受欢迎的休闲场合。各种小吃摊、水果摊周围总是挤满了孩子，一些复古气息浓郁的简陋的游乐设施，构成充满了欢声笑语的游乐场。

走在人群中，3000 多年前的古神庙虽然就在身旁，我却感觉与它之间的距离是如此遥远。而耳边喧嚣的叫卖声、无序又热烈的欢笑呼喊、节奏强烈的阿拉伯音乐，才真真切切地冲击着我处在现实中的感官。

这一刻，我好像瞥见了埃及这个国家的缩影。古埃及构成的前世幻梦，存在于现代埃及的生活夹缝中，却若有似无。人们偶尔回望一眼，再继续埋头于眼下的琐碎和欢愉中。

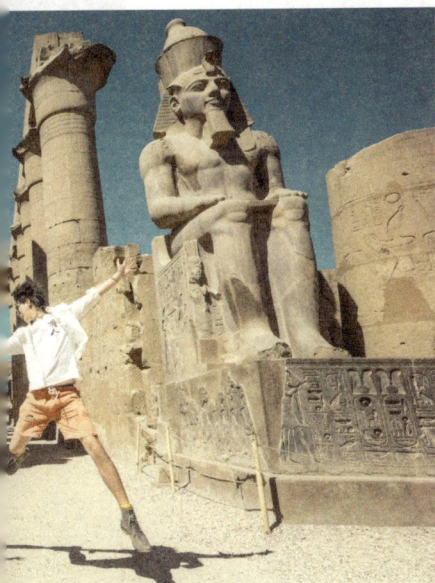

现代埃及与古埃及
时空交错

3000年前的

国都

马车夫 Lulu
Lulu The Coachman

就是他

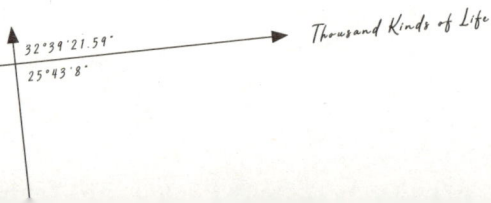

来埃及前看到最多的警告，就是关于骗子的。这导致在埃及生活期间，我走在路上都要板着脸，对一切搭讪充耳不闻，每次消费时都疯狂砍价，并再三确认。

住了十几天后，跟一位马车夫的相识，彻底改变了我对这一切的看法……故事还要从头讲起。

本地人的骚扰和骗局，在旅游城市卢克索尤为严重。不管走到哪儿，都会拥上来很多人不停地问你坐不坐马车？打不打出租？坐一次帆船吧？买点纪念品吧……如果这时回应，他们就会更起劲地争取；装聋作哑呢，大多数时候都有用，但我们也遇到过从远处朝我们泼水，甚至追上来拦住找事的。

32°39′21.59″
25°43′8″

Thousand Kinds of Life

如果发生了交易，后面更有无数的陷阱。比如，出门答应给 80 埃及镑，回程途中就改口要 80 美元。但一看我翻脸发怒要报警，又赶紧笑嘻嘻地说："跟你开个玩笑，这是我们埃及人的幽默。"

后来我意识到，在这里要想过得舒服，最好的方式是找到一个人品好的车夫，每次出门直接找他接送。这时候，本篇的主人公登场了。

生动的金句！

一个闷热的中午，我和 Sue 在酒店门口准备叫个马车去餐厅吃饭，唯一一个顶着酷热营业的车夫迎上前来。在我再三确认价格为埃及镑，并表示别想骗我时，他一脸无辜地说："先生，你伸出手来，请问你的每根手指一样长吗？同一只手上的手指况且有区别，人和人更是不同的。请相信我的人品。"

在前往餐厅的路上，他试探性地问了问我们接下来的计划，见我闭口不谈，赶紧表示不是要骚扰我们，然后没再多说话。就这样，他为自己赢来了我初步的好感和下一单生意。

回到家时，我跟他要了电话。他说他叫阿卜杜勒（Abdola），我们也可以叫他 Lulu。"Lulu 好记！"我笑着回答。

后来我基本上每天出门都会打电话让他来接，他也总能提前等候在酒店门口。我一般会给他比平常高一点的价格，让他安心，我也放心……一来二去，我们渐渐熟了起来。从他这儿，我渐渐了解了卢克索马车夫这个群体的生活。

目前在卢克索有 340 辆马车，都被政府注册在案，统一管理经营执照。在城市里有 3 个马车停车坪，每年交 1000 埃及镑（约 400 元人民币）就可以在这里停放马车。如果在路边违章停车，会被没收车牌，只有交罚款才能取回。

马车夫
Lulu

此外，马车夫还需要花钱买马儿的粮草，并存放在停车坪随时取用。包括 Lulu 在内的很多马车夫，晚上几乎都不回家，直接睡在自己的马车上。一方面是为了防止有人偷拿自己的粮草，另一方面也可以随时接待更多的客人。

Lulu 今年 28 岁，家里有 6 个兄弟，他是长子，最小的弟弟 13 岁。家里有 3 辆马车，由兄弟们轮休出勤，但只有他一天也不休息，承担整个家庭最重的责任。在这里驾马车几乎都是家族生意，由父亲教给儿子。Lulu 差不多 10 多岁时就学着驾驶马车，跟着父亲出来跑活，而现在小弟 Muhammad 则走上了一样的路，并由 Lulu 教导着。

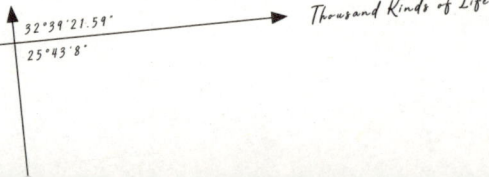

离开卢克索的前一晚，我最后一次请 Lulu 带我出去买晚餐，那天我第一次见到他的孩子。"他今年 3 岁了。"Lulu 笑着说。可能由于工作忙，没什么机会陪孩子，一路上由他弟弟驾马车，他则抱着儿子，一会儿亲，一会儿举高高，疼爱之情溢于言表。

在餐厅里，我给孩子买了一罐果汁，然后我们坐着聊了起来。我终于说出了在心底藏了很久的疑问，也就是关于埃及的骗局。"因为你的很多同行欺骗游客，所以埃及在国际上名声很不好。你怎么看待这个情况呢？"

Lulu 露出无奈的神情，沉思了一会，缓缓解释道："埃及自古以来就是旅游业发达的国家，很多行业，包括酒店、帆船、马车，都需要大量游客来支撑。在十年前，埃及的游客量可能是现在的十倍。那时候你在路上叫车，钱少了司机都懒得停下。10 年前埃及发生了一次"改革"，在那之后，埃及人获得了民主，但失去了游客。改革之后的第一年几乎是零游客，大量的埃及人失去了工作，甚至前往其他地方求生存。那时候的第二年、第三年，经济持续低迷，现在虽然已经缓过来一些了，但跟 10 年前完全没法比。"

"以前当马车夫，好的时候一周能赚 3000 埃及镑！你知道现在能赚多少吗？零！淡季的时候，很多马车夫可能一周都拉不上一个客人。你住的酒店能容纳 1200 个客人，但现在可能 100 人都不到！"

一些像 Lulu 这样的老实人，不得不延长工作时间，不管是在烈日下，还是在深夜里，都努力寻找着客人。但有些人则动了歪脑筋，等游客上了车，便改口喊一个很高的价格吓唬他们。万一游客给了，那就可能够他休息一个一周的。卖纪念品的也是一样的，喊出的价格通常是正常价格的10倍，让你慢慢砍价，运气好遇到不懂的，就能多赚一些。毕竟下一次还不知道哪天能开张。

当生存都成困难时，道德便成了奢侈品。

当然有像Lulu这样的人，希望通过自己的诚信建立口碑，让客人能多找他。他提到，前几天他遇到了一对特别好的美国夫妻，他们对他很客气，双方也通过几次服务建立了信任。但两天后人家就离开了。像我和Sue这样，在卢克索待这么长时间，能反复找他的外国人几乎没有。但他希望自己能坚持下去，因为他认为他的诚实，将来会给自己带来更多的好运，而那些不诚实的人正在毁掉的，却是整个国家的口碑。

在回家的路上，我的心情非常复杂，一方面为这个恶性循环的困境而无奈，另一方面也为自己之前对本地马车夫的冷漠而内疚。很多时候我努力砍掉的五块十块，对我来说仅仅是不想被占便宜，但对他们来说却是真的能多吃上一顿饭。

Lulu说，他希望儿子好好读书，以后能在政府做事，不要再接手这份辛苦的家族传统生意。他让儿子对镜头打招呼，教他说"Hello""Good"。他这一路上的灿烂笑容，是之前我从没看见过的。

下车时，我想要他的邮箱，把照片发给他。他不好意思地摇摇头，说自己没有，但他正在存钱，希望能买一个像我们这种能上网的手机，他会注册whatsapp来加我，要我到时候一定把照片给他。

"好的，那一言为定。祝你未来好运！"

"希望你再来埃及！下次再见！"

名画《Lulu的五指山》←

马车夫
Lulu

229

法老之 家

Home Of Pharaoh

如果想要理解古埃及的文明，那么首先就要理解古埃及的神话。

在古埃及神话中，天空女神"努特"张开身体，撑出了整片天；天上的日轮，是太阳神"拉"驾着太阳船在空中巡查，天黑后，船便会驶入冥界；"塞特"神带来混乱与风暴；豺狼神"阿努比斯"负责护送木乃伊到冥界之门；猎隼"荷鲁斯"的眼睛守护着正义；母爱之神"伊西丝"用张开的翅膀守护人们平安……对于那时候的人民和统治者来说，不管人在世或死亡，万事万物都是被神所主宰的。而法老则会自称是"拉神"的孩子，代替神在人间进行管辖。

32°39′21.59″
25°43′8″

Thousand Kinds of Life

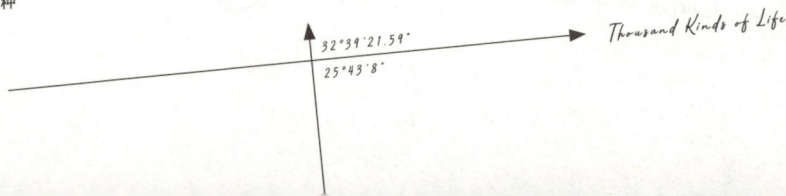

大家都知道金字塔是法老安眠的地方，但金字塔那么显眼，总会被盗墓贼盯上。新王国时期，都城迁到了底比斯，这时候的法老为了防止被盗墓而不能永生，于是选择把墓葬全部定位在沙漠荒谷中，隐藏墓穴的入口，并处死了所有修建它的工匠。果然在之后的几千年中，许多法老的陵墓得以不被打扰，完整保存。这其中有许多如雷贯耳的名字，比如图坦卡蒙、拉美西斯二世、塞提一世、阿蒙霍普特三世等。而这片至今被发掘出了60多个陵墓的山谷，就被称为"帝王谷"。

帝王谷位于尼罗河西岸。古埃及人相信，河的西边是人死后升天的方向，所以埃及所有古城都是沿着尼罗河东岸而建的，所有陵墓都会放在河的西岸。从码头乘小船过河，然后在对岸乘车，经过大约20分钟，就抵达了帝王谷的景区入口。

帝王谷的基本门票只包含众多陵墓里的3座，而具体能看到哪3座就要看你当时的运气了，因为这些陵墓时常会处在维护、不开放的状态中。不过它们内部的结构和内容大多数都差不多。唯一不同的一座，是"拉美西斯二世"的爸爸"塞提一世"的墓。这座墓需要单独花比通票高好几倍的价格才能参观，并且全程不准拍照摄像。

都是
几千岁?!

当地向导的推荐！

在帝王谷里，各个法老的墓室入口全都挨在一起，仅仅几步之遥。我们接连参观了拉美西斯三世、四世与九世的墓。这个时期的墓室全部都是从入口一路向下斜插到地面以下的，古代希腊人觉得这种长长的延伸到墓穴的通道，好像牧童的长笛，所以把这种墓穴称为"笛穴"。

在游客参观的通道里，墙壁已经全部用玻璃保护了起来，地面也安装了便于下坡的隔挡。走过长长的甬道，再转几个弯，就会通向最深处的若干房间，那里曾是真正存放着法老遗体的地方。但这个参观过程并不可怕，因为这里的景点气息实在是太浓郁了。如果刚好跟一个旅行团撞在一起进去，不仅不会觉得墓室阴森，反而还会有些热闹。毕竟法老真正的陪葬品、石棺和木乃伊都已经被保存到博物馆了，来这里看的，主要是墓穴结构和上面留存的雕刻、壁画。

法老之

家

不过光是这些壁画就已经很值得一看了！难以想象，3000多年前的颜色，竟然还能如此鲜艳；3000多年前的雕刻，竟然这么清晰复杂！一切都好像是几十年前完成的一样！走在墓穴中，不仅身旁数十米的通道密密麻麻地刻满了神话中的图腾和象形文字，就连天花板上也没有一寸空隙。仅仅是站在其中，凑近了看这些宛如电影画面的精美艺术品，想象着3000多年前它们诞生时的样子，都足够让人凝神屏气、忘记一切了。

最佳！

最后进入的，是我们最期待的"花重金"才能看的"塞提一世"墓。这座墓的入口与其他几座稍稍隔开了一段距离，在一个单独的角落。门口有人检票，并再次提醒我们里面不能拍照。这位法老也是古埃及历史上很有名的人物，能征善战，并且喜欢修建筑。"卡纳克神庙"最有名的多柱大厅，就是他主持修筑的。由此可知，他对自己陵墓的精美程度的要求不是一般地高。

进入之后，我们就惊讶地发现，这座墓里没有任何保护措施！之前墓穴里的那些围栏玻璃等在这里全部没有！我们此刻置身的，就是跟3000多年前几乎一模一样、未曾更改过的场景。"塞提一世"墓入口的通道比其他墓穴都要深，我们往下走了好久才走到尽头。在好几处刚刚搭起的桥上往下看，可以看到下面是深坑，盗墓贼一旦掉进去，恐怕就再也爬不出来。

确实没得选！

等到我们终于进入第一个大厅时，回头看去，入口离我们已经很远了。而此刻，整座墓穴里只有我和Sue两个人⋯⋯这时候Sue已经不敢单独行动了，紧紧握着我的手不放。大厅里的光线不算明亮，在几根大石柱上，可以看见不同的神在为"塞提一世"祈福的雕刻。整个大厅从墙壁到棚顶，全部刻满了精美斑斓的浮雕壁画，其华丽程度确实在之前参观的几座墓穴之上。

在这座幽深的地宫里，我们俩的脚步声在空荡荡的隧道间回荡，一双双古埃及众神的眼睛，在各个角落窥视着我们。虽然明知这里早已没有什么，但心里还是不免暗暗发毛，总觉得墙壁上的某双眼会突然转动一下。那些看过的关于木乃伊的电影情节，此时也在我脑海中浮现出来⋯⋯

这种感受，是再多的纪录片和资料图片都无法给我的。那一刻，我已经忘记了自己还在世界知名的景点里参观，而是完完全全沉浸其中，仿佛回到了上古传说的时代，亲历了一场让人战栗且叹服的梦境⋯⋯

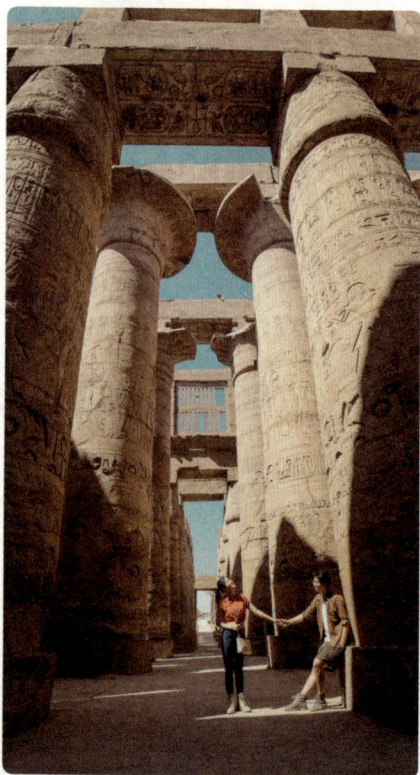

尼罗河上的梦

Dream On The Nile River

从卢克索搭 3 个小时火车，会来到埃及南部的一个小城市——阿斯旺。这里被认为是古埃及时期埃及民族的发源地，也是埃及临近撒哈拉以南非洲的大门，还是一个与南部邻国贸易的通道。现在这里居住的除了阿拉伯人，还有许多努比亚人，因此这里的房屋设计和风格，都会呈现一些努比亚的部落特征，比如排列的三角形图腾与彩绘图案。

阿斯旺也是游客不愿错过的一站。一方面，这一段尼罗河风景优美，风力充足，特别适合用传统帆船 Faluca 航行，因此许多尼罗河邮轮和帆船都从这里起航，同时也催生了大量的度假酒

承包了整条船

店和旅游设施；另一方面，阿斯旺附近有埃及三大必看景点之一——阿布辛贝神庙。拉美西斯二世的知名度，还有神庙本身的完整和壮观，让游客们不惜多花两天时间也要来朝拜。此外，这里修建了全世界七大水坝之一的阿斯旺水坝，形成了埃及观赏鳄鱼与水鸟的最佳地点——纳赛尔湖。

　　总之，这座城市虽小，但从民族风情到自然条件，都可以说在埃及是独一无二的。所以我们在卢克索居住期间，专门抽了两天时间跑过来。不过，我们既没去神庙和水坝，也没逛阿斯旺的民族村。我们跑过来，是为了坐船！　⇒住在船上！

　　在阿斯旺坐船，不仅周边有各种乡村风光、岩石小岛，观赏性极高，就连帆船的选择也会更丰富！比如我这次在网上找到的这艘"努比亚之光号"，就有着宛如古代画舫般的镂空雕窗，可以尽情翻滚的宽敞空间，还配备了私人船长、厨师、厕所、冰柜。我们俩直接包下了整艘大帆船，定制好路线和三餐，直接在船上开启了一趟2天1夜的"尼罗河漂流之旅"。

　　早上九点半抵达阿斯旺车站，我们直奔帆船。船长和厨师有着短发、深色皮肤，这是典型的努比亚人长相。在船上，厨师除了备餐以外，还要听船长指挥，帮忙干其他活，比如拉缆绳、升帆、降帆等。

Thousand Kinds of Life

32°53′31″
24°4′59″

我们的船在河面上平稳行驶。透过花窗，可以看到身边经过的各式各样的船只，宛如身处一座水上城市。有的大帆船用于观光，满满当当地塞着几十个游客；有的船是当地人自己用来玩的，播放着节奏强烈的歌曲，还有人站在船顶上扭动；还有的纯粹是往返于河岸两侧的载客公交船，2 埃及镑一个人，不断来回。河两岸多礁石，礁石附近就是茂盛的绿植，远处的沙漠土丘则是背景。湛蓝绸缎一样的尼罗河水，搭配着不断变换的两岸风光，每一秒都美得让人舍不得挪开眼。

我试着把脚伸进河水里，没想到在这么热的天气下，水依然冰凉冷冽！住在河岸附近的孩子们几乎全天泡在水里避暑，还用小木板当独木舟，在河面上飘出好远好远。

中午，我们的船缓缓靠近一片长满芳草的泽地绿洲。绿洲上有牵着小毛驴的农夫经过，还有一头孤零零、瘦巴巴的水牛。从窗口望出去，近处的水牛与农夫，远处的森林与河岸，简直就是一幅超高清的沉浸式虚拟画卷。厨师为我们准备了午餐，有西红柿炒鸡蛋、烤馕、茄子泥、番茄奶油沙拉，还有炸薯角。把这些馅料通通塞进馕里，就能变成埃及夹馍，竟然意外地很美味！我和 Sue 每人都连吃了三四个。更棒的是，船上备了小冰柜，里面冰着西瓜、矿泉水、可乐、芬达，在 40 多摄氏度的自然风中，这些真的堪称"救命的稻草"。

午餐过后我们继续航行，下午的风变得更大了些。我们的船挂起了满帆，然后全速前进。帆船最大的好处是没有引擎的噪声，甚至没有一丝震动，会让人感到绝对地安静、舒缓！而这种帆船，远在三四千年前，就在同样的地方载着古埃及人航行了。所以住在船上，可以说是最接近古埃及人原始旅行方式的体验！

真正的躺着旅行！

尼罗河上的
梦

235

午后炙热的风吹得人昏昏欲睡，船上持续播放的努比亚音乐的鼓点声，催促着船内的光影不停流转。两岸此时已看不见房屋，满眼皆是绿洲植物的颜色，在艳阳下晃得人睁不开眼。当船很靠近岸边时，水草还会时不时地伸进窗户里，拂过我们的身体。

一直到下午四五点，温度渐渐降下来，我们终于可以爬上船顶，看看被夕阳染了色的尼罗河。柔和的橘色调，让万物都微微发光。再晚一些，我们的船逐渐靠近了今晚要停泊的地方。阳光已经完全消失，深蓝色的天空下，只剩下地平线处的一抹红光，勾勒出收帆的身影。船长从储物间拿出了枕头和毯子，我们就这么躺在大通铺上过了一夜。

第二天天还没亮，我就被一阵阵波浪晃醒。原来从凌晨起，那些度假巨轮就开始发船前往卢克索了。巨轮掀起的涟漪会从河对岸一路传递给我们的小船。随后，"拉神"结束了冥界的巡游，从"努特天空女神"的口中缓缓出现，射出万丈金光照耀着河面。

暖暖的晨光透过纱网，把 Sue 的发梢染成了红色。此刻的她还没睡醒，身体随着呼吸轻轻起伏。我看着日出下的她，心想着，这将是我这辈子都难以忘记的一个美好清晨。

Tips 尼罗河帆船

船名：
Glory of Nubia

电话 /Whatsapp：
+20 122 147 2627

邮箱：
info@gloryofnubia.com

起点 / 终点：
阿斯旺

备注：
通过电话联络，用英语沟通具体行程与价格，谈妥后工作人员会在阿斯旺车站接客人至码头

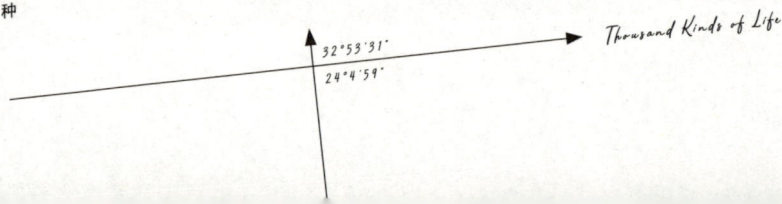

32°53'31"
24°4'59"

撒哈拉的鲸
Whales in Sahara Desert

超近距离

4000万年前！

　　在卢克索的生活波澜不惊，日子在逛神庙和博物馆、集市砍价以及每天坐马车出门买吃的中悄悄溜走，转眼就到了旅居生活的尾声。但在离开埃及之前，我还有一个未了的心愿，就是来一场更深入的沙漠之旅，为旅居添上来自撒哈拉的烙印。机缘巧合之下，我们认识了 Summer，一位已经在埃及生活了将近 10 年的湖南姑娘，并在她的帮助下实现了这个心愿！

　　在她的安排下，我们完成了一场网上几乎没有人体验过的特殊露营——躺在 4000 万年前的"远古鲸"身边、睡在撒哈拉的沙漠星河下。

从开罗市区出发开车 2 个多小时，就会进入附近的法尤姆（Fayoum）地区。这里已是撒哈拉东侧边缘，有各种奇形怪状且被风化的巨岩、候鸟栖息的沙漠盐湖、成片的椰枣林，还有沙漠中的绿洲与城镇。除了一路沙漠风十足的自然风光之外，这里主要吸引我们的，是一个在古生物和地质界如雷贯耳的地方：Wadi El Hitan——鲸之谷。

在经历了沿途几种不同的沙漠特色风貌后，我们终于在下午三点多抵达了鲸之谷的徒步线路的起点。在这片荒谷中，有几个沙漠风格的泥土小屋，分别是联合国建立的"古生物博物馆"、一个厕所，还有一个旅客休息区。徒步走了几个小时后，我和 Sue 已经被沙漠的风沙吹得灰头土脸，43 摄氏度的热浪也逼得我们先暂时躲在旅客休息的凉棚中。

沙漠也曾是海洋……

在等太阳下山的期间，我顺便做了点功课。原来在 4000 万年前，撒哈拉地区还是一片温暖的热带海洋，栖息着众多的海洋生物。在这里被挖掘的地质岩层中，可以清晰看见一层层各种海底的动植物痕迹。这里当时生活着地球上最大的海洋霸主，也是现代鲸类最早的祖先：龙王鲸。这片鲸之谷，就是世界上仅有的几处出土了大量龙王鲸化石的地方之一，这一发现震动了全世界的古生物学者。

等到五点半，终于勉强能动身了，我们需要徒步沿着小路，步行进入峡谷深处去寻找化石。为了让来客感受到原汁原味的自然场景，许多整具的化石都按出土时的原样留在了原地，并标了号。你能坚持走得越深，能看到的就越多。沿路除了用小陶罐指引方向外，几乎没有什么人为设施的痕迹。

Thousand Kinds of Life

30°8'21"
29°15'32"

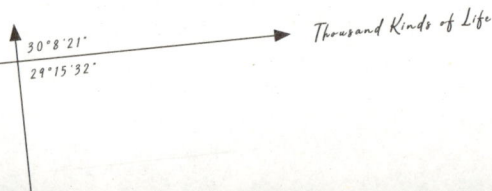

当我们行走在这片荒漠中，整片峡谷只有我们两个参观者时，我感觉我们好像是电影里的两位古生物学家，逐个考察着这些几千万年前的生命，想象着这里当年生机勃勃的样子。

4000万年过去了，沧海终成了地球上最荒芜的地方。沙漠，成了海洋的另一种极端形态。

远处的落日，把我们两人的影子在这片大漠中拉长。几十米长的庞然大物，躺在这里见证了千万年的星河变幻。这时候的我们，对于这片鲸之谷来说不过是匆匆走过的渺小的蜉蝣。我们的生命与烦恼，在这种亘古的场景面前，真的都太微不足道了……

见天地 见自己

夜幕降临，司机大哥已经在一片避风的悬崖下搭起了营地。没想到在这么艰难的条件下，他还能"变"出烤鸡、蔬菜汤、炒饭、沙拉这些丰盛的料理。烤肉的香气在沙漠里四溢，我们察觉到黑暗中出现了一些蠢蠢欲动的影子。两只沙漠耳廓狐鬼鬼祟祟地来到了我们的营地边，试图蹭上两口，却又不敢靠得太近。司机大哥时不时扔出一点儿边角料，它们突然出现在灯光下叼上食物，又倏然跑远。

撒哈拉的
鲸

239

　　我悄悄瞥了一眼旁边的 Sue，经历了当天早上 4 点多起床搭飞机到开罗，以及炎热天气下的一整天的拍摄，这时候的她已经到达体力和情绪的极限了。而此刻我才发觉，自己还是有太多没为女生考虑周全的事情，比如一会儿要如何卸妆，穿着牛仔裤睡觉也没有能替换的衣服，晚上还要浑身是汗地睡在帐篷里……最糟糕的是，第二天我们回到开罗，就会直接赶去机场，再赶几十个小时的长途飞机回国。这一刻我突然怀疑，非要在离开埃及之前安排一个这样的行程，到底是不是个明智的决定。

　　当晚躺在帐篷里，我们艰难地录完在埃及的最后一集视频的结尾。帐篷里的氛围让人窒息……旅居以来种种的压力，让 Sue 一直压抑着的情绪全部爆发了出来。她说她不是不能陪我辛苦，只是希望我能在充分考虑各方面的问题后再做决定。我无可辩驳，只能默默反思，也无法解决现在已经面临的处境。

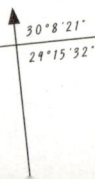

　　营地里黄色的小灯，映照着我们身旁的岩壁。满天的星星，我们却无心欣赏。两个人背对着躺在帐篷里，各怀复杂的心事。到了后半夜，月亮从悬崖那头升了起来。向外望去，整片沙漠都被月光照得通亮。沙漠耳廓狐整夜都没消停过，不是在我们周围窜来窜去，就是在远处不断发出响彻沙漠的嚎叫声，凄厉而决绝。

30°8'21"
29°15'32"

Thousand Kinds of Life

如果每站都是一个梦境，

那埃及一定是其中最奇妙的……

By Roy.

在埃及的最后一夜，给我一种刻骨铭心的感觉。在这远离人烟的奇境中，我们的旅居生活经历着未曾想到的艰难考验。不过一切都会好起来的，我安慰着 Sue，因为从下一站起，就要迎来地中海的夏天，在浪漫的西班牙吃喝玩乐啦！！！

开启
欧洲生活

Start Europe Life

回北京卸了土耳其与埃及两站买的"货"，把衣服全部洗掉，又好好吃了几顿饭后，Sue 终于等来了梦寐以求的正式的欧洲站——西班牙。

虽然神往已久，但我们也都是第一次去西班牙。对我们来说，它同样是既熟悉又陌生的。大概每个人都能说出些关于西班牙的传统标签：斗牛、歌舞、佳肴美酒、大航海时期的殖民历史……知道这里是欧洲最热门的旅行目的地之一，在网上也看到过各种好看的教堂古迹、网红城堡等，不过一旦谈到更具体的文化和生活，那就什么也说不出来了。

Thousand Kinds of Life

千百种生活
西班牙篇

PLAY

扫码看
本站
旅居视频

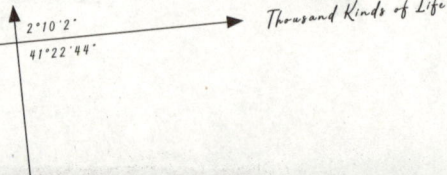

所以对于要去哪个城市，我们也很纠结。有人推荐塞维利亚的传统风情、小巧闲适，有人喜欢巴塞罗那的包罗万象、繁华富庶。想来想去，由于是西班牙初体验，我们还是从更出名的大城市走起吧。

7月档期预定：巴塞罗那！就这么决定了！
和西班牙语中的"谢谢"很像！

我们在巴塞罗那选择住在一个相对方便、有生活气息，却又没有太多游客的地方——恩典区（Gràcia）。这里直到100多年前还是巴塞罗那郊外的一片小村庄，后来城市不断扩张，才和老城区连在了一起。走在这片街区，能感受到街上的风格都与海滨和老城一带完全不同，这里充满了加泰罗尼亚与波希米亚融合的感觉。

想住在一个独立的空间，同时预算又不能太高，我们最后找到了一个小区一楼的小开间。这里其实是主人家的车库兼仓库。他们虽然就住在二楼，但平时互通的门会锁死，我们拥有独立的出入口。虽说是车库兼仓库改的，但里面床铺、沙发、餐桌、厨房、厕所应有尽有，而且布置得温馨、简洁又有格调。厨房里冰箱、微波炉都是崭新的，打开碗柜，里面有干净整齐的全套碗盘。

欧洲旅行团
主要开销!
↓

Tips 巴塞罗那住宿

————————————

巴塞罗那旺季住宿的价格很高，我们住的地方在格拉西亚区，这种水平的民宿平均 800 元人民币一天，同等水平的周边的酒店 1500 ～ 2000 元人民币一晚。海边游客区的价格会更高。

住在这个暂时属于我们的小屋中，上一站埃及的生活与此刻产生了强烈的反差。这里的那种干净、安全、舒适的气氛，让我们从在埃及神经紧绷的冒险模式中真正放松了下来。

第二天早上，睡得很好的我们起床梳洗打扮后，终于可以好好探索周边的环境了。走出家门，我们超级惊喜地发现，马路正对面就是一家大型连锁超市。这一个月的吃喝用度都不用愁了！毕竟住在欧洲与之前最大的不同就是：生活成本一下子提高了！我们再也不能每天吃餐厅、叫外卖了，对面这家超市，真的为我们每天在家煮饭提供了很大的便利。

继续沿着马路溜达，大概五分多钟就能走到地铁站。沿路有各种小的水果摊、餐厅、面包店之类的。其实欧洲的物价很有趣，超市里的很多东西甚至比国内还便宜。比如，牛奶 1 欧元一大桶，奶香浓郁；车厘子也就二三十块一盒，又甜又好吃。但一旦需要有人为你服务，比如餐厅、出租车，那就会贵很多了。哪怕是路边的小馆子，一顿饭吃下来人均两三百也很正常。

开启

欧洲生活

走个十多分钟，就进入了恩典区最有特色的老街区。这里的小巷横竖交错，每一条都散发着夏日的慵懒气息。两侧的居民楼一般有四五层高，人们会把墙壁漆成缤纷的彩色，这些墙壁经过多年的日晒，却又呈现出一种褪色的、旧旧的质感。家家户户的阳台上都摆放着盆栽，坐在阳台上晒太阳可是巴塞罗那居民的重要日常活动。

著名的西班牙火腿！

而我们最喜欢的西班牙城市设计的一点，就是每隔几条街，就会出现一个小广场，这里是邻里休闲消遣的地方。广场上有孩子玩耍的沙地，树荫下的长椅，有弹着西班牙小调的流浪艺人，还有数不清的"Tapas"小酒馆。Tapas不算正式的餐厅，更像是喝个小酒、吃点小吃、消遣聊天的地方，其作用大概等同于土耳其的咖啡馆。巴塞罗那人到了夏天睡得特别晚，一般睡到第二早上10点多自然醒，然后起床吃个早餐，下午两三点再吃午餐，而晚餐基本上要到晚上10点左右才吃。于是一般在下午4到6点，他们会加上一顿"下午茶"，而这就是Tapas的作用了。

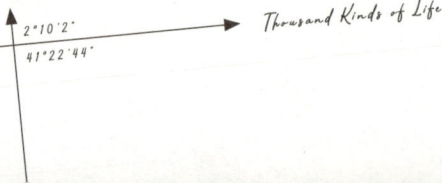

在这一片居民区，聚集着很多新锐艺术家、独立设计师，还有老加泰罗尼亚居民。几家爵士酒吧每晚10点的弹奏，标志着夜晚刚刚开始。我则最爱巷子里的那些有趣的小书店。有一家店的书没有标价，选好了书离开时自愿往罐子里留点钱即可；有一家店专卖古董书和古董地球仪，在那里我买到了100多年前的巴塞罗那老地图，西班牙民谣黑胶老唱片，以及一本1925年出版的《米其林指南》！ ⇒ 又一本再也不会翻开的书！

我认为，这种小店是最能体现欧洲特色的地方，它们怀旧、优雅、遗世独立。几百年来从未有过断层的文化生活缩影，全部都被这些有情怀的老板细细分类珍藏，等着有缘人来发现。

开启

欧洲生活

七月的西班牙同样骄阳似火，逛完街，我们躲进一家小小的冰激凌店，买了一份百香果冰，吹着空调、坐在吧台边看玻璃窗外经过的人：跑步的小哥、推着婴儿车出来散步的姐妹淘、买了蔬果要回家做饭的妈妈……这里的时针，好像比许多地方都走得慢一些，住在这儿的人也确实没什么时间概念。如果你去问，他们只会笑着告诉你："何须着急呢？不要因为匆忙的脚步而错过了最美好的阳光啊。"

认真学习唐老鸭的故事！

只能看懂图……

老市场的
约会

Date in Old Market

经历了让人掉层皮的埃及斋月之旅后，Sue 重新夺回了制定行程的掌控权。于是在巴塞罗那这一个月，我完全放手，全权交给 Sue 安排日程。后来我才明白，Sue 安排的日程，其实就是没有日程……每天临时决定去哪儿吃吃喝喝，背着包就出发了，可以说与巴塞罗那人的懒散步调惊人地一致！

慵懒了几天后，我们难得有了一次有目的的出行。

在游人如织的兰布拉大道（也叫流浪者大道）上，坐落着巴塞罗那最古老、最地道的食品市场——波盖利亚市场（La Boqueria）。如同其他城市的知名传统集市一样，因为它的名气、位置、丰富性，波盖利亚市场成了游客们必访的地点之一。虽然本地人嫌这里贵、挤、吵闹，但对于游客来说，市场里应有尽有，英语通用，食材新鲜，还有许多历史悠久的老字号摊位，所以这里依然是体会巴塞罗那烟火气的首选地。

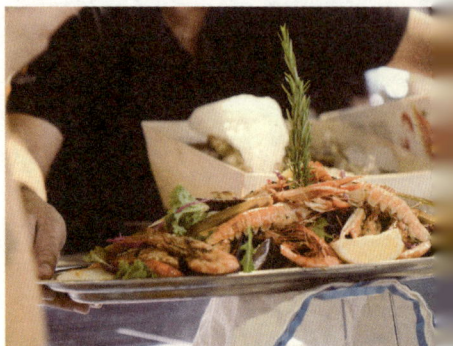

波盖利亚市场最有辨识度的，就是市场入口上方具有现代主义风格的彩色玻璃拱顶，它为这个 200 多年的老家伙增添了一丝俏皮年轻的气息。

这个市场的规模应该算是中等，粗略估计有 150 ~ 200 个摊位。整个市场的布局极其有规划！按照横平竖直排列的摊位被划分为火腿、蔬菜、水果、海鲜、小吃、酒吧等不同的区域。一列列逛下来，既不会迷失方向，也不会错过任何一家店。

与普通农贸市场相比，波盖利亚市场简直可以说是一位精致"贵妇"了。在这里，不论是卖水果的还是卖火腿的，全部都把自己的商品码得整整齐齐的。

价格也比较"贵妇"！

水果一杯杯搭配好颜色，插上彩色的小签子，远远看去仿佛一道色彩缤纷的彩虹墙。顺手买上一杯切成块的冰镇无籽西瓜，嘴里凉丝丝、心里甜蜜蜜。火腿店的大火腿被布包着，整只悬挂在摊位上方，深色的布料和烫金贴纸尽显高贵奢华；下面的柜台里，数十种切好的不同颜色和不同等级的火腿可任意挑选。还有很多店主直接把火腿切成薄片用报纸卷起来，里面再塞上好几种芝士条，方便路过的人现买现吃。无数火腿手卷陈列在一起，形成了肉色的玫瑰花海。鸡蛋店铺上稻草与木板，装饰成了农家田园的样子，老板从稻草间为你拿起精品鸡蛋，仿佛母鸡刚刚才产下它。海鲜区的各个海鲜看起来都硕大肥美，在碎冰上一堆堆工整地摆好，没有印象中鱼货摊汁水遍地的画面。

卖辣椒也可以这么潮！

生蚝摊上按大小摆出了当日新鲜捕捞的蚝，在这里现买现开，5 欧元一只的巨大的蚝配上柠檬，站在摊位旁吸溜一口吞下去，会有一瞬间感觉自己站在礁石上，鼻腔中尽是柠檬清新与海洋咸冷的混合味道。

来逛这个市场，哪怕不买东西，光是看看每一家摊位的商品摆放和创意，都是一种享受。卖东西的老板们深知在如此激烈的竞争中，谁的摊位更花枝招展，谁就有可能吸引更多的客人。相比于那种纯粹服务社区的菜市场，这里的许多摊位就是为了让客人边逛边吃而设计的。在这里来一杯果汁，那里尝一点火腿，在墨西哥菜的摊位来个好看又好吃的卷饼，再到小酒吧配着啤酒吃一盘粗粒盐烤小青椒。

我和 Sue 吃吃逛逛一个多小时，感觉稍微有点累了，于是决定找个地方坐下休息。在整个市场里，我最喜欢的地方就是穿插在摊位间的小酒吧了。它们一般都有一股浓浓的复古气息：在黑板上用粉笔花体字介绍今日推荐，每家酒吧只围着吧台设置了十几个高脚凳，坐满了就只能排队等。我拉着 Sue 找到了一家之前查好的老店 Pinotxo Bar，这家店的

老市场的
约会

老板 Juanito 是波盖利亚市场里的灵魂人物，已经做了 40 年生意了，至今仍每天穿着衬衫与背心一站就是一整天，服务着全世界慕名而来的客人。

刚一落座，一个戴眼镜的小哥就热情地为我们点单。这里的菜单根据每日食材不同会有变化，但海鲜料理是这间酒吧不变的招牌。在小哥的建议下，我们点了黄油烤虾、香煎蛏子、爆炒鹰嘴豆，还有生鱼沙拉加一杯啤酒。酒吧的食物一般都是小小份，只是尝个味道，不会太占肚子。

上菜后我发现，看似简单的菜式，却因为食材超级鲜美，几乎不用过多处理就焕发了惊人的美味！每一道菜我们都舍不得大口吃，细细体会着每一口食物在口腔里带来的快感，吃完后更是回味无穷、意犹未尽……想也知道，这市场的物价肯定比平均物价高，像这样一顿 4 道小菜加 1 杯啤酒，结账时花了不到 25 欧元，其实也没有贵得很离谱。

吃饱喝足后，我和 Sue 牵着手在流浪者大道上散步。周末街道上的人比平时要多，我们看看手工小集市，在琳琅满目的纪念品店晃一晃。巴塞罗那的艳阳天，总是惬意得让人舍不得回家呀……

过个
哥特周末

Have A Gothic Weekend

巴塞罗那是一座历史相当悠久的城市，最古老的城墙遗迹，可以追溯到将近 2000 年前的罗马帝国时代。在那之后，又经历了几个世纪的风风雨雨，才慢慢形成了今天老城区的样子。巴塞罗那最古老、最有特色的街道建筑，当然非"哥特区"莫属。

这里所谓的哥特，指的是一种建筑风格。中世纪起欧洲教廷的权力和财富不断膨胀，开始把教堂修得越来越巨大，把塔楼修得越来越高耸，好让进入其中的人感觉到自己的渺小，从而产生极强的敬畏之心。当年的加泰罗尼亚地区也是在富庶之时，从德国、法国引进工匠技术，修建了大量的这类风格的教堂建筑。

在"游客区"找到许多小众体验！

这个集中修建了许多哥特教堂的地区，也完整保留了同一时代的整体风格。这里的巷子都是高高窄窄的，如蛛丝一般交错，每一块石砖、石板，都经历了几百年的洗涤。走在其中，有时候会不知不觉地迷失了方向，也会突然发现某个经过了好多次都不曾注意到的小店。

如果只是看看街道和建筑，那也不足以成为我们爱它的理由。纵使游客成群，也依然能发现巴塞罗那"慢生活"的蛛丝马迹，这才是哥特区的精华。尤其是在周日来这里。 去了好几次！

上午九点，小教堂里正在做礼拜，住在附近的孩子们在教堂外踢着足球。小广场附近的巷子上方，人们从二楼拉出晾衣绳，让各色衣物仿佛飘扬的彩旗。

这时候，那些旅行纪念品店都还没开门，旅行团的人潮也还没抵达。巴塞罗那大教堂身后的小路转角处，一位戴着礼帽的流浪艺人正站着弹拨竖琴，我和Sue都听入了迷……

上午十一点，大教堂前聚集了很多人。一个小小的交响乐队在教堂前的大台阶上各就各位，很多位银发的爷爷奶奶、大叔阿姨突然从人群中站了出来。他们手拉手围成了几个大大小小的圈，跟着音乐跳起了舞。这是他们每个星期天的惯例活动。这种叫作"Sardana"的集体舞，是加泰罗尼亚本地一直保持的民间传统。

从二三十人的大圈开始跳，再慢慢分解为几个小圈，每个圈子都随着人们的动作缓缓旋转。这舞步看似简单，但当我在旁边试图模仿的时候才发现，他们脚下的小碎步宛如凌波微步，又碎又急，瞬息万变！不过，凭借我脚踩人字拖、充满热情的舞动，还是得到了围观群众的热烈掌声！

过个

哥特周末

中午十二点，松树圣母教堂旁的广场上正举办着一场露天小画展。广场一边是临街的咖啡厅桌椅，另一边则是教堂高高的石墙。二三十个民间艺术家，在教堂的阴影下陈列着自己的画作随缘出售。

画的类型包括版画、油画、水彩画、粉彩画等，每个人都有自己独一无二的风格和创意：有的展现着超写实的巴塞罗那的唯美城市印象；有的则展现着超现实的梦境，只用一些鲜艳的几何色块来表达情绪。这些作者的共同点是：都是上了年纪的大叔和阿姨们，有的甚至可以称作爷爷奶奶。在欧洲，艺术就好像空气和水一样自然，不只是博物馆、殿堂里高高在上的存在，也属于每条街、每家店和每个普通人。我跟一位阿姨买下了她的版画，两幅小的是加泰罗尼亚民间恶龙与魔鬼的传说，一幅大的则是从她家阳台望出去的风景，也算是一个住在当地的小纪念品。

下午两点，喷泉旁的大广场上会举行每周一次的钱币邮票展。来逛的基本上都是老头儿，但我们无所畏惧！Sue 淘到了许多跟西班牙历史事件有关的旧别针，我跟一个大叔买了几张毕加索作品主题的纪念邮票。

2°10'2"
41°22'44"

Thousand Kinds of Life

下午 3 点，我们去了一家老咖啡馆避暑。这里的墙壁还保留着中世纪的石头，店里没有别的客人，老板随心播放着自己喜欢的音乐。来这里，我们可不是为了喝咖啡，而是为了吃油条！在巴塞罗那，炸小油条搭配热巧克力这种"高能组合"，是最具传统风格的下午茶。老板把小油条端上来时，好像觉得我们太瘦似的，还给了一碟白糖来蘸……

下午 5 点半，我们选了一家 Tapas 馆子准备吃晚饭。我们正常的三餐时间，在巴塞罗那却总是变成错峰吃饭，餐厅里几乎没有其他客人。我们点了一份柠檬蜂蜜脆茄子、一份蒜油辣椒虾、一份酥脆烤鸡翅，还有一杯冰柠檬茶……几乎每一样都好吃到让 Sue 回国之后还念念不忘。Tapas 馆子最好的一点是，每种菜的分量都挺小的，哪怕只有两个人吃饭，也可以尝好几种菜。茄子咸中带甜，炸得油而不腻；大虾蒜味十足，火候适中；鸡翅外皮之酥脆，更是通过叉子尖都能感觉到。后来，只要我们一来哥特区就会跑来这家店，它位列我们在巴塞罗那的餐厅喜爱榜的第三名！

过个

哥特周末

油条＋白糖＋巧克力
"高能炸弹"！

Tips 老城餐厅推荐

Taller de Tapas
地址：Plaza Sant Josep Oriol 9，Barcelona

推荐菜：蒜油醉虾球（Gambas al ajillo）、西班牙辣味
土豆（Las patatas bravas）、蜂蜜脆茄子（Berenjena
crujiente de miel）

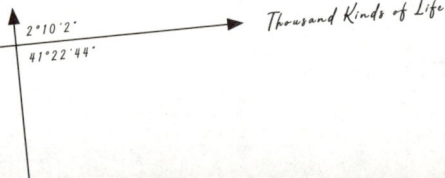

走出餐厅时，天还是亮的，游客不减反增，哥特区正要迎来最喧闹的周末夜晚。各家餐厅纷纷开张，把手写的今日特惠菜单摆到门外。又深又高的巷子里，阳光已经变成最后一丝橘色的窄线，阴影中尽是一家家小店透出来的暖色灯光。

也许有人会觉得哥特区太俗、太商业化，但我反而觉得，这座老城之所以还能保留住它的魅力与活力，与这若干年后的人来人往是分不开的。我们牵着手随意漫步在街上，融入满大街的游客之中。我的脑子里突然闪过了一秒躺在撒哈拉沙漠中的画面，心想，仅一个地中海之隔，是多么截然不同的两个世界啊！

两个世界　你爱哪边？

过个

哥特周末

大厨阳台上的
海鲜饭

Paella At Chef's Balcony

在西班牙，我们每天的主题就是吃吃吃。那些在埃及挨的饿，这个月全部都补了回来！不论走在巴塞罗那的何处，打开手机地图，周边随便就是大量的餐厅和酒吧。西班牙烩饭 "Paella" 配桑格利亚酒 "Sangria" 作为西班牙菜系中最有分量的黄金搭档，自然时常出现在我们的餐桌上。很神奇的一点是，不管多大一盘海鲜饭，一吃就会停不下来……在一杯又一杯的美酒中，我们都能 "消灭" 掉！从来不喝酒的 Sue，也爱上了桑格利亚这种红酒和橙汁的混合饮料。

可能是酒喝多了，并不擅长下厨的我们，竟然产生了学做海鲜饭、以后回家还可以吃的天真幻想……上网一查发现，在旅游体验应有尽有的巴塞罗那，有大量学做海鲜饭的体验课程，有的还直接从带你到菜市场买菜开始。仔细比较后，我们选了一位看起来"铁汉柔情"的大厨 Oscar，并约定了到他家上课的时间。

初次见面时，他梳着整齐的油头，身着熨得笔挺的厨师制服。壮实的身材配上手臂和脖子的刺青，一副电视剧里严格教练的形象。

Oscar 住在巴塞罗那老城中心，大教堂旁边的顶层公寓里。从他楼上的露台，可以看见哥特式建筑的尖顶耸立在瓦片层叠的屋顶间。我们抵达时，他已经备齐了材料。我们从调酒的配比开始，一直学到做海鲜饭所需要的配料与火候，并在他的帮助下亲自上手。整个过程基本可以用"我的眼睛告诉我懂了，但我的手和脑子根本没懂"来形容。

用了大约 40 分钟，搞定了大锅海鲜饭和桑格利亚酒，我们便转场到了屋顶露台上，看着老城的风景，边吃边聊。

幕后操盘手 ↙　　没有感情的做饭机器 ↙

桑格利亚酒看着像饮料，但其实红酒和果汁的比例高达 1:1 。两大扎酒下肚后，在下午 4 点温煦的阳光下开始发挥功效，让人慵懒无比。Oscar 也放松了许多，跟我们说起他的人生故事。

有个浪漫追爱故事 ⇒

原来他是秘鲁人，从小在利马长大。拥有一身好厨艺的他早年获得了在秘鲁驻瑞典大使馆做厨师的机会，也因此带着全家搬去了瑞典生活。后来，因为工作、爱情与家庭，他先后辗转于西班牙、古巴、美国和墨西哥，一步步学会了更多地中海地区的料理和流利的英文。再后来，他最终决定在巴塞罗那住下来，并且一住就是 10 年。现在的他放弃了餐厅的工作，选择了更自由的生活方式。除了教不同国家的客人做海鲜饭，他还租下了巴塞罗那十处不同的公寓并将其改为民宿，专心经营起自己的品牌来。不过待不了多久，他又将接受一个朋友的邀请，去美国做主厨，开始环美旅行……总之，他的人生和我们一样折腾不止，被我们称为"旅行大厨"！

大厨阳台上的
海鲜饭

261

本来只是抱着体验西班牙料理的初衷，却被他拉丁美洲式的热情一下子感染了。我们总在路上遇到各种各样的人，他们用自己的生活为我们诠释自由和梦想的意义。事实上，这些故事，也正是最初促使我们开始思考生活、走上旅居之路的原因之一。

人是不是在某个阶段，一定要选择某种生活？梦想是不是到了某个岁数就过了保质期？当然不是，尽管自由生活的背后苦乐自知，但至少我们要知道自己拥有选择这样生活的权利。毕竟，只有真正经历过，才有资格说自己从未后悔，不是吗？

毕竟后悔也好过你对结果一无所知……

至于那天下午我们还聊了什么，我的记忆有点模糊了……可能真的喝得有点多，只是最后告别时那个用力的拥抱，让我确信他在无比真挚地对待每一次相遇。

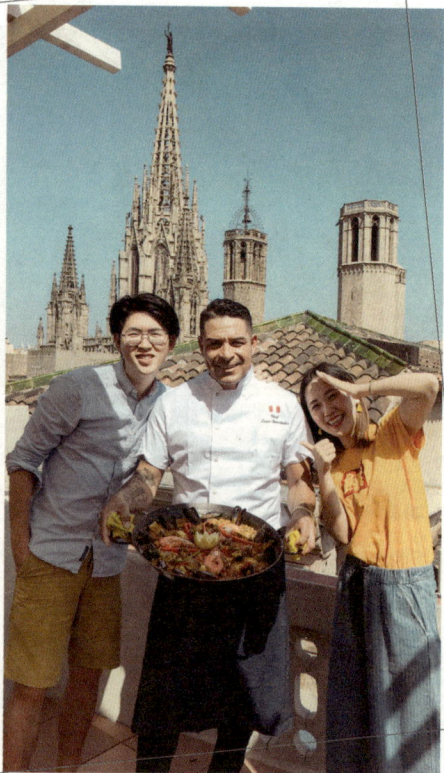

弗拉门戈 之夜

Flamenco Night

　　来西班牙前，我唯一的心愿就是近距离感受一场弗拉门戈的歌舞表演。作为起源于西班牙南部的综合性艺术，弗拉门戈可以说是西班牙文化中热情、随性、自由、奔放的最佳体现。

　　光是看不过瘾，我们这种体验派还想亲自上场！要是能跟舞者亲密交流，学上几个动作，再打扮成舞女留个纪念，那西班牙之行就也算圆满了。巴塞罗那从不让我们失望！上网一搜，我发现了一间小小的弗拉门戈舞蹈服设计工作室，这里的老板可以帮忙预约舞者在店里进行私人表演。我们立刻预约了时间，并在某个傍晚前往哥特区附近的一条小路。

工作室的门面是全透明玻璃的，灯光透过玻璃照射出来，在巷子里十分显眼。走进玻璃门，先是一个两层高的舞蹈空间，一面墙全部都是落地镜子，另一面则是工业风的砖墙。经过一个小小的换衣区，最里面是非常大的工作间，挂着许多半成品的舞蹈裙以及一大张操作台。

等在这里接待我们的，是老板的好友，也是今天要为我们表演的舞者 Danny 小哥。Danny 有着蓬松的卷发、棱角分明的笑脸、一双深邃多情的眼睛，仿佛迪士尼王子突然来到了现实世界。他穿着弗拉门戈的紧身舞蹈衬衫与裤子，衬衫上方的几个扣子没扣，深 V 的衣领一直开到胸口，让我突然产生了一会儿是不是也得这么穿的担忧……　⟹ 毕竟衣服里面啥也没有！

Danny 的英语虽然不好，但亲切的笑容和热情的介绍让我们很快缓解了紧张感。他拿了几张椅子放到舞蹈排练区边上，让我们先欣赏表演。我没想到今天的舞者就他一个，还专门问他："弗拉门戈不是双人舞吗？"Danny 大笑着说："一个人也可以跳！女生的动作我也会，别担心。"

表演共分 5 段，分别用于展示狂欢、失恋、热恋、休闲等不同情景中会用到的音乐和舞步，其中还浓缩了踢踏舞和响板等不同技巧的运用。当大灯一灭，整个空间里只剩下几盏聚光灯时，气氛一下子就变得不一样了。虽然 Danny 只有一个人，但当他开始跟着音乐翩翩起舞时，便牢牢地抓住了我们的目光。

他的每一段舞蹈都展示了一个不同的人格，通过极其优美又有力的动作，或者双脚踩出的强烈节奏，牵动着我们的情绪。私人演出与舞台表演之间最大的区别，是超强的互动感。Danny 在舞

打开视频欣赏王子跳舞！

蹈中会不断用眼神与我们交流，当他靠近时，你能感觉到他挥动手臂时带来的气流、脚踩地板时传递的震动，这些形成了一种五感完全沉浸式体验。而在这间小小的工作室看表演最妙的一点，就是Danny背后的玻璃门与橱窗。一墙之隔，能看到外面小巷里走过的路人，老街道的石砖，还有暗下来的天色、这种室内室外、台上台下产生的对比，让我们同时置身于两个交融的时空里，好像身处《歌舞青春》一般的剧情中。

打开视频欣赏手忙脚乱

表演结束后，就轮到我们上场了。因为时间有限，Danny专门为没有舞蹈基础的我们准备了一套6个八拍的简单动作，在其中融合了伦巴和萨尔萨舞的舞步，并将其分解为几个小动作来教我们。其实最终学成什么样并不重要，关键在于记住那种音乐响起时，我们能够大胆扭动的感觉。

工作室的设计师终于在我们刚好学完舞步时匆匆赶到。简单交流后，她选出了一套经典的波点礼裙让Sue试穿。弗拉门戈的大部分女生舞裙都有大波浪的衣袖、多层的鱼尾裙摆以及勾勒身材的收腰剪裁，但Sue试穿的这套是参加活动时穿的礼服，并不适合上台表演，单纯为了展示美丽。

当Sue头戴红花，身披大红披肩，从衣帽间里缓缓走出来时，好像真的从那个整天嘻嘻哈哈的小女生，变成了一位充满女人味的妩媚的西班牙女郎……

弗拉门戈
之夜

265

天才 之城

♡ 爱上高迪！

City Of Genius

住在巴塞罗那的那段时间，我们走在街上最常感慨的，当属这座城市精妙的建筑。

第一是巴塞罗那奇特的城市结构设计。巴塞罗那的"扩展区"出自工程师塞尔达之手，他设计的八边形建筑模块排列工整，从空中俯瞰，形成了网格与对角线密布的震撼构图！第二就是巴塞罗那举世闻名的建筑奇迹。巴黎有埃菲尔铁塔，纽约有自由女神像，如果要为巴塞罗那选一座代言建筑，那么非"神圣家族大教堂（以下简称圣家堂）"莫属。

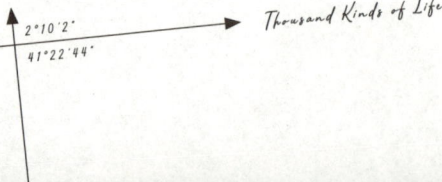

2°10'2"
41°22'44"

Thousand Kinds of Life

少美哭了！

T^T

少梦想都不敢想的家……

关于它的传说总是被人们津津乐道，比如，它是一栋盖了100多年还没完工的"烂尾楼"，它是世界上最大的"违建"，以及它的设计仿佛来自外星球，等等。然而这一切都与巴塞罗那人最引以为傲的天才建筑师——安东尼奥·高迪有关！

很多人把巴塞罗那叫作"高迪的巴塞罗那"，因为在这座城市里有太多他的影子。除了圣家堂，他在巴塞罗那还留下了米拉之家、巴特罗之家、古埃尔公园等大师之作。他强烈的现代主义设计风格深深影响了巴塞罗那后来的设计师们。大家纷纷来到这里大显身手，把这座城市变成了随处都隐藏着惊喜的超大型艺术展览馆，却又没有一个人能再度复制出他天马行空的想法。

我们住在巴塞罗那的这一个月，经过了无数次圣家堂，却迟迟没有走进去，恰恰是因为知道高迪有多重要，所以反而不想过早地消费掉。就像一瓶好酒，要留在最恰当的时刻品尝，给自己一些酝酿、期待、理解与想象的时间。

等到住了快满一个月，从衣食住行各个角度都理解了这座城市后，我们抱着虔诚的心，终于准备去"面见"高迪了。

提前在网上买了优先入场券，我们在开门前就抵达了最感兴趣的"巴特罗之家"。这是高迪为大商人巴特罗建造的私人住宅，也是高迪第一次接了个大活儿，可以预算充足地大展拳脚。高迪设计的建筑，从外观上一眼就能看出不同。巴特罗之家最显著的特征是，炫彩的屋顶如鳞片般起伏，十字状的烟囱像骨头又像剑柄。这个设计，暗含着加泰罗尼亚一个家喻户晓的传说——圣乔治屠龙。那烟囱正像骑士的利剑，刺进了恶龙的身体。

用了优先入场券，又早早地去排队，在一贯人满为患的巴特罗之家，我和Sue竟然享受到了一两分钟"私人包场"的体验！走上钟乳石洞穴般的楼梯，经过蘑菇状的壁炉，我们第一个进入了最著名的二楼会客厅。

天才
之城

客厅的一面墙完全用落地玻璃取代，木质窗框被设计成了波浪状的造型，顶上还用了各种深浅不同的蓝色彩绘玻璃，让进入客厅的光线明亮又柔和。据说高迪小的时候因为身体不好，所以在同龄的孩子们到处玩耍的时候只能静静待在家里，所以反而有机会细细观察大自然。他有一句广为人知的名言——直线属于人类，曲线属于上帝。他认为在上帝创造的大自然中是不存在完全的直线的，而艺术必须来自自然，所以在他的作品中，没有直直的棱角，一切都是优雅又俏皮的弧度。

高迪不会告诉你他设计的东西代表什么含义，但每个人都有自己的理解。悬在空中的吊灯好像奶油蛋糕；阁楼中一道道纯白的弧形梁柱，好像鲸鱼的肋骨……我走在其中跟 Sue 分享着我的感受，讨论着这些设计背后的灵感，Sue 却突然转过来对我说："我觉得你跟高迪……有点像！我觉得你好像特别能理解高迪。大概是因为你们都有一颗童心，都十分浪漫，所以能在寻常的事物中发挥无穷的想象力吧。"

Tips 巴特罗之家提前入场

可在网上购买巴特罗之家的优先入场券，允许提前 30 分钟优先入场。可在客路、携程、马蜂窝等网站上找到预定方式

等待我的
"酥肉之家"！

在巴特罗之家，我和 Sue 最钟爱的部分，就是它贯穿其中的天井。天光从屋顶投射下来，打在贴有蓝色瓷砖的墙壁上，仿佛是阳光投射进了海底。坐着 100 年前的实木老电梯从 6 楼缓缓下降，我们跟随高迪的巧思一起潜入深海中……我和 Sue 一致认为，像这种既有风格又有灵魂，奇妙得仿佛从童话世界走出来的建筑，才是真正的"豪宅"啊！

当年随着巴特罗之家的走红，盖别具一格的房子成了一种潮流，有钱的商人纷纷住到了这一片，并出重金请建筑师为自己设计比隔壁更酷的房子。于是这整条街，接连出现了几栋现代主义建筑，都长得稀奇古怪、独树一帜。所以这条街，也被叫作"不和谐街区"，成了巴塞罗那最出名的一道风景线。

接下来的两天，我们来了一趟飞速追忆高迪人生的艺术之旅。参观他初露锋芒的维森斯之家，马赛克一般的拼贴与几何阿拉伯宫殿风，像 100 年后的今天才流行起来的纪念碑谷；经过米拉之家，随着年龄增长，他的风格已经有所收敛，开始用灰白色调创造出优雅高级的质感，但奇特的曲线波浪造型依然是他的招牌特色；我们坐在古埃尔公园的长椅上，远眺地中海的海岸线，这条完全用瓷砖拼贴出的蛇形长椅，至今仍是吉尼斯世界纪录中最长的椅子。

天才

之城

269

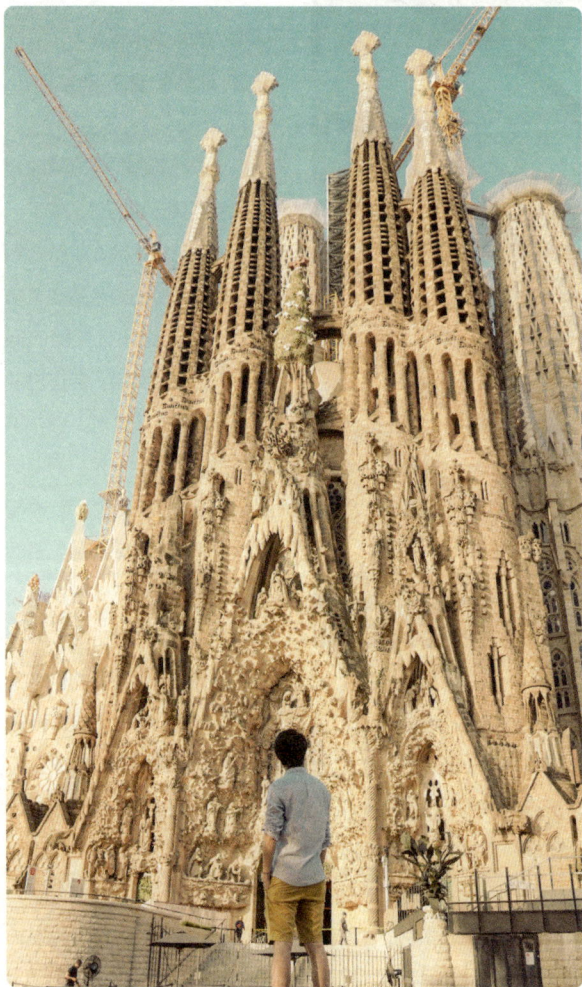

最后，当我们终于站在圣家堂面前时，已经随高迪先生的建筑走过了他的大半生，来到了他的晚年。抬起头，静静看着这栋这个月路过无数次的"外星飞船""巨型蚁穴""摩天烛台""奇幻大楼"……我们心里充满了说不出的震撼和感动。

这是高迪到死也没能完成的旷世之作。上面雕满了成百上千的奇珍异兽、花草树木，数不清的神话与人物。在如此高大的摩天建筑上，每一处小细节都足以单独拿出来放在博物馆里展出。高迪把自己晚年的一切都奉献给了圣家堂。那一天，是巴塞罗那有轨电车的通车典礼，整座城市的人都聚在一起欢庆一个新的时代到来，却没有人注意到一位衣衫褴褛、不修边幅的老人，正沉浸在自己的思绪中过着马路。一代天才，就这么死在了"历史的车轮"下。

太戏剧性的人生了

巴塞罗那这座城市的过去与现在、艺术与灵魂，终于在我们离别前的最后几天，通过与高迪的"相知、相识"融进了我们的心里。

2°10′2″
41°22′44″

Thousand Kinds of Life

我们与老城里的舞者一起纵情于音乐，也和旅居此地的大厨把酒言欢；我们在摩肩接踵的老市场里寻一抹鲜味，也在空无一人的街角遇一段宁静。巴塞罗那的特别，在于它既古老又年轻。明明在街上看到的景致都是几个世纪以前的老古董，但街头巷尾却又藏着超有设计感的小店与雕塑。

而圣家堂，一如过去的一个世纪，是那座守护着巴塞罗那的灯塔。走在这座城市的每个角落，远远地在建筑缝隙间又瞥见它，就好像看见高迪站在它背后微微笑着，告诉你，不要为自己的思想设枷锁，更不要害怕做出改变与尝试，你真正该怕的，应该是一成不变的人生。

被艺术熏陶了
一整个月，
是时候再出发啦！

SPAIN 2小时 → UK

天才
之城

271

城堡下的 野餐

Picnic Beneath The Castle

从决定好欧洲至少要有两个目的地后，我们就一直在讨论除了西班牙之外的另一个国家要怎么选。

　　首先因为在热情的南欧住过，所以我们希望在气候和文化上，它能有些不同。另外，除了城市以外，Sue 一直有个心愿是搬到乡下，感受一下田园农场的纯净生活。所以综合考虑了人文风情、交通位置、整体线路等因素，我们选择了我们俩一直都很想去的地方——苏格兰。

　　苏格兰在整个大英帝国也算是个特别的存在。从传统印象来讲，"英格兰"有我们十分熟悉的"英伦绅士文化"，而"苏格兰"则是另一种风情：男生可以穿裙子、"国菜"是羊血黑布丁、脸上涂着蓝色颜料杀人不眨眼的战士、爱丁堡中世纪的血腥鬼故事……我们原本以为这些都是大家拿来调侃苏格兰人的笑谈，可去了才发现，这还真的就是人家引以为豪的特色文化！

Thousand Kinds of Life

千百种生活

英国篇

PLAY

扫码看
本站
旅居视频

这一个月，我们决定将苏格兰的生活分为上下两段，首先抵达苏格兰的首府及门户——爱丁堡，感受一下最古老的中世纪英国风情；然后再前往真正偏远的乡村，寻找 Sue 梦中的青青草原和小绵羊们。

从巴塞罗那出发大约飞 2 小时，我们直接降落在了爱丁堡机场。八月的苏格兰正是最美好的季节，温度在 25 摄氏度上下，微风和煦、天朗气清。进城路上经过的小镇，清一色都是苏格兰乡村风格的白墙黑屋顶，坐落在森林和草原的背景中，显得干净优雅又有复古气息，跟我们想象中的一模一样！！

同时，这个月也是爱丁堡全年最热闹的季节，因为这里正在举办全世界最出名的艺术盛会——爱丁堡艺术节。我们的车刚驶进城里，就已经能感受到那种满街都是人、处处张贴着宣传海报的浓烈的节日气息了！

爱丁堡的老城是游客的主要居住区，也是爱丁堡几乎所有的旅游景区、名胜古迹的所在地。这座建立在山丘上的老城俯视着不远处的河流和入海口，整座城几乎完美地保留了中世纪的哥特风格！在山丘上最高的悬崖处，就是爱丁堡老城最醒目的标志、历史的见证、魔法的象征——爱丁堡城堡！

你能想象那种心情吗？？在市中心！悬崖上！有一座大型中世纪老城堡！不管是坐车还是走路每天都能路过！这简直就是迪士尼故事里的日常生活！！

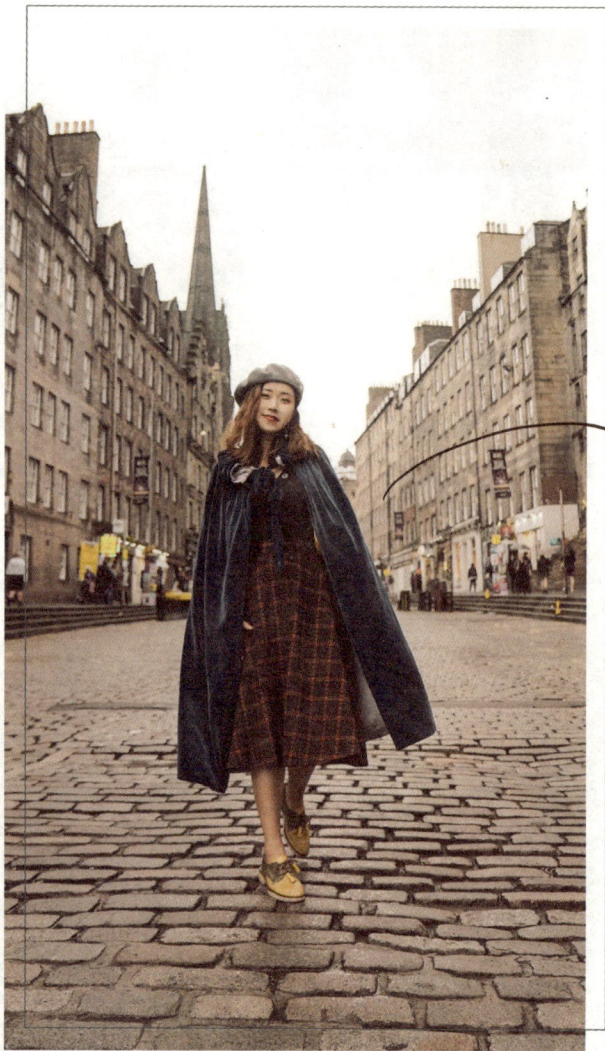

周末集市 9 欧元的老斗篷！

车经过城堡下的草地市场（Grass Market）的时候，我们发现整片广场上全是露天的小棚、小桌……这不就是传说中的周末集市吗！！！！本来一路奔波打算休息的我们，强行临时更改了计划，放下东西就出来逛街了！

第一眼就爱上的城市♡

在爱丁堡，就连走路也是一种享受。且不说沿街全是电影场景一般的老房子、老店铺，就算你只是沿着平地一直走，转眼就会发现自己已经身在一座高高的桥梁上。这就是生活在山地丘陵上的"3D城市"最大的乐趣。我们就像穿梭在一座古代的立体迷宫里一样，不知道现在身在哪里，也不知前路又会把自己带往何方。

最终我们终于回到了坐落在城堡下的草地市场，这里是爱丁堡老城最核心的街区，紧邻著名的维多利亚商店街以及牛门（Cowgate）。草地市场周围都是复古的英式酒吧与独立设计商店，还有一家大型古着店，在那里可以买到各种稀奇古怪的衣服。此外，每周末这里都会摆周末集市。

城堡下的

野餐

275

欧洲的跳蚤市场卖的东西倒是大同小异，有老瓷器、烛台、老画报、旧衣服、古董小包包化妆盒什么的。也许因为很多古董都源自英国，所以这里的跳蚤市场算是相对丰富而且物美价廉的。我一眼就看中了一件苏格兰传统的羊毛西装外套，这在当地叫作"Tweed jacket"，它造型复古，保暖又防水，专为高地的湿冷天气而生。只是全新的外套的价格通常不菲，最低也要两三千元人民币，而且海外则会更贵。在这里，我只花了500元人民币就搞定了，而且尺码刚好！Sue看中的则是一件宝蓝色天鹅绒披风，披上它在这种具有中世纪气质的城市拍照再合适不过！而且竟然只要几十元人民币。

-3°11'17"
55°56'57"

Thousand Kinds of Life

今天阳光明媚，集市里也分外热闹。由于苏格兰一年中大部分时间的气候都阴郁湿冷，所以夏天这短短两三个月的美好天气让当地人倍加珍惜，能坐在室外绝不坐在室内。拎着刚收获的大包小包，我们在集市上买了几份小吃，学着当地年轻人的样子，一路端到了城堡下的草坡席地而坐，也来了一场随性的小野餐。

Tips 爱丁堡散步攻略
我们最爱的几个爱丁堡散步地点

———————————————————————

卡尔顿山（Carlton Hill）：观日落最佳地点

———————————————————————

草坪（The Meadows）：樱花季绝美樱花大道

———————————————————————

干草市场（Grass Market）：无处不在的热闹烟火气

———————————————————————

Advocates' Close：哥特风满满的幽深小巷

———————————————————————

阿姆斯特朗古着（Armstrong Vintage）：苏格兰的怀旧秘密

———————————————————————

扶手椅书店（ArmChair Books）：最有趣的古书藏宝地

在草坡上晒着太阳、喝着本地啤酒，看着市场里来来往往的人群，身边环绕着在英国古装剧里才会看到的几百年的老房子，此刻我好像一下子回到了樱花树下。

爱丁堡式的美好，很幸运我们在第一天就能触碰到。

城堡下的
野餐

277

没错！还是我！

泪洒　艺术节

Weep In Art Festival

八月的爱丁堡，是属于全世界的八月。因为每年此时，整座城市都会摇身一变成为一个巨大的舞台，接纳来自世界各地的艺术家们，进行为期一个月的狂欢！

所谓爱丁堡艺术节，其实不是指一个活动，而是指同时举办的五大节庆活动。

-3°11'17"
55°56'57"

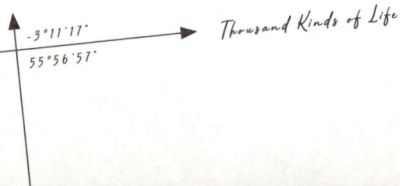

Thousand Kinds of Life

爱丁堡艺术节（International Festival）

邀请各国重量级艺术家、剧团、乐团进行高水准、高规格的专业演出！类比国内国家大剧院级别的演出，但此时可以以相对划算的价格一次性看个够！

爱丁堡艺术展（Art Festival）

以视觉性展览为主，比如画展、摄影展、装置艺术展……我们甚至看了一个编织展，里面是前卫艺术家们创作的插画风格的手工编织毯，每一张都是一个精彩的故事。

爱丁堡军乐节（Edinburgh Military Tatoo）

每天晚上在爱丁堡城堡里都会有盛大的军乐演出。两侧观众席通常会坐上万名观众。除了经典的苏格兰风笛表演之外，还会请来各国表演者演奏各国传统军乐，最后以城堡上空的烟火表演以及苏格兰名曲《友谊地久天长》的万人合唱结束。

爱丁堡国际书展（Edinburgh Intornational Book Festival）

爱丁堡国际书展，顾名思义，展览内容全是关于书的。这里每年都会请来很多国际上有名的作家，办上百场作者见面会、读书沙龙等。当年住在爱丁堡的 J.K. 罗琳就是在爱丁堡国际书展上，第一次为许多小朋友读了《哈利·波特与魔法石》的第一版手稿！

泪洒
艺术节

所谓"边缘艺术节"，就是为那些不太"主流"的小众艺术家们提供的展示舞台。最初是那些没有收到官方艺术节邀请的流浪艺人、独立小剧团等，认为艺术应该平等而自由，不应该被设置界限与门槛，所以自发集资组织了属于自己的公演。就这样，"边缘艺术节"的理念于 1947 年在爱丁堡诞生了。

没有评委，没有审核，没有组织方……只要有一颗想要表演的心和一个能演出的场地，不论是谁都可以售票演出。许多艺术家也是在这样的鼓励下走上了演出的道路。比如，"憨豆先生"Rowan Atkinson 和"小雀斑"Eddie Redmayne，都是从边缘艺术节开始走上舞台的。这类演出的形式丰富又特别，除了音乐、歌舞、演讲，还有易装、哑剧、木偶戏等等所有你想得到或想不到的表演形式！

所有艺术家都需要自发寻找场地，把自己的演出时间和价格登记到爱丁堡官方提供的网络平台上，并利用自己的闲暇时间，发传单、贴海报来宣传。那些预约不到正规剧场的表演者，甚至会租下酒店房间或者小餐厅作为表演场地。完全自发，随心而行！

第一次来看艺术节的人很可能会像我们一样一脸懵。因为每天在这座城市的各个地方，有太多表演在同时进行了！！！基本上走到哪儿都能看见表演宣传，登录官方信息网站，上千场的目录翻到手软……除此之外，最好还要合理安排动线，免得跑冤枉路。所以如果你当真决定要来看演出，可得提前做好功课。

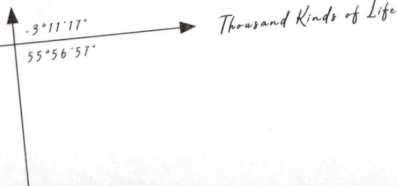

当然啦，还有另外一种思路，那就是看缘分！完全不提前考察，直接现场临时买票，当然这就要看运气了……我们曾经随机买了一个名叫"沉浸式密室逃脱"的演出的票，进去以后特别激动地坐在了第一排，结果表演开始才发现这是个主题为"密室逃脱"的脱口秀！那些高语速并且带着苏格兰口音的段子和语言梗，真的非常难听懂……

来了场"一小时听力训练"……

如果你不确定自己喜欢看什么演出，那还有一个选择。艺术节期间，在皇家英里大道（Royal Mile）临时搭的小舞台上，全天都有一个接一个的免费演出宣传。团队们会简单表演五至十分钟，让有兴趣的人继续购票看他们的完整版表演。当然，也有一些街头艺人压根不租剧场，纯靠街头表演赚钱。这些善于营造气氛、调动观众情绪的表演者，往往能在街上吸引一大群围观群众，也能在每场表演后收到很多打赏。

当你跟人们挤在一起为他们的演出鼓掌叫好，或者坐在小剧场中被表演者逗得哈哈大笑时，那种快乐完全是自发的反应，来自整体所处的环境磁场。

会觉得活着真好！"

我们在爱丁堡生活期间看了十几场表演：听一个年轻的管乐队用交响乐表演喜剧；在老橡木酒吧的地下室里，跟一群老先生、老太太们听苏格兰游吟诗人弹唱古老歌谣；在街头看杂耍艺人表演扔刀子、吞火焰；也在坐了上千人的大剧场里看刺激的摩托特技。

其中，我个人认为的最佳表演是一场夜间的"墓园鬼故事之旅"。爱丁堡本身就是一座哥特气息十分浓郁的城市，外国媒体曾把这里评为"全球十大恐怖城市之一"，许多地方至今仍流传着鬼故事，不过爱丁堡人似乎对这些感到分外自豪。寻鬼体验有很多不同的主题，比如夜闯墓园、探访古代地下牢房、黑死病小巷之旅等。

晚上八点整，我们在皇家英里大道的教堂前与本地向导汇合。向导是个年轻的金发姑娘，一袭黑衣配一把黑伞，全程神情严肃，说话慢条斯理，逐步将我们带入那种阴森森的情景中。我们先回顾了爱丁堡的历史以及古代酷刑，然后步行前往市中心最有

泪洒
艺术节

名的古老墓园——Greyfriars Kirkyard。这可是如假包换的真墓园！天黑之后，墓园里几乎没有光线，向导打着手电筒，低声细语地为我们讲述着不同墓碑背后的故事，还把我们带进漆黑的牢房中，体验背脊发凉的感觉……虽然并不会真的遇到什么事情，但他们的目标就是要让你相信并害怕。强烈建议胆大的人尝试一下！

Tips 爱丁堡的其他节庆

4月：爱丁堡国际科学节（Edinburgh International Science Festival）

6月：爱丁堡国际电影节（Edinburgh International Film Festival）

7月：爱丁堡国际爵士乐与蓝调音乐节（Edinburgh International Jazz & Blues Festival）

10月：爱丁堡国际说故事节（Scottish International Storytelling Festival）

12月底：爱丁堡新年狂欢（Edinburgh's Hogmanay）

　　而Sue的最爱竟然是一场观众几乎都是小朋友的泡泡秀！如果不是来到爱丁堡，我也没想到吹泡泡也能成为一门艺术，并且进行了多年全球巡演！表演者把自己描述成一个探险家，曾前往"泡泡王国"学艺，然后从最简单的大泡泡、小泡泡开始边讲故事边表演，之后渐渐变出方形的泡泡、反重力的泡泡、能用手抛着玩也不会碎的泡泡、能点燃的泡泡等。表演者还邀请小朋友们上台，制造超大的泡泡把人整个罩进

Thousand Kinds of Life

去。当时要不是小朋友们的竞争过于激烈，Sue 都想上去体验了！

一个多小时的表演结束后，我们在剧场外对着镜头发表感想，Sue 却突然红着眼睛哭了出来，我被吓了一大跳，还以为自己做错了什么……没想到她却是被刚刚的表演感动的。"很梦幻，很欢乐……让人觉得世界充满了无限可能。" Sue 哽咽着，试图表达自己的心情。

这就是艺术的魅力吧！我们一边用五感去体验、去感受，一边重新思考生活。这对于每个人来说，既是一种精神世界的滋养，也是一种作为"人"的更高级的需求。每天活在自己认知内的一成不变的生活里，思维和眼界难免会固化，如果在这时能够吸收其他人的有趣想法，也许就会获得新的启发，想通很多事情。随着想法的变化，生活也许也会发生改变。

这就是我们要不断学习、不断旅行的理由，也是我们一直在与你分享自己的所思所想的原因之一吧。

你敢相信吗？现在想起来还是会想哭……

泪洒

艺术节

黑暗魔法
之城

小Roy 梦想成真!

Dark Magical City

　　爱丁堡能成为英国数一数二的火爆的旅行地点,和一部21世纪知名的英国作品有关,那就是"哈利·波特"系列图书。

　　"哈利·波特"对我们这代人的成长产生了特别深远的影响。至少对于我而言,说是改变了人生也不算夸张。大概小学三年级时,爸爸给我买了当时只出了前3本的中文版"哈利·波特"系列图书,一下子点燃了我对阅读的兴趣,以至于在往后的人生岁月中,才得以在白纸黑字里穿梭体会了那么多的人生与故事。"哈利·波特"系列图书也是我爱上奇幻文学的启蒙读物,并构建了我对英国几乎所有的第一印象。那些关于女巫、巨龙、神奇小巷、魔法与古籍的情节,都让我成了如今这个热爱探险、永远有好奇心、喜欢淘古董、愿意寻找那些神秘文化的"书呆子"。

　　故事回到爱丁堡,当年 J.K.罗琳在火车上第一次诞生了这个戴着眼镜的小男巫的灵感,随后就移居到了这里,正式开始了这个系列的创作。后面的故事"哈迷"们肯定都熟悉,大象咖啡馆的角落成了她照顾孩子之余,安心创作的地方。等孩子放学时,漫步在老城街头巷尾时的所看到种种景象,都不知不觉地被罗琳代入故事里。几年后,当这个系列的图书已经风靡全球,粉丝们慕名而来的时候,才发现爱丁堡的样貌,与书中的魔法世界何等相似。

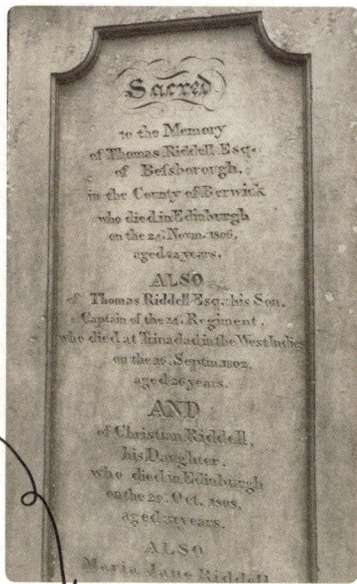

Thousand Kinds of Life

-3°11'17"
55°56'57"

而我，作为十几年前就无比熟悉这些故事的小粉丝，终于有一天可以亲自来到这座城市，走过与"哈利·波特"有关的那些路。

来爱丁堡寻找"哈利·波特"早已是本地最火爆的旅行项目之一。除了每天都可以报名参加免费的"哈迷散步"项目之外，也有许多收费的小团。路线一般会从皇家英里大道开始，在这里的地上可以找到罗琳本人的铜手印。没走几步路就会来到橘色外观的大象咖啡馆，这里的门口永远人山人海，游客们排着队在门口合影留念。由于游客过多，店里现在规定了必须有一定的消费才能入内，或者可以直接捐献 1 英镑，只进来拍几张照。除了几张罗琳当年在店里留下的照片，咖啡馆里看不到过多的"哈利·波特"的痕迹，但进入卫生间后，你会感受到来自世界粉丝的爱，墙上、天花板上都写满了书中的对白和"哈迷"梗，让这间厕所成了独一无二的角落。

从大象咖啡馆出来走不远，就能进入"寻鬼之旅"的地点——Greyfriars 墓园。在这里的一些墓碑上，你会发现很多熟悉的名字：穆迪（Moody）、麦格（McGonagall），以及最有名的——汤姆·里德尔（Tom Riddell）。说不定是罗琳哪次散步的时候，正在构思着书里人物的名字，于是就把这些墓碑上的名字潜意识地记在了心里，造成了魔法世界和"麻瓜"世界的一次奇妙交汇。

草地市场旁的维多利亚街，号称是对角巷的原型。这条沿着斜坡弯曲向上的大道两侧，满满的都是色彩缤纷的商店。有的是老字号酒吧、餐厅，有的专卖高档苏格兰羊毛西装，还有好几处已经被改成了大型魔法主题商店。

当写到第七部时，已经举世闻名的罗琳再也不可能像以前一样窝在咖啡馆里写作了。为此罗琳包下了火车站附近的地标性建筑——巴尔莫勒尔酒店（The Balmoral）的总统套房，闭关创作写完了最后的结局。现在那个房间被命名为"J.K. 罗琳套房"，并在门上挂了一只小小的猫头鹰。

黑暗魔法
之城

以上这些全都是跟故事创作有着直接联系的痕迹，但在我看来，爱丁堡真正的魔法其实并不在于这些"朝圣地"，而在于一种存在于每个角落的奇幻气息。高高瘦瘦的路灯、窄得只容一人通行的老砖巷、老学院建筑的锥形塔顶、城市迷宫室突然冒出的一座无人小广场，还有傍晚时从玻璃窗透出来的灯光、老教堂沉重的木门、古董地图店里用钢笔墨水勾勒在羊皮纸之上的复杂地名……这些在书中轻描淡写、电影里一闪而过的画面，才是让我相信魔法世界真实存在的基石，也是"哈利·波特"诞生前，就在爱丁堡真实存在了数百年的寻常景象。

　　有一天散步时，我们误入了一条游客罕至的路，两侧开着许多小书店，专卖二手旧书和古董书。推门走进其中一家，玻璃门内外仿佛是两个世界。门外是被雨水淋湿的马路，引擎和轮胎的轰鸣声，盯着手机、行色匆匆的路人；而门内则安静到可以听见翻书的声音。整家店密密麻麻地塞满了旧书，直接顶到天花板处。老板兀自工作着，两三个学生看起来是常客，聚精会神地盯着手里泛黄的纸页。越往店内走，就像正在穿过一个时空隧道，两侧的书籍越来越有年代感。我来到了一面摆满了18、19世纪的精装插画绘本的书墙前，随手抽出一本，轻轻掸掉灰尘，烫金的立体花体字和布面装裱封面，诉说着那本还属于"上流社会"时的骄傲。

　　这一切都把我拉回到"哈利·波特"系列图书的第一部中，哈利深夜穿着隐形斗篷在图书馆里的禁书区调查……当时还是个孩子的我，戴着跟哈利一样圆圆的眼镜，被这藏满了魔法秘密的图书馆惊呆了。这些羽毛笔、羊皮纸、精装硬壳书和手绘插图多么美啊！世界上真的存在这样的地方吗？如果长大了，我真想去看看……

再多的愿望
我也陪你一一实现！
⊙∂⌒

黑暗魔法
之城

意外的
粉丝火锅局!

*Unexpected Hot Pot Dinner
With Fans!*

想想真的很巧,在满世界跑的过程中,竟然真的会在世界上的某个角落,遇见正在看我们"节目"的观众,比如在北京的机场、清迈的 JJ Market、印度的胡马雍陵……

在爱丁堡,这个小惊喜又发生了两次! 第一次是我们抵达后的第二天,正站在街头拍摄,突然被一个姑娘叫住了。她戴着眼镜,背着帆布包,一头凌乱的灰发彰显了她不拘小节的性格。因为 Sue 那天的穿着特别醒目,所以一下子就被认出来了。第二次是我们在爱丁堡大学附近的韩式餐厅跟朋友吃饭,正结了账要走,邻桌一个文文静静的姑娘怯生生地叫住了我们,说今早刚在图书馆看完我们的更新,然后在自己常去的餐厅竟然看到了真人,简直不敢相信自己的眼睛!

两位姑娘都是正在这儿读书的留学生,我们突然产生了一个想法。既然这次在爱丁堡还会待几天,不如干脆约她们一起出来玩一天,也了解一下留学生在这里的生活,请她们带我们看看自己生活的这座城市。于是我们加了她们的微信,当即约定了周日见面。

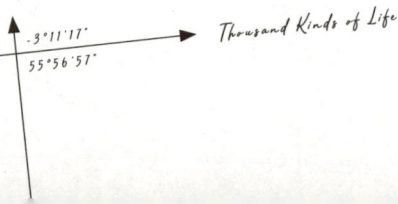

下着绵绵细雨的周日上午，我们在草地市场的跳蚤集市见了面。正式自我介绍后，我们知道了一头灰发的姑娘叫然然，是东北老乡，在大连读了本科后，来这里读室内设计。这次好好打扮后显得精致了许多，但这并不能遮掩东北人骨子里大大咧咧的开心果特质！而一头长发、文质彬彬的姑娘叫子辰，是一名金融硕士研究生，快毕业了，尽管在辛苦地赶毕业论文，但依然愿意抽出宝贵的一天时间出来见我们。惊人的巧合是她也是在大连读的本科！这对于我和 Sue 两个在大连长大的孩子来说，立刻就有了共同话题。

这是什么奇妙缘分 ?!

我们决定一起搭公车前往附近的海滨城区利兹（Leith）。这里有许多河流、桥梁，新兴的艺术文创街区，还有发达的港口，停泊着女王曾经的"海上行宫"——皇家不列颠尼亚号（The Royal Yacht Britannia）。虽然赶上了雨天，还时不时要跟刮起的大风做斗争，但认识谈得来的新朋友，大家一起逛商场、坐在小店里喝咖啡、一起迷路、一起搭公交，都让这一天的心情"阳光明媚"。

↙3 位火锅店大使！↘

从利兹回来后，我们继续冒雨在老城里溜达。我在二手古着店里买到了满意的苏格兰裙，完成了离开爱丁堡之前的小心愿，还拉着她们逛了逛火车站旁的文创集市。最后因为天气实在过于湿冷，我们临时取消了最后一个河边小村庄的计划，改成提早前往餐厅请她们吃火锅！说是请她们吃，但对于已经在欧洲待了一个半月的我们来说，今晚的这顿火锅，光是想想口水都已经要流出来了！

然然曾在这家火锅店打过工，熟门熟路地把我们带到预订好的位置上。雾气氤氲，自助小料台上中式的香料味四溢，看到超大盘的火锅食材端上桌的时候，我们几乎要流下感动的泪水！经过一天的相处，大家已经相当熟悉了，再加上火锅，整个小饭局的气氛很快就热火朝天了。我们畅聊着学生时代的生活，彼此的过去和理想。她们谈了很多对我们拍的内容的感受，当这些话语，从两个 ID 背后的两个有血有肉、活生生的且坐在你面前的人的口中说出来的时候，真的很有力量。

意外的粉丝

火锅局！

当天的这顿饭，不知不觉竟然吃了 4 个小时。在这远离家乡的地球彼岸以及冷冰冰的夜晚，与美好的人毫无顾虑地谈天说地，一扫我们几个月来的漂泊感。走出火锅店的时候，雨依然没有停，大家在店门口合了影，然后用力地拥抱、告别。再过两个月，她们也将毕业离开爱丁堡，然后各奔前程，大家下一次像这样聚会，也许遥遥无期。

回到家里，Sue 激动的心情还没有平复，对着镜头说："在这么大的世界上，能在数不清的内容中被人注意、被人喜欢，已经是足够幸运的事。但很多我们的观众，竟然能通过每次几分钟的视频和微博的只言片语去深刻地理解我们，支持我们，给我们很大的善意，这真的是很幸福的事……"

是啊，在茫茫的宇宙海洋里，我们发出的微弱声音，有幸被他人捕捉到。大家因为共同的人生理想和价值观，被吸引到一起，并且彼此认可，这是很多时候支撑我们继续做视频、继续坚持走下去的最大动力。

也包括正看到这里的你！♡

我们相信，即使在未来，它也将会继续帮我们克服很多困难，做出很多选择。

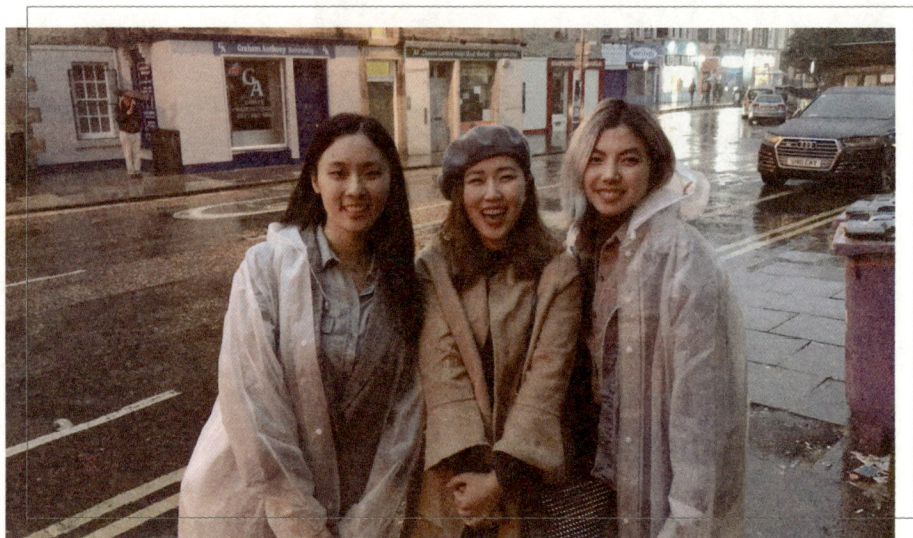

Thousand Kinds of Life

生心文
↓

横穿 苏格兰！
Trip Across Scotland!

住在爱丁堡短短十几天，我们却已经对它产生了很深的感情和眷恋。它的另类、传统、唯美和阴郁都是那么地恰到好处。但旅途还是得继续，苏格兰的田野和动物已经在远方召唤着我们启程了。于是在一个天气晴好的日子里，我们收拾好行李，开始了一场漫长的"跋涉迁徙"。

大部分游客来苏格兰玩，基本上会去这么几个地方：复古风情爱丁堡，现代都市格拉斯哥，水怪传奇尼斯湖，人间仙境天空岛。

而我们却只想找个环境优美，又有传统风情的地方，住进一个真正的乡下农场，感受简单淳朴的生活。于是我花了好长时间翻遍了各种网站，最后在一个本地农场推荐网上，一座小岛的名字进入了我的视野：艾莱岛（Isle of Islay）。它是苏格兰西海岸内赫布里底群岛中最南端的一座岛，有山、有海，有农田，有湖泊，有动物，当然也有花花草草。最重要的是，我们从格拉斯哥坐着公交车直达海边，然后再搭乘跨海渡轮就能抵达那里！

上午从爱丁堡出发，我们很快就到了格拉斯哥，还用了短短两小时来了个市中心半日游。午餐后，我们搭上了一班行驶时间长达三小时，但沿路风光无限的"最美观光线巴士"。穿过著名的罗蒙湖国家公园（loch Lomond），沿着公路，一会儿穿梭在高大树木排成的林荫之间，一会儿窗边突然展露出水波粼粼的湖景。巴士还会沿路经停一些小站，每一处都有一幢幢田园气息浓厚的英式小乡舍。巴士的大玻璃窗简直变成了一个移动画框，不停展示着不同的苏格兰美好的乡间生活。

　　不知道司机是不是也沉醉于风景，因为当我们终于抵达渡口时，发现比预估的时间晚了20多分钟！我顶着海边肆虐的"妖风"冲进票务处换了登船票，拉上Sue和行李一路狂奔，总算赶上了开船！

　　让我们惊讶的是，两个小时航程，只要27.6英镑的渡轮，竟然是一艘还蛮大的豪华邮轮！船上不仅设施崭新，而且酒吧、自助餐厅、纪念品店、游乐区、甲板区、座位区、沙发区应有尽有，甚至还有专门用于隔音休息的"安静包厢"！！船上的乘客不多，我们在安静的区域找了个舒服的地方欣赏了一会儿落日海景，又去船尾的餐厅点了一大份炸鱼薯条（Fish&Chips），彻底卸下了赶路的紧张与疲惫。虽然很多人都吐槽英国美食只有炸鱼薯条，但这里做得真的很好吃啊！

　　船靠岸的时候，太阳已经完全落山了。大部分本地居民都开上车，或者坐上来接他们的车走了。可怜我们两个外地人，只能举目四望、面面相觑。码头工作人员说公交已经没了，而房东的电话又打不通，我们只能看着天色越来越暗，站在路边干着急。就在这时，一位下班的船务人员注意到了我们，了解了情况后，她爽快地说："我顺路捎你们过去吧！"，这可把我们给感动坏了！

-6°7'52"
55°50'17"

Thousand Kinds of Life

刚坐上车，天就飘起了雨，我和 Sue 默默交换了个眼神——能遇到好心人真的太幸运了！我们搭的车拐进了一条树篱小路，很快便抵达了雨中的农场。大箱小包的行李被我用尽最后的力气扛进了二楼的小房间，我们终于双双躺在了期待已久的床上。

经历了出租车、巴士、渡轮、便车，横穿了整个苏格兰，我们终于住进了避世小岛上真正的欧式农场，要开始梦想中的新生活了！

在这里我们发现
生活真的可以很简单……

横穿

苏格兰！

海岛　农场

Island Farm

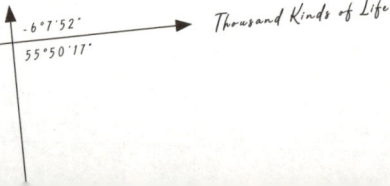

　　我们居住的农场叫作"Persabus Farm"，是由几座传统苏格兰高地风格的建筑组成的。这种建筑的特点就是高而厚实的白墙搭配黑顶，上面有小小的方形窗口。农场总共包含了3个主建筑。主楼住着主人一家，另一侧是两间有独立出入口的小客房，也就是我们住的地方。侧楼是两个独立的度假屋，分别有3个房间、一个客厅、一个厨房和一个洗手间，可供一群好友或者一家人入住。此外，花园外还有一个小小的陶艺咖啡厅，是女主人自己的爱好和事业。

　　出农场走10分钟，就可以到最近的巴士站，这是我们这两周主要的出行方式。岛上一天约有5班车，必须按照班次表算好时间，才能顺利在上午进城，并赶在巴士停运之前回来。

-6°7'52"
55°50'17"

Thousand Kinds of Life

Isle of Islay
Persabus
by Roy

这座岛的形状像条裤子，两条腿内侧形成的环湾上，分布着几个重要的城镇和港口，以及许多不同的威士忌酒厂。整个岛的风光、地形非常丰富，高山、湖泊、海滩、森林、原野，应有尽有。

我们的农场距离最近的海边只有 1.6 千米左右，天气好的时候，我们散着步就到了海边，走在小山坡的土路上，可以一直看得很远。沿路的草场肆意生长着，一阵风吹过，就掀起了层层波浪。身边的草丛中，时不时偶遇一只迷路的小山羊，它狐疑地盯着我们看两秒，又自顾自地跳走吃草去了。

农场主人 Donald 和妻子 Rosemary 在这里生活了大半辈子，养育了跟我们年龄相仿的一儿两女。农场后面养的两匹马，就是大女儿的爱宠。此外，在 Donald 家周围的山坡上，还养着一群黑山羊，一群白绵羊，以及好几头苏格兰高地牛。高地牛可以说是苏格兰的象征之一，它们最大的特征，就是留着长到能遮住眼睛的刘海，并且长着一对又长又尖的犄角。它们大部分时候都在自由活动，待在远处的山坡上，因此我们前几天都没能近距离看到。偶尔天气特别好的时候，他们会下来到路边的栅栏附近吃草。Donald 特意提醒我们，别看它们长得可爱，脾气可大得很，千万不能翻越栅栏。

撒欢日常 ↘

海岛
农场

每过几周，Donald 还会请岛上专业的牧羊人，帮忙把羊群赶回羊圈清点。这时候牧羊人就会带着真正的边境牧羊犬来出任务了！！我们看着小狗灵巧而迅速地左右飞奔，在牧羊人的口哨声的指挥下，时而匍匐，时而猛攻，把羊群治得服服帖帖的，震惊到目瞪口呆。虽然一直知道牧羊犬，但还是第一次亲眼见到它们工作，而且竟然这么聪明能干！

在其他的日子里，我们有时会坐车去最大的镇上超市添置生活用品，顺便逛逛为数不多的几家纪念品店；有时也会坐上巴士，去其他的小镇随意探索，或者直接买饭回家……但更多的时候，我们就只是走出家门，走入自然。

在艾莱岛上，我们的时间真的慢了下来。才住了短短几天，我们就觉得好像已经在岛上生活了很久很久。这里与城市之间最大的不同是没有了时间，也没有了任何边界。一阵小雨飘落到窗口，远方传来隐隐约约"咩"的声音。我们重新学着习惯人类最初的生活方式，不再因为时间或网速而焦虑，也满足于最简单的饮食。

顺着小路继续散步，能远远看见女主人带着她的狗在草地上跑步、一群黑山羊慢慢吃着草、天空的云缓缓地流动着，也能看见我们内心真正的平静是什么样子。

哦？Roy 喝醉啦！

微醺的 日子

Tipsy Days

虽然在大多数游客的心中，艾莱岛是个很小众的地方，但在威士忌爱好者的心中，"Islay"也被译成艾雷岛，这个名字可谓如雷贯耳。

我们都知道苏格兰是威士忌的起源地，"Whisky"这个词就源自苏格兰本地的盖尔语，意思是生命之水。而苏格兰不同地区生产的威士忌，加以略微不同的制造工艺，也会产生不同的风味，许多品牌会以当地的地理特征，或者文化传统来命名。比如，好多酒厂名里都带有"Glen"，就是盖尔语里"山谷"的意思。

在众多知名威士忌产地与流派里，艾莱岛独树一帜。由于这里特产一种矿物原料——泥煤，当地人用这种煤炭去烘干麦子的时候，会让麦子产生强烈的烟熏风味，并将其带入威士忌成品中。所以至于最终成果，有的人说像消毒水，有的人说有一股强烈的碘味，也有人特别喜欢这种味道。艾莱岛威士忌也因此打响了名号，变成了威士忌中的"战斗忌"。

虽然我和 Sue 平时不怎么喝酒，但毕竟来到了爱酒人士心中的圣地，就还是抱着"来都来了"的心态，选了一家距离较近的酒厂，报了个小小的品酒活动体验一下。

从我们住的地方出发步行了大概 40 分钟，就来到了这家位于海边的酒厂——卡尔里拉（CAOL ILA）。纯白的厂房直接面对着整片优美的海湾，哪怕不走进去，只是拍拍照都值得一来。

品酒活动的第一个环节是参观蒸馏间。在工作人员的带领下，我们进入厂房，看到了一个个巨大的金属蒸馏，通过各种管道与不同装置连通。现场跳动的仪表、金属仪器和旋钮，给人一种蒸汽朋克的感觉。

参观完蒸馏间，我们来到另一幢建筑，这里就是存储酒的仓库。威士忌是一种蒸馏后需要静置储藏的酒，常呈现的琥珀色，就是来自木质酒桶的颜色。而不同木材的酒桶，会在后期为威士忌增添不同的风味。我们跟着工作人员围坐在一张大桌子前，这是酒厂专门准备的品尝间，桌子附近就放着好几个大酒桶。

我们报名的活动，包含 5 种酒的品尝，其中有普通口味，也有著名的泥煤味。其中还有两杯，会让我们直接从木桶中打酒上来现场试喝！在品尝每一种酒前，工作人员都会细心讲解它的年份、特色和来历。虽然他们应该是按照一种循序渐进的顺序来的，但酒的度数基本上都是五六十度……平常只喝啤酒的我，没想到直接就面对了人生中最猛烈的酒精挑战！

喝到第三杯的时候，我已经微醺了；第四杯的时候，整个人好像已经兴奋起来了……不知道当时只陪同不喝酒的 Sue，面对着其他资深酒友的目光，是什么样的心情！

喝到第五杯的时候，品酒活动已经持续了一个半小时了，其他人预订的出租车大多都已经到了。看我最后这杯还剩了一半，工作人员特意帮我拿了个小瓶子，然后把剩下的密封起来让我们带回家。走出酒厂，明晃晃的阳光刺得我睁不开眼，头脑中的方向感应系统也略微失调。我东倒西歪地拉着 Sue 往回去的方向慢慢溜达着，嘴里不停地说着不过脑的话，享受着大脑这种木木的迟钝感。

点开视频看 Roy 酒后失态！

回去的路看起来比来时更美了。沿途经过的面海别墅、红色邮筒都分外可爱，海风一阵阵吹过来，让我逐渐清醒。明明意识已经清醒了，但我还是很想就这么借势而醉，多糊涂一会儿。

反正回去的路还远着，反正接下来也没什么事，反正今天的天空那么美，反正还有你牵着我，怎么也走不丢。

微醺的

日子

299

好朋友的
环岛旅行

Travel Around The Island

一夜大雨倾盆。

早上被阳光唤醒的时候，我揉揉眼睛翻了个身，看见平常空荡荡的地毯上，怎么多了两个橘色的睡袋？？

大概 0.5 秒后，我的记忆恢复了。这不是跟我们一起在日本旅居的小墨和阿猴吗？！

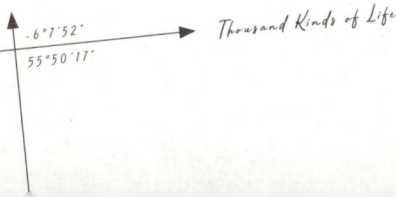

Thousand Kinds of Life

正宗苏格兰内！

原来我们在艾莱岛"归隐"期间，他们也正好因为工作到了苏格兰拍摄。缘分都已经把我们重新安排在地球上的另外一个角落了，不给命运这个面子似乎有些不合适。于是他们硬是从爱丁堡一路开车过来，只为跟我们一起享受岛上的"退休"生活。由于房东的另一个房间刚好被预订了，所以商量后房东允许他们在我们房间打地铺挤一挤。还好这两位野营达人随身携带睡袋，看来也是做好了"风里雨里，我来见你"的打算了！

跟好朋友在同一个房间一起醒来是种很神奇的感受，好像回到了小时候，最期待在朋友家留宿，而且第二天也不必急着回家。大家洗漱后，穿着睡衣到楼下的餐厅坐好。Donald 已经为我们准备好了 4 份丰盛的苏格兰传统早餐。我们一边享用着培根、煎蛋和英式红茶，一边嘻嘻哈哈地讨论着今天的计划。

今天我还有一个特别的计划，就是终于是时候穿上我在爱丁堡买的，却一直不敢穿的苏格兰裙了！之前我遇到的包括 Donald 在内的几个本地大哥，都再三跟我保证这是非常正常的着装，在苏格兰穿上街不会有任何问题。他们不仅自豪感满满，而且还认为苏格兰裙好看、舒适又透气，绝对是男士着装的最佳选择！于是怀着忐忑的心情，我穿上了我的"二手小裙子"，迈出了人生中的一大步！

这种苏格兰裙叫作"Kilt"，是一种男士专用的传统正装，一般都是格子花纹的，也是苏格兰格纹的代表性服装。穿苏格兰裙的时候，百褶边留在后面，平坦的一面放在前面，裙子腰部通常有腰带可以调整松紧。此外，这种裙子一般会搭配一个叫作"Sporran"的小包，用链子围在腰上，挂在裆前。古代男人们出门打仗办事，裙子没有口袋，就把干粮或者钱装在前面的小包里。其实标准的全套装备还应该包括苏格兰长筒袜、皮鞋、羊毛西装外套等。不过听说也有越来越多的年轻人不做这么正式的搭配，转为混搭风了。搭配 T 恤、花色潮袜、球鞋都成了民族传统的新改良。

今天阿猴负责开车，自从我们来到艾莱岛以来难得又坐上了小轿车，感觉生活品质提高了一大截！我们一路播放着周杰伦的怀旧金曲，穿过大片田野和高高的稻草，奔向天边的云。

沿路随时看到了感兴趣的风景，比如几头吃草的牛、远处湖边的羊群等，我们就直接在路边停车玩耍、拍照。站在高地上，视线范围内没有任何人造物的痕迹。一阵大风吹来，刮起了我的裙摆，吹在我没穿苏格兰长筒袜的光腿上，我的心微微颤抖：好冷啊……

好朋友的

环岛旅行

当我们抵达第一站——一个古代凯尔特遗址时，天色已经非常不妙。服务处的前台小哥说半小时内这里就会下大雨，然而我们还需要走 10 多分钟的长栈道才能到达那片湖边的遗址。犹豫不决之际，小墨与阿猴竟然掏出了准备好的两件带兜帽的斗篷。我只好跟着三个穿了斗篷和毛衣，看起来很暖和的人，在山雨欲来的狂风中去参观了遗址……

开着车兜兜转转，在镇上吃了午饭，便一路前往艾莱岛另一条"裤腿"的尽头，我们抵达了一个绝对有潜力成为全球网红景点的唯美小镇！整个小镇依然围着海湾而建，但海湾却是被山势包围着。整齐的英式白房子顺着坡层层叠叠向上，形成了只在插画里看过的布局。在视线远方的入海口的峭壁上，还伫立着一座白色灯塔。红色的邮筒站在路边，凝望远处转晴后金光四溢的天空。

夕阳时分，天空已经完全全雨过天晴，清澈得跟刚刷了笔抹出的浅蓝水彩似的。空气湿湿凉凉的，顺着风送来好闻的青草味和淡淡的纯天然牛粪味。在地势高一点的地方，一边开着车一边可以顺着田野看得很远，连尽头处蚂蚁大小的农舍都看得清清楚楚。我们的车偶尔还会被路边并排散步的小羊们挡住去路，三个小屁股对着我们扭啊扭的，我们实在是不好意思按喇叭催促它们。

羊羊三姐妹！

今天的最后一站是岛上的"最美海滩"。我们停了车，在芳草及腰的小土路上朝着海边走去。夕阳的光线让每一根狗尾巴草的绒毛都变成了金色，我们四个在海滩上尽情大喊、奔跑、拍照，追

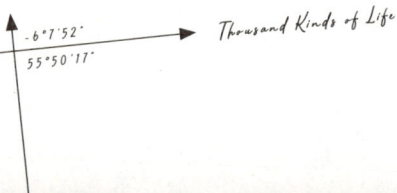

着翻涌的浪花，冲向远方印象派的悬崖。海滩上的风依旧很大，但却一点也不冷。沐浴在这个闪闪发光的黄昏中，这一刻的世界只属于我们，并且永远不会老去！

在回去的路上，夕阳已成为一轮红日，把天空和云朵烧得火红。我们的车疾驰着，不停地把一半红彤彤、一半粉紫色的天空甩在身后。开到小镇码头的时候，太阳正在完成它最后的谢幕。我们站在码头上的身影都成了剪影，"Bowmore"海边酒厂的白墙变成了浅蓝色，就像日系电影里最文艺的那种色调一样。

这一天我们没有激动人心的体验，也没看世界级的名胜古迹，甚至也没有可以拿出来分享的"网红"餐厅的照片，但我至今回想起这一天来却依然心潮澎湃。

好朋友的

环岛旅行

小岛
往事

The Past Of Island

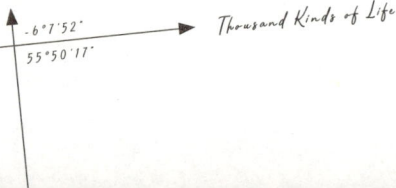

农场门前每天走的路

　　离开农场的那天，天气格外地好。我们吃了早午餐后，把行李收拾妥当，最后一次在农场门口的小路上散了散步。和朝夕相伴的牛羊以及对面岛上的两座山告别后，我们回到农场和 Donald 与 Rosemary 合影告别。半个月的时间，在这座避世小岛上一瞬间就过去了。

　　住在这里利用每天吃早餐的时间，我一点一点地了解了 Donald 夫妻俩的故事和这座农场的往事。

-6°7'52"
55°50'17"

Thousand Kinds of Life

Donald 的家族世代都是岛上的农夫，到他这一代已经在这里生活了 500 多年了。年轻时，Donald 也曾去苏格兰最大的城市格拉斯哥求学，后来由于父亲身体不好，他便毅然放弃了都市的生活，回到农场操持家务。

而他的太太 Rosemary 却是个彻底的都市女孩，她是英格兰人，两人认识的时候，她还在伦敦读戏剧。随着两个人的关系慢慢稳定，她却一直无法下定决心从繁华都市搬到这座偏远的海岛生活。要知道在 30 年前，这座岛上真的是十分落后——屋内取暖完全靠烧柴，没有自来水只能接泉水来用，农场也只是一栋破旧的一栋老屋。而且，她还要彻底放弃过去的生活，远离熟悉的社交圈、朋友和家人……

　　Donald 邀请她先来住一段时间试试看，如果真的不行，他就带她搬去大城市定居。所幸 Donald 是个温柔又能干的男人，在生活中，从早餐到农活全部包在他身上，装修、盖房、割草、修电器，没有他搞不定的。Rosemary 慢慢让自己适应这种农场的原始生活，Donald 也会每隔两周带她飞去格拉斯哥享受现代生活。就这样，在两人的努力与平衡下，他们终于决定在这里定居。

　　日子一天天过去，他们养大了一儿两女，并在这 30 年间，亲手把 1 栋陈旧的老建筑，翻修扩建成了 3 栋舒适现代的房子。随着传统农业渐渐没落，他们的七八百头牛羊，逐步缩减到了现在的 100 多头羊和 40 多头牛。随着艾莱岛旅游业初步发展起来，他们开始把一部分房子改为民宿，以赚取一些生活费用。

　　Rosemary 在岛上的高中教过书，后来在自己家旁边开了一间小小的陶艺咖啡馆。岛上的朋友、客人都慕名而来，喝喝咖啡、聊聊天，再带着孩子做做陶艺。女主人每天就专注画画，享受着自己的兴趣，其余的一切都交给 Donald 去处理。

　　在我们停留的这半个月里，每次跟他们聊天时，都能感受到两人非常尊重对方，感情也非常好。而我也强烈怀疑小岛上舒适简单的生活，是不是会慢慢抹去人的暴躁和坏脾气。

　　Rosemary 不止一次说起他们的儿子跟我们一样，也是个对世界感到好奇的探险者。之前从未去过亚洲的他，自己在网上找了一份中国的工作，就只身一人跑去中国开启了新生活。这也让他们对中国和从中国来的朋友多了一份亲切与好奇。

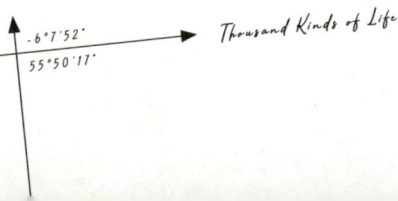

旅居转眼已经到了第九个国家，每一次快要结束一站的时候，我们都会共同讨论这个月的收获和感受是什么。但是关于这座岛，我们靠在牧场栅栏边上想了很久。在这里没有举世闻名的景点，没有传奇的历史文化故事，甚至都没有方便的交通，餐厅也少得可怜……但偏偏就是这种把一切都做了减法的生活，让我们有了更多时间，去感受内在的快乐。

我们在这里得到的，是一种平静的身心愉悦。它不来自外界的刺激，也不来自他人的评价，更不来自社交与消费。光是闻到青草香，享受绝对的安静，就很幸福了。

Sue 说，她好像越来越不明白自己想要的生活是什么了。但我觉得，她只是已经明白了以前没有想过的事情了。

她只是想要的越来越多了

Step Into New World

踏入　新大陆

旅居至此，我们已经完成了 3/4 的旅程，也终于要迎来最终篇的冒险了！

美洲大陆——那改变全球人类史的巨大发现，旧大陆人人向往、遍地黄金的"新世界"，孤悬大洋彼岸的神秘之境，旅行爱好者的终极梦想！

遥远的距离、陌生的语言、扑朔迷离的安全状况、高昂的旅费都让我们曾对它望而却步，但那些缤纷各异的服装、古老又奇特的民族文化、热情洋溢的拉丁歌舞又从未停止对我释放吸引力。终于，借着这次环球旅居，我们要迈出旅行人生中里程碑式的一步，毅然飞往世界上离家最远的拉丁美洲，拥抱真正的未知了！

Thousand Kinds of Life

千百种生活

哥伦比亚篇

PLAY

扫码看
本站
旅居视频

　　大部分人前往南美洲旅行都会留足够长的时间，以便一次能多看几个国家。对于我们来说，这时间恐怕还要再长一点点，要在剩下的三个月住完三站。

　　出发前第一步，先要确定目的地。最后三个目的地中有一个我几乎是完全确定的，对于我这种着迷于传统民族文化的人来说已经神往了好久好久，这个国家就是——秘鲁。至于最后一站，我们希望有一点仪式感，能结束在世界的尽头、真正的离家最远处，所以选择了位于智利最南端的一个小众目的地——蓬塔阿雷纳斯。

　　最难决定的是第一站，因为有太多选择了！想"网红"些的话，有巴哈马的群岛沙滩，但不符合旅居的风格。想怀旧有情调的话，古巴我是很感兴趣的，但奈何要沿路更新视频，网速问题实在让人不放心。其实我们特别想去墨西哥，那里有现代文明也有古代文明，有风景、有音乐，甚至还能赶上亡灵节！但最终因为签证问题被迫放弃……

　　ス 在地图上一个个查信息……

　　最后我们的目标锁定在了一个位于南美洲最北部的国家，它位于安第斯山脉北麓，地形与环境很丰富，有沙滩、山谷，也有雨林。它有神秘的部落文化，也有繁华的现代都市，甚至还有极具南美风情的种植园和乡间田野……这个国家就是——哥伦比亚。

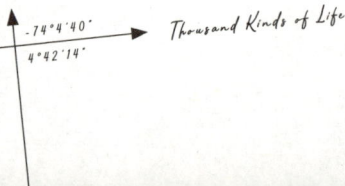

Thousand Kinds of Life

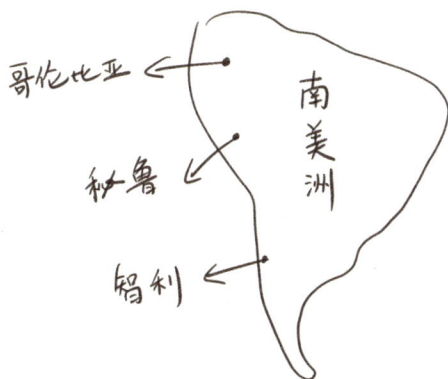

提到哥伦比亚，大部分人脑海里可能只会浮现两种事物：一是咖啡，这里种植出口的咖啡品质世界一流，是哥伦比亚非常重要的经济产业；二是毒品，20 世纪哥伦比亚几乎一度要沦为被毒枭控制的国家，经历了一段腥风血雨的时期，花了好长时间才缓过来。

而现在的哥伦比亚，早就告别了那个时代，堪称小众宝藏旅行地。经过再三查阅，我们一拍桌子，决定就是这里了！

带着大小两个箱子和两个随身背包，怀着兴奋又紧张的心情，我们就这么搭上了此生最远的航班。历经几十个小时辗转后，我们开始了在"新世界"的生活。

哥伦比亚 ←

秘鲁 ←

智利 ←

南美洲

踏入

新大陆

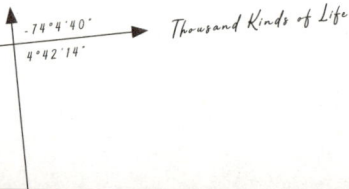

黄金 之国

The Kingdom Of Gold

在一个飘着小雨的晚上，我们抵达了第一座城市——哥伦比亚的首都波哥大。

哥伦比亚的许多城市都建在山峦环抱中的山谷里。早上起床拉开窗帘，巨大的落地窗直接面对着蒙塞拉特山，山脚下就是依山势而建的城市街区。

等到休息好后，我们找了一天专门前往波哥大著名的旅游区。当地最有名的黄金博物馆、祖母绿珠宝街、玻利瓦尔广场、哥伦比亚大教堂等全部都集中在这附近。

不走寻常路的一支

这片游客区是波哥大的老城区，具有殖民风情的老房子鳞次栉比，还被刷上了各种好看又复古的颜色。那天是周日，沿着石板路全部都是特色餐馆、酒吧、纪念品店，以及各式各样的小摊。卖果汁的、调酒的、卖乐器的、卖帽子的、卖民族手工艺品或者自己创作的油画的，总之目不暇接，一派生机勃勃。

玻利瓦尔广场上满满的全是人，有游客，也有出来溜达的本地人。广场上还搭起了小舞台，一支支穿着传统服装的舞团和乐队轮流上场进行歌舞表演，把广场上的人不断吸引过来，为他们喝彩。广场上也到处都是小贩，要么卖着气球玩具，要么推着小车卖冰激凌，总之是看准了周日孩子不上学，一定会有家长为他们掏钱。这不，Sue 立刻要求买两支冰激凌，在小车里挑挑选选了半天。

波哥大最出名的景点，非黄金博物馆莫属，这里收藏着全世界最丰富的黄金古董工艺品。

五百年前就在欧洲流传的故事里提到，在南美洲有一个古老的国度，人们守着金矿，很早就掌握了冶炼黄金的技术，日常佩戴的几乎都是金饰。部落酋长会给自己的全身涂满金粉，并到山中的圣湖洗净，部落祭司、贵族还会把珍贵的黄金和绿宝石投入湖中献给神。这个被叫作"黄金国"或者"黄金乡"的地方，激起了刚发现新大陆的欧洲人的狂热，一支又一支部队从哥伦比亚西海岸登陆，深入险恶的山谷丛林中寻找黄金。无数贪婪的人，也永远地留在了南美洲的密林中。

黄金

之国

关于"黄金国"到底在哪里，在这之后的数百年里一直争论不休，一个说法是在当时印加帝国的首都秘鲁的库斯科，那里的国王无比富有，坐拥大量的金银财宝；另一个说法是在哥伦比亚现在的首都波哥大附近，其北方的瓜塔维塔湖（Lake Guatavita）与传说中的圣湖颇为相似，湖中也确实曾打捞起了不少黄金首饰。

一直到 1969 年，在波哥大附近发现了一件黄金工艺品，是一个小小的纯金竹筏，上面站着貌似王宫贵族的人，在侍卫的包围下，正在出航举行某种活动——这是迄今为止与"黄金国"神秘仪式的传说最接近的证据了。

博物馆一共四层楼，其中 2 ～ 4 楼都是展示区。无数的黄金面具、权杖、器具、耳饰、鼻饰、护身符，甚至是用来吹的海螺都是金的，密密麻麻地摆满了展示柜。

金灿灿的工艺品有着手工制作的古拙粗糙感，却又具有原始的生命力，在聚光灯的照耀下仿佛散发着金光。部落里的人们从大自然中汲取灵感，把随身佩戴的黄金饰物，塑造成了各种具体的自然符号，比如美洲豹的尾巴、猴子的身形、蛇的曲线、蝙蝠的翅膀……再结合略带童趣的面孔构思，让这些原本透着俗气的纯金物品，焕发着超强的原住民气息。

千年前的创造！

在 4 楼的单独展厅里，我们终于见到了那个国宝级收藏品——黄金竹筏。这只船比我想象中的还要小，基本上就是掌心的大小，但在纯黑的背景下，却自带威严感。我一边看，一边想象着一个没有被大航海所改变的南美大陆。那些被淹没在历史尘埃中昙花一现的文明啊，如果延续到今天，是不是世界上又将多了一种特别的语言、一段得以保存完好的往事和一场持续上千年的盛大的黄金祭典。

Tips

黄金博物馆购物指南

博物馆出口处有两层的
纪念品店，明码标价。
里面有会说英语的店员，
可以让他为你讲解或寻
找特定样式
复刻品分镀金的与纯金
的，镀金耳环、戒指价格
为 200 ~ 400 元人民币，
手镯和摆件为 500 ~ 800
元人民币

从不爱黄金的我
也被这些质朴又可爱的造型迷住了！

黄金
之国

马背上的 生活

Life On Horse Back

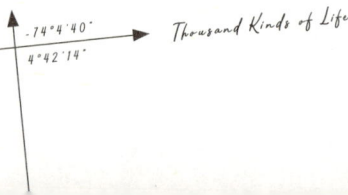

　　每天起床面对的第一个画面，都是宛如一堵大墙的蒙塞拉特山。山上的晨光与流云缓缓往城市的方向移动，唤醒了波哥大的又一个早上。住了几天之后，我们不禁对这座城市的"围墙"动起了脑筋——山的那边是什么呢？真正的"哥伦比亚"，是不是还藏在城市之外的地方？

　　还是山！

　　在网上翻本地的旅行攻略时，我们有了一个新发现。在城市周边的探索活动列表里，出现最多的就是体验山谷骑马的活动。于是我们选了一家评价不错的公司，预订了两个人半天的骑马之旅，体验还包括中午的野餐。当天一早，我们直接约了个车就跟着导航从市区出发了。

-74°4'40'
4°42'14'

Thousand Kinds of Life

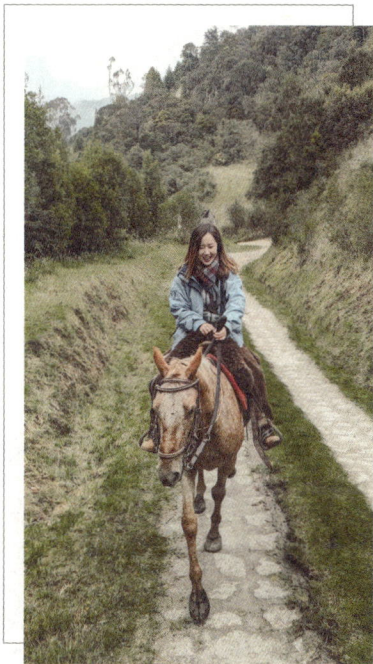

早已等候在那里的，是一位看起来刚从怀旧西部片里走出来的大叔。他身着一件灰色灯芯绒翻毛复古夹克，里面是乡村风的红色小格纹衬衫，头戴麂皮牛仔帽；下身的牛仔裤外还套着皮质的防磨骑马裤，经过多年的风吹雨打，骑马裤已经呈现出油亮的深色和柔软的质地。能让人一眼记住的，是一脸略带灰白色的络腮胡子，配着他爽朗的笑声和眼角的皱纹，真的是活生生的、十分经典的牛仔形象。

大叔自我介绍说他叫 Fernando，并向我们分别介绍了今天要骑的三匹马儿。一口标准的美式口音，一度让我对自己到底是在南美洲还是在美国南部产生了怀疑……说好的拉丁口音呢？？

我和 Sue 以前虽然都骑过马，但也仅限于在特定区域溜达溜达，想到今天要一口气在马背上坐半天，心里还是有一点点没底。不过这些顾虑很快就烟消云散了，因为 Fernando 的马实在是太乖了，脚轻轻碰一碰，它就开始走，左右轻轻晃一下缰绳，它立刻就调整方向，再轻轻一拉，说停就停！这反应之敏锐、操作之精准，让我们以为自己在玩电脑游戏。大家在院里骑了几圈后，就正式出发，向着远方的田野和山丘前进！

比 Roy 还听话！

马背上的
生活

骑马走在乡间小路上，真的跟待在城里完全不同。我们所见之处都是大片的农田，满眼的绿意仿佛要溢出来似的。上下起伏的小山丘一座又一座，牵引着我们的视野不断发生变化。多云的天气让远处的黛色山形被慢慢流动的云雾装饰着。小路旁栽满了树，穿过树干和树干之间，油绿的田垄整整齐齐的，看起来新鲜而健康。我们有时候会经过乡间的小村庄，村里的房子也都干净整齐，被刷上了各种颜色，一座座散落在微微隆起的丘陵间。Fernando 一路带着我们跟路过的村民打招呼，有时候遇见熟人了还会停下闲聊两句。

骑着骑着，乡村小径上不知不觉起了浓雾。我们跟在 Fernando 身后，坚定地继续朝着乳白色的远方前进。不一会儿，毛毛雨随风而至，我们纷纷穿上马屁股上卷着的雨衣，化身为三位桀骜的骑行客，身怀不可与人言的使命。

路过一处山间小栈，Fernando 停下靠近店口，把老板唤了出来，并要了两瓶哥伦比亚特产的 Poker 冰啤。"It's the best here！" Fernando 一脸得意，递给我了一瓶，我们就这么骑着马，在南美洲乡下某个不知名的静谧山谷中，共享着这个闲暇时刻。一直到现在，我还是觉得自己正在体验某款沉浸式的角色扮演游戏，而 Fernando 就是带着我做主线任务的重要 NPC（Non-Player Character，非玩家角色）。一路上的场景设定、我们的对话、路人的着装，都完美地呼应某个复古的时代，没有一丁点让人出戏的地方。

来到一条相对平坦且笔直的林荫路，Fernando 回头说："你们想不想试着跑一段？"……你是说，在南美洲的田野上，跟我的牛仔老大哥，一起策马狂奔、红尘做伴、潇潇洒洒，好像自己也是个常年生活在马背上的游吟诗人一般吗？这故事还能更酷一点儿吗？

你还记得我吗？

基于前两小时完美控马的体验，以及对 Fernando 的信任，我们强装镇定、点头同意。Fernando 教我们放松手里的缰绳，用脚跟连续踢马肚子三次，每次稍微间隔一点儿时间。我们如数照做，马一开始会由平稳摇晃变成小步跑，这时候坐在马背上会感觉非常颠，频率很高地上下晃动。但如果继续

还有我！

催马加快速度，马就会撒开腿跑起来，这时晃动也会变慢，我们以几乎一秒一起伏的频率飞奔起来。

　　这是我第一次成功地独自坐在马背上奔驰。那种感觉——太奇妙了！风从耳边呼啸而过，树枝也很近地擦过手臂。我们的心跳随着马的奔跑加速，却不再紧张，只有兴奋！我和马仿佛找到了默契，渐渐成为一个运动的整体。Sue 骑在我前面，在呼呼的风声中隐约能听到传来的"啊～～～～""好好玩啊～～～～""好酷～～～～"这样的声音片段……

　　一直骑到了下午一点，我们在一座面朝原野的小山的山顶上铺上垫子，把马鞍包里的零食、饮料、三明治摆出来，来了场山顶野餐。一边吃，Fernando 一边跟我们聊起他的故事。他从小就在这样的农场生活，尤其喜欢骑马。长大之后，到大城市读书、工作，后来他成了一名律师，而且一当就是很多年。直到八年前，他终于下定决心要离开城市，回到自己热爱的地方。于是他和朋友一起找了个地方，重新开始与马为伴的生活，并靠着带人体验骑马为生。

　　"那现在的你，肯定比以前快乐吧？"我好奇地追问。"那是当然，每天能一直骑马，生活在这么美的环境中，还能养活自己，我觉得自己就是世界上最快乐的人！"Fernando 笑着回答。

我也是！

　　从他的神情中，我能看见一种很真实的幸福。那种幸福，不是攒钱买下想要的东西，或者突然走大运而来的开心，而是一种知道理想生活在何处、别无所求、绵长而扎实的满足感。

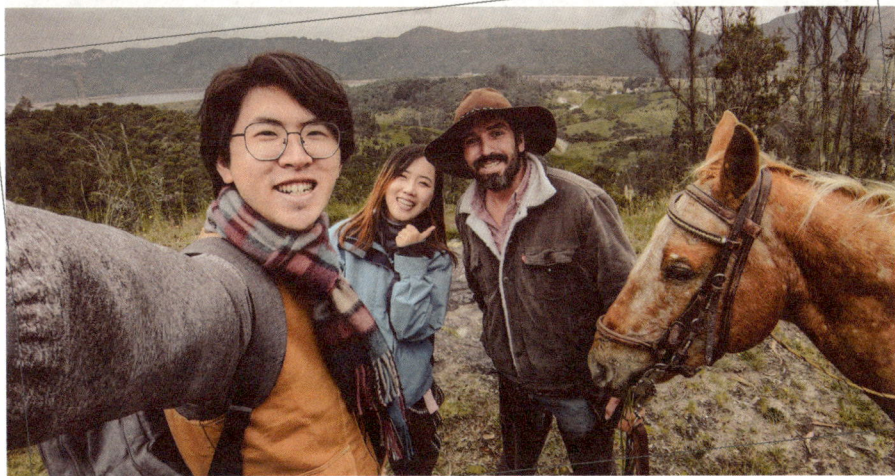

马背上的
生活

意料之外的 好！
麦德林

Expected Medellin

　　波哥大作为我们初到哥伦比亚的一个中转站，已经充分完成了它的使命。从一开始做功课的时候，我们的目的地就不在这里，而是另一座在国际上颇为出名的城市——麦德林。

　　如果看过美剧《毒枭》第一季，你应该会对这个名字非常熟悉。没错，麦德林最为世界所熟知的身份，就是 20 世纪的世界头号罪犯，国际大毒枭 Pablo Escobar 的发家地和大本营。25 年前，时代杂志仍然把哥伦比亚的麦德林评为"世界上最危险的城市"。而如今，虽然已经过去那么多年了，麦德林在国际上的恶名，却不那么容易消除……

但其实，如果认真做调查的话，你会发现很多近年来去过麦德林的人都给了这里极高的评价。它不仅种满了鲜花绿树，变成了哥伦比亚的"春城"，而且安全指数连年上升，高楼大厦拔地而起。是什么让"世界上最危险的城市"完成了华丽蜕变？现在的麦德林真的那么美好吗？抱着这个对哥伦比亚最大的好奇，我们在麦德林找了一间民宿，计划在这里居住大约半个月的时间。

在一个晴朗的午后，我们的飞机抵达了麦德林。从机场打车前往民宿的路上，会先经过一段环山公路，在这里可以俯瞰这座在山谷里盖起来的城市的全貌：崭新的高楼公寓、宽阔的马路和林荫路，非常惬意优雅。

我们在麦德林选择的住处，位于一条幽静的巷子里。这片街区都是几层楼高的现代小楼，屋顶铺着橘红色的瓦片。路边充满的热带植物，沿街的高大乔木，以及永远二十几摄氏度的气温，很难不让人回想起住在清迈的那段时光。

这次选的房间是栋小 Loft，小餐桌、厨房、冰箱、沙发、桌椅、厕所应有尽有。最吸引我们的是门口摆放着好多大型热带盆栽。下午在屋里剪片子的时候向外望去，满眼都是绿意，还有偷偷溜进了屋里的暖色阳光正抚摸着我的靴子。而从外面向房间里看去时，我们的小屋又变成了藏身在热带雨林中的小洞穴，隐蔽又有情调。

公寓所在的街区附近是大学，所以周边有很多小超市、餐馆和小酒吧。夜色降临后，我们会牵着手到附近觅食，感受这里满满的生活气息。相比于东南亚街头，这里还多了份安静和秩序，女学生们晚上单独走在路上也神情怡然，路上碰到的餐厅老板还会主动跟我们微笑打招呼。

意料之外的

麦德林

321

麦德林还是一座挺时髦的城市。走在路上看见的年轻人穿着颜值都很在线！在当地人的推荐下，我们去了一片开满了本地独立设计店与特色餐厅的街区，这里从店面到各种衣服、首饰、文创，都有满满的设计感。

在跟当地店主交流的过程中，我发现哥伦比亚是个很有原创精神的国家。八成店铺卖的都是本土品牌的产品，甚至很多店铺直接就是设计师本人开的小店。而且许多设计会融入哥伦比亚本地的部落文化与

传统手工艺元素，特别又好看。最近几年开始在国内流行起来的 Wayuu 包，就是来自哥伦比亚本地部落的手工编织品，被本地设计师加入更多元素后，被各国的时尚人士所喜爱。

在麦德林，我们又回到了"城市度假"式的旅居日子。逛街、吃饭、超市采购，南美洲的春天，比我想象的还要清新自由。

最危险 ↓ 最欢乐 ?!

毒窟 大变身
The Change Of Drug Den

　　之前讲到，麦德林那段混乱而黑暗的往事是它最大的伤疤，也是当地人不堪回首的过往。而要想真正了解那时普通人的生活，可以去在麦德林最有代表性的地方——13 区。

　　在"全世界最危险的城市"里，这里又属于最混乱、无秩序的地方，号称"全世界最危险的街区"！然而到了今天，13 区竟然摇身一变，成了麦德林炙手可热的潮流街区之一、嘻哈文化和年轻人亚文化的聚集地、游客必访之地……这到底是怎么回事呢？

毒窟

大变身

我们在网上找了一个会讲英文的、在 13 区土生土长的年轻男生做向导。小哥带着我们和其他几位美国游客搭上了公交车，坐了几站后来到了 13 区最边缘的路口，开始顺着路慢慢往山上走。此时很明显可以看到，两侧的墙壁全部被大小不一、色彩鲜艳的涂鸦填满。沿着路往上看去，大大小小的色块像是一个个像素点，把整片山头的样子都改变了。在一个孩子们正在踢球的足球场附近，向导小哥开始从头讲起 13 区的过去。

最早的时候，这里是麦德林的城市边缘地带，这个夹在三面山之间的逼仄角落，成了周边乡野丛林的无业游民聚集的地方，生活条件极为艰难。

随后毒品制造与贸易在几个毒枭的带领下在哥伦比亚不断壮大，其中 Pablo Escobar 是最精明、最狡诈的一个，渐渐坐上了头把交椅。这片贫民窟便成了毒贩们最好的藏身地点。毒枭一边利用海外获得的巨额收入，为这些没人关心的无业游民提供医疗、建设社区、解决生活所需，另一方面利用这片"三不管"地带的掩护招兵买马，不断壮大。

对于那些没有身份、地位的孩子而言，能加入贩毒团伙，有了钞票又有了枪，能捍卫自己的家庭，在那时似乎是最理想的出路。

我们继续往街区深处走。主要道路旁，开始有各种窄小的巷子和楼梯，通往本地生活的居民家里。大多数家庭的阳台上晒着衣服也栽着植物，小男孩拿着足球正从家里走出来，穿着百褶裙校服的小女生蹦蹦跳跳地沿着路朝家走去，看起来跟一般的市井没什么两样。

故事还在继续。那么这些老百姓后来为什么不再站在毒贩这一边呢？一方面，政府和贩毒集团之间的矛盾愈演愈烈，贩毒集团的核心骨干渐渐变得疑神疑鬼，看谁都像是会出卖自己的奸细。所以街区里的很多人只是因为被怀疑，就不由分说地被枪毙。

-75°34'19"
6°14'38"

Thousand Kinds of Life

向导小哥带我们来到了他奶奶的家。她回忆起年轻时深夜总是有人敲门，那时候真的害怕极了，因为有太多人开了门被带走后，就一去不复返，或者过了几天被发现抛尸在街角。为了保命，当时的她不得不离开这唯一的避风港，四处逃亡，直到毒品战争结束后，才搬回了令她魂牵梦萦的家。

　　越来越多无辜的百姓被杀害，而自己的孩子要么死在为上级效命的任务中，要么深受毒品的荼毒，毁了一辈子。人们终于看清了露出狰狞面目的毒贩的本性。风向，缓缓改变了。

　　随着深入居民区，两边开始出现了一些面向游客的小商店。有的卖冷饮，有的卖涂鸦 T 恤和明信片，上面都会写着"Comuna 13"，这地名曾是哥伦比亚人闻及色变的禁语，现在却成了一个沉甸甸的文化标志。再走一走，阶梯没有了，取而代之的，是一部崭新到看起来有些格格不入的手扶梯！扶梯上甚至还有红色镂空雕花的遮阳顶。一部部扶梯就这么不断接连向上，让山下与山上的人自由通行。这是谁盖的？目的是什么呢？ *黄老师提问式教学！*

　　其实毒品战争持续了很多年，即使后来 Pablo Escobar 倒台了，这深入国家骨髓的毒药却不那么容易根除。一直到 2006 年，哥伦比亚当局才正式宣布战争基本结束了。到那时候 13 区依然是满目疮痍，人们住在漫山遍野的破铁皮屋里，没有足够的学校、医院、卫生保障。2010 年，政府斥资在这座山上建了这一系列的电扶梯，这一度引起了当地人的争议。我们连基本的生活保障都还不够，你给我修个中看不中用的时髦电梯是什么意思？

毒窟

大变身

事实证明，政府的这一举措背后有着更深远的意义。十年后，13 区带着它的过去与现在，成了麦德林接待来自世界各地游客的一个活生生的博物馆。便捷的电梯大大促进了观光行业的发展，大量的游客慕名而来，街区里的人们开起了商店，卖起了自己的涂鸦画、文化衫。年轻人纷纷学习英语，当起了导游，为外国游客介绍自己最熟悉的家乡，又或者每天在这里的小广场上表演街舞，靠观众的打赏为家庭获得收入。

"肉"确实亲眼所见！

13 区开始自给自足，新的就业、新的目标、新的房子，一切都在肉眼可见地变化着。在山顶，我们遇见了一个年轻人，他正在摆摊卖着明信片和喷绘的棒球帽，热情地介绍着这是他哥哥的作品，而他哥哥是 13 区有名的涂鸦艺术家。明信片上的画面中，一张人脸左右一分为二，左边是阴暗的色调，有哭泣的泪水、暗黑的街道和盘山路；右边则是明亮鲜艳的色彩，有鲜花、蝴蝶、笑容、阳光，还有这一座座鲜红的手扶梯。

那位奶奶，现在欢迎孙子把全世界的游客带到自己的家里，还准备了亲手做的特色饮料招待我们。在她家门外的墙壁上，写满了来自全世界不同的祝福语言。鲜血被颜料替代，十几年前还端着枪的年轻人，现在拿起画笔与乐器；令人恐惧的敲门声，现在是嘻哈音乐热烈的节奏鼓点；在臭名昭著的犯罪街区，现在卖的 T 恤上写着"世界的 13 区"。

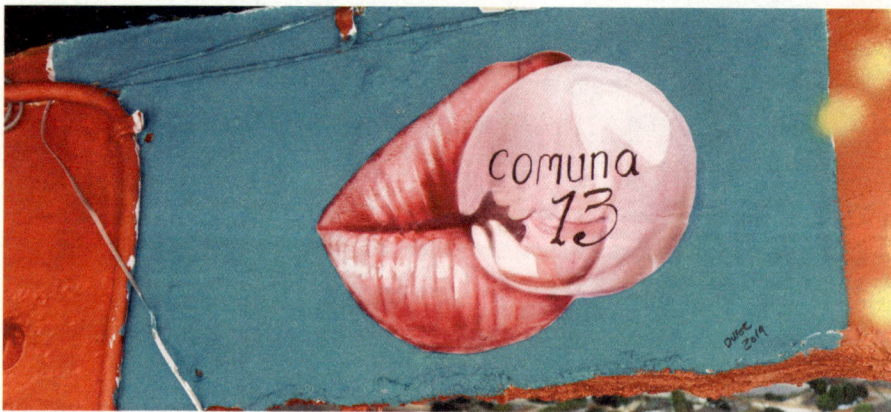

一个地方要变坏很容易，而变好，似乎也没那么难。世界变化的速度真的超出我们的想象，只可惜人们都太容易活在过去的刻板印象中。就像许多西方人以为中国人仍然在贫困和温饱线上挣扎一样，我们对南美洲又何尝没有一套自己的推测和想象？

20 年的时间，足以酝酿一场奇迹。愿这样的奇迹，像旗帜、像号角，可以点燃更多的奇迹，也点燃你我对生活不变的信念。

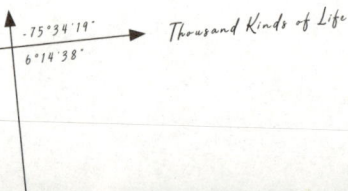

当个 咖啡农

Be A Coffee Farmer

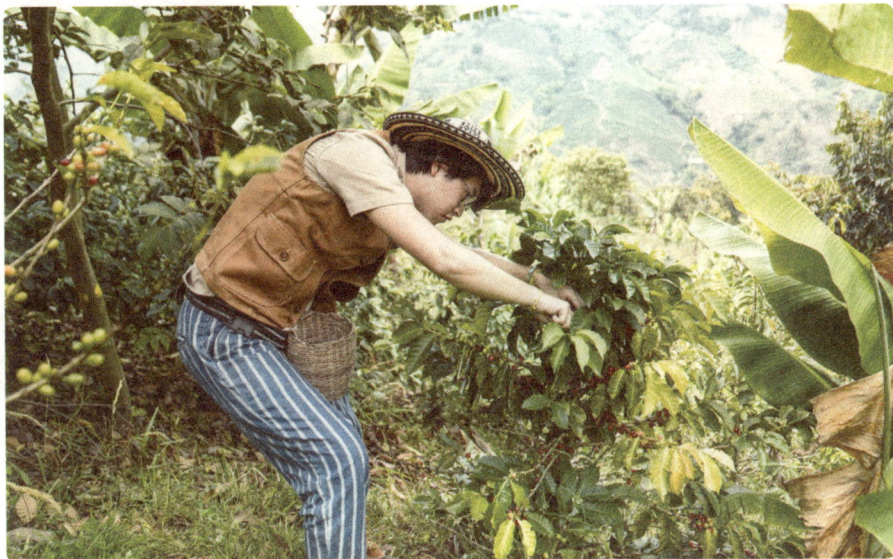

来哥伦比亚之前，我第一个确定的行程就是去咖啡种植园。在"咖啡区"不仅有漫山遍野多到数不清的咖啡种植场，更有因咖啡生产而兴起的很多城市与小镇。比如我们前往的其中一座城市——马尼萨莱斯（Manizales）。

几度欲吐……

从麦德林的汽车站出发，现场买票搭乘满员即走的小面包车，在崎岖颠簸的山路上绕山行驶5个多小时，我们终于抵达了这座山城。

随着观光行业的发展，不少咖啡农场除了种植与加工，还增设了游客体验的服务。直接在网上预定住宿和咖啡采摘体验项目，然后到农场小住几天，感受一下南美洲的农夫生活，已经成为哥伦比亚最受欢迎的旅行体验项目之一。综合考虑交通的便捷性、农场的气氛设施和价格等，我们最后选定了一个家庭经营的小农场。这家名叫 Tio Conejo 的小农场，一共只有两个小房间，参观与体验也都由农场自己的向导私人带着。

第一天深夜抵达时，接待我们的是一位阿姨，名叫 Esperanzo。她平时住在农场里，打理这里的种种事务，比如接待到访的客人等。她还给我们讲了他们家是如何一步步买下这片山头、经营起这个咖啡品牌的。

咖啡王国女王！

第二天一早，当我们走出房门的时候，Esperanzo 已经准备了丰盛的早餐：水果拼盘、芝士玉米饼、炒饭、苏打饼干、热巧克力，当然还有这里最不缺的——一大壶咖啡！吃早餐时，他们养的一只猫和两只狗好奇地蹭到了我们身边。两只棕色的大拉布拉多分别叫咖啡和摩卡，棕白相间的花猫被形象地叫作卡布奇诺。

咖啡豆没我甜！

早饭后，向导小哥 Juan 带我们开始了咖啡农场体验之旅。我们戴上遮阳的帽子，一人在腰间系上个小竹筐，手里拿着根登山竹杖就出发了。

首先是到农场建筑区参观咖啡果的加工过程。Juan 从咖啡果的结构讲起，然后逐步解释去皮、泡水、筛选、过滤的原理，并带着我们尝试使用了老式的手摇去皮机。我们还是第一次知道，去掉最外面一层皮的咖啡果，直接吃竟然是甜的！然后来到温室，这里是晾晒豆子的地方，带皮的、带汁液的、彻底洗净的三种状态的豆子，都摊开在这里干燥，之后会被送去烘焙制成不同口味的咖啡豆。

75°30'43"
5°3'32"

Thousand Kinds of Life

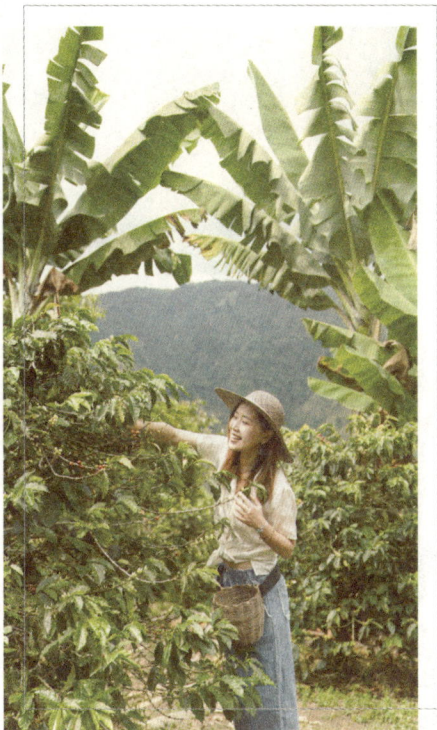

接下来参观最重要的种植园。所有的咖啡种植园都集中在"咖啡区"地带的山谷上，因为这里有最适合咖啡生长的天然环境。每天清早太阳出来前，山间的云雾蒸汽会缓缓漫过这些山丘，留下雨露浸润枝头，供这些植物尽情吸收水分。太阳出来后，一年四季足够的日照又能提供足够的温度与能量。Juan 说像这样的环境被叫作"云雾林（Cloud Forest）"。

咖啡种植园在这里被分为两种，一种是像我们所在的农场，完全保持纯天然环境。咖啡树仿佛野生一般，错落分布在各种高大的树木下。与其说在逛农场，不如说更像是在爬山，并顺便认识植物。

而另一种，则是开垦一整片山坡，整齐排列种植咖啡树，好像农田一样。这样的好处显而易见，在固定的面积内能收获更大的产量。但 Juan 说，这么做的问题是，缺少了香蕉树等阔叶树木的庇荫，咖啡果每天直接暴晒在阳光下，熟得过快，不如这种在天然环境下，在阴凉中"慢火烹煮"出最佳的滋味。

"而最终到了市场上，我们的咖啡一千克的价格，也许能买 10 千克他们的咖啡。"Juan 补充道，"况且我们这种做法还保护了自然环境，可以让土地持续发展利用，那么你说，究竟哪种方式更划算呢？"

继续向上攀登，我们跟着 Juan 学着辨认不同品种的咖啡树的特征，在能瞭望对面整个山头的坡地亲手采集红果子，最后去了农场的山顶小屋喝果汁、吹风休息。沿途时不时会遇见一些咖啡农，他们个个背着一个大麻袋，里面都是今天一上午采摘的成果。

第二天傍晚，Esperanzo 问我们有没有兴趣进城走走，看看他们城里的仓库。于是当天晚上，我们就在仓库隔壁的路边小馆共进了晚餐。

当个

咖啡农

这里真的是极具本地特色的小吃店，一共四五张桌子，由三个女老板一起经营。Esperanzo 和她儿媳妇请我们吃了一种由玉米面和鸡肉蒸的小吃，味道特别好！然后大家一起喝了点酒，很放松地东聊西扯，好像认识了很久的朋友一样。不一会儿，她的外孙女放学回来，也加入了我们。小女孩大概八九岁，除了会西班牙语，还能说一口流利的英语，不一会儿就跟我们混熟了，还请我们吃会让舌头变色的口香糖。

夜更深了，小馆的气氛也变得更热烈了。老板开始播放一些拉丁美洲的经典老歌，然后整个小馆里的人不管认不认识，都开始一起唱歌，或者直接站起来跳舞。

Tips 咖啡农场信息

农场名称：Café Tia Conejo

地址：Vereda Santa Rita, Manizales, Colombia

联系电话：+57 310 3948032

跨越地球的撞衫……

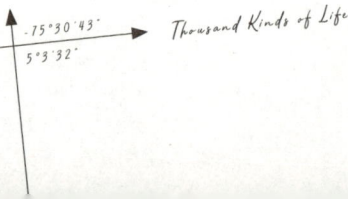

作为这里仅有的两个外国人，我们当然无法置身事外，从餐厅老板到其他的客人，开始轮流邀请我们站起来跳舞，还手把手教我们 Salsa 舞步。虽然大家几乎无法用语言交流，但是靠着肢体和表情，我们竟然也毫无障碍地融入了这个小派对，不知不觉在这里度过了两个多小时，临走时老板还免费赠送了一瓶啤酒！传闻中拉丁美洲的热情，今晚真的见识到了！

其实最初选择来这个农场的时候，我们不过就是在网上随便找找，一念之下做的决定，却怎么也不会料想到，除了咖啡体验，我们还能顺带收获与一家人的友谊，以及这样一个深入哥伦比亚本地生活的夜晚。每到这种时候，我们总会默默感叹，这就是我们热爱旅行的原因啊！在路上总有不期而遇的惊喜！♡

天涯海角素不相识的人，其实命运已经暗中帮你们牵好了线，就等着你们在下个转角相遇呢！

-75°30'43"
5°3'32"

Thousand Kinds of Life

亚马孙的
日与夜

全程高光!!!

Days And Nights In Amazon

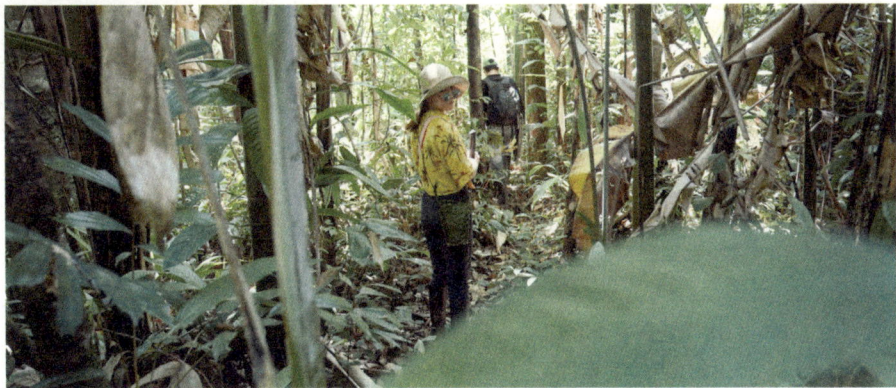

我们的南美洲旅居，计划沿着安第斯山脉，从最北部的哥伦比亚一路向南走向"世界尽头"。而这一路当然绕不开大名鼎鼎的"亚马孙雨林"。

"亚马孙"，这个最初的欧洲殖民者根据传说故事起的名字，在整片广袤的森林中，是不同部族心中共同的母亲。

凌晨一点，我们从麦德林起飞，正式前往那片传说中的土地。

当我醒来的时候，飞机已经开始缓缓下降。窗外的景象令人难以相信，目之所及，仿佛是没有边际的深绿色草原，但这并不是草原，而是丛林。

亚马孙的

日与夜

世界上真的存在这样的森林吗？它像铺到了天边的巨大地毯，平坦得没有一丝褶皱，细看却是错综复杂的绿网，构成了亿万生命的宇宙。亚马孙，这个从小听到大的名字，对我来说曾经只是一种神秘的想象：食人鱼、蟒蛇、河流、巨大的昆虫、神秘的部落。它是世界上最大的森林，但到底有多大？有多热？人们还像曾经一样生活吗？在丛林深处住了三天三夜后，我知道，我再也忘不了它了。

炎热、徒步、蚊虫……都难忘！

抵达莱蒂西亚的机场时，我们此行的向导兼翻译 Juan David 已经在等着我们了。Juan 是在波哥大长大的，从小爱旅行，早早地就走遍了南美大陆的各个国家。大学在波哥大研究亚马孙地区的历史与人类学后，出于对这里的热爱，他干脆直接从首都搬到了这个雨林小镇定居，一住就是三年。他平日里一方面靠着给我们这样的游客做私人向导维持生计，另一方面也在身体力行地走访更多偏远的部落，并记录他们的生活。

把装备塞进出租车后，我们直奔丛林而去。第一天要去的地方，是一个叫 Tanimboca 的保护区，距离莱蒂西亚大约 11 千米。在入口处见到了园区内专门带我们的本地向导 Johan，又沿着闷热的丛林小路走了一个小时，我们终于到达了今晚要过夜的地方——一个如假包换的丛林树屋！！！

⇒ 而且离地面几米高！

这栋树屋被两棵大树的枝干托起，通向入口的悬空楼梯每次只能通行一人。树屋内的条件比想象的更舒适：两张干净的上下铺挂着蚊帐，厕所有洗手池、抽水马桶和简易淋浴。唯一的缺憾是，这里完全不通电，更不通网。夜幕降临时，只能靠着工作人员借给我们的一盏小灯来辨认方向。

这片森林保护区，可以说是帮助我们适应亚马孙的新手区。除了干净的住处，还有身穿制服的向导与宽敞的餐厅。午餐当然也是就地取材，以河流中的鱼类为主，搭配米饭和地瓜饼。当向导端出一整壶的冰镇鲜榨菠萝汁时，浑身大汗的我们都感动得有点想哭。

躲过了最烈的阳光，我们开始在森林中徒步，却又遭遇了一场阵雨，不过这在亚马孙也是家常便饭了。本地向导 Johan 不断为我们指出有趣的植物，介绍着丛林的知识，又和变魔术似的，用随手摘下的枝叶几分钟内编了一个小背包。Juan 介绍说，以前的部落猎人在森林中一走就是好几天，必须会这种随手编包的技能来装打到的猎物。

-69°56′24″
-4°13′1″

Thousand Kinds of Life

因为树木的遮蔽，雨林的天黑得很早。我们几个陌生的闯入者，第一次把自己完全地献给了自然母亲，丛林也为我们准备了一些小惊喜作为见面礼。戴好头灯，我们开始了第一次丛林夜游。夜晚是亚马孙最有魔力的时候，那些白天躲起来的昆虫和动物，都会在此时纷纷出动。在黑暗中徒步的一小时，向导 Johan 用他异于常人的眼睛，带我们辨认着各种新奇的小生物：从拟态的巨大竹节虫、花色鲜艳的树蛙，到藏在地洞里、面目狰狞的塔兰图拉蜘蛛。

住在雨林的大树上，一片漆黑，我们都变成了屋檐下的小蝙蝠，彻底丧失了视觉，但听觉却越来越灵敏。凌晨两点，森林里的蝉鸣悄悄歇息了；凌晨三点，一只神秘动物造访了阳台，呼哧喘着粗气；凌晨五点，整座森林里的鸟儿都醒了，奇异空灵的声音此起彼伏，在森林间传递。

激动到一夜无眠
……

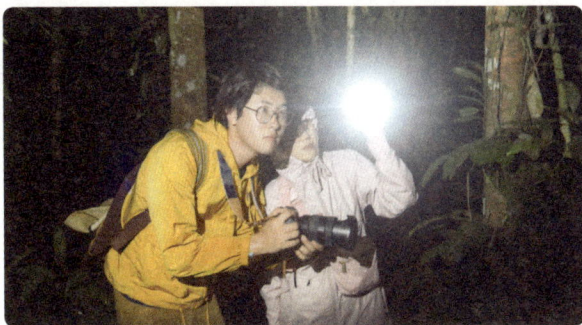

Tips 亚马孙旅行小经验·

1. 莱蒂西亚航班一般都是中午抵达和离开，要根据打算住几晚规划好行程，一般建议至少留 3 个晚上

2. 提前在网上联系靠谱的地接社，建议必须有向导

3. 我们的地接社：Colombia Remote Adventures
邮箱：contacto@colombiaremoteadventures.com

4. 提前做调查，思考时间该如何分配，比如侧重找动物、体验部落文化，或者户外探险，并与当地地接社沟通自己的想法

睡进雨林部落中

又去找首长了！

Sleep In Jungle Tribe

在第一天的兴奋和新奇后，我们已经做好准备，大胆地迈进丛林更深处。两小时后，我们的衣服都被汗水浸透，水也快喝完了。向导却在这时停下了脚步，开始让 Sue 用一根木棒敲打一棵参天大树。这是部落们在丛林中的烽火台，是这里最有效的远距离传信方式。没过几分钟，远处传来了一样的敲击声回应我们，仿佛在告诉我们：这里准备好了，欢迎光临！没错，今天我们要睡在雨林的部落里！

By RJ.

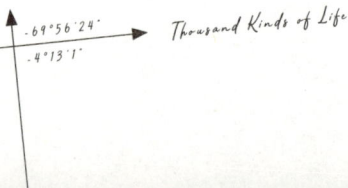

这次拜访的部落，名叫"Wayruru"，坐落在一条天然的小河边，距离最近可通车的马路大约 2 小时的森林路程。部落里的人不算多，大约 12 个，建筑包括一间主屋、两间侧屋、一间餐厅和简单的厕所与露天淋浴间。这个部落用竹子和干棕榈叶搭建的房子在这里被叫作"Maloka"，而我们今晚要住的，就是那间最大的、用来举行部落公共活动的屋子。

Juan 说，过去的一两个世纪以来，亚马孙经历了太多的动荡。从西方殖民者的橡胶贸易、矿物开采，到后来的动物皮毛走私潮。雨林的部落要么在抗争中被杀害，要么被迫离开曾经的家园，寻找更深处的归宿。所以有很多像 Juan 这样的人，或者走出了森林、接受了教育的部落人，会回到雨林中，试图在这里发展健康的旅游业，把游客带到部落中，为部落人带来收入，为他们的生存寻找一个处于居中状态、可持续发展的解决方案，帮助他们在维持传统文化的同时，也缓缓跟上现代化生活的节奏。 → 全凭热爱！

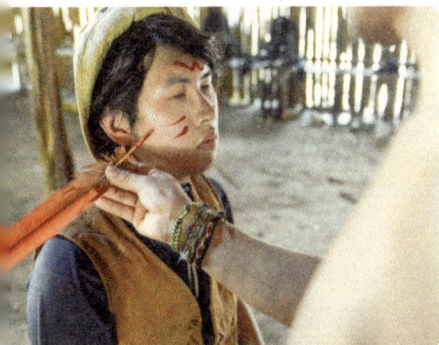

说话间，我们进入了主屋。屋子里非常宽敞，约有 8 米高。两侧的木头柱子与横梁上拴着许多吊床，那就是我们今晚要睡觉的地方。屋子正中间，用很多粗矮的木桩围成一圈，圈的正中间坐着一个上身赤裸、头发短而花白的老人。他戴着獠牙项链，头上是彩色的羽冠。显而易见，这就是部落中的领袖。

在亚马孙的部落中，这样的男性领袖，是经过数年苦修成为的雨林中的最强者。他精通雨林的知识，是最好的猎人，也是最棒的老师。他维护着森林的秩序，你可以叫他酋长，也可以叫他祭司、巫医。但在这里，人们更多地称他为"Grandpa"。

Grandpa 向身边的年轻人交代了几句，小伙子便拿起了 Grandpa 面前摆放的红色天然染料和羽毛笔，上前给我们脸上画上了部落的彩绘图腾。女生的是蝴蝶，代表美丽、敏感、细腻；男生的则是美洲豹，代表敏捷和力量。

在部落的午后分外悠闲，我选择跟着小哥到附近的河流游泳冲凉。虽然水基本上是深褐色的，但在脱掉被汗水沁透的衣服，痛快钻进凉爽的河水里时，还是感到了一种难以描述的爽快。

午饭后，我们躺在吊床上小憩。屋里静悄悄的，没有任何人说话，而屋外则是聒噪的鸟叫声，各种奇异的声音混杂着，仿佛整座雨林中的鸟儿正在进行一场辩论。最热的时候过去后，我们跟随向导在村庄附近的种植园闲逛，看这里种着的大量的菠萝和药草。

夜色降临后，Granpa 点燃了各处的火把，把大家都叫到了长屋中来。千百年来，部落的孩子们都像这样，每晚围坐在 Granpa 的身边，听他传授着关于丛林的知识。Granpa 还是坐在白天的位置上，但身后交叉的火炬，在黑暗中为他打出暗红色的轮廓，这个场景无比像电影中才会有的神秘原始仪式。他点燃一支卷烟，给我们讲起了与森林中的"精灵"相遇的故事。烟雾弥漫，烛火摇曳，时间的流逝变得慢起来了，而整间长屋仿佛幻化成了宇宙。Granpa 说，雨林的魔力从未消失过，总会有新的人坐上他的位置，守护大自然的秩序。

躺在吊床上，半梦半醒间，我觉得亚马孙已经接纳了我，而我也同样接纳了它。

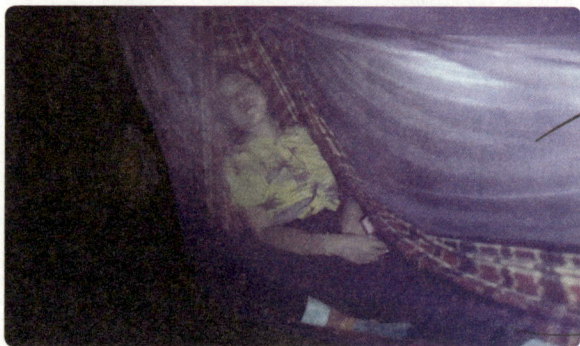

今夜的床

睡眠瑜伽?!

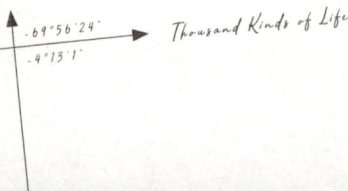

-69°56′24″
-4°13′1″

Thousand Kinds of Life

睡在 亚马孙河上

一场美梦 ♡

Sleep On Amazon River

　　10 月的亚马孙正是旱季，水位下降得很厉害，很多支流都干涸了，但亚马孙河看起来还是一样的宽阔。相比于在酷热潮湿的丛林中徒步，我们当然更愿意坐着小船吹着风，尽情享受河岸风光。

　　到了河的对岸，其实就进入秘鲁境内了。我们靠岸后，又在森林中徒步了一小时，再换上更小的独木舟，深入旱季的支流中，在浮萍与水草的包围下艰难前进。今夜，我们要睡在亚马孙河上。

　　到了晚上，整片 Natamu 保护区只有我们一行人。我们要去体验一项很特别的活动——划着独木舟，寻找凯门鳄。

是真的鳄鱼…
真的是鳄鱼！
鳄鱼是真的…
鱼是真的鳄！
兀ㄥ兀

睡在

亚马孙河上

337

*分分钟
被吃掉*

在亚马孙的水域共生活着四种不同的凯门鳄，长度从 1 米到 10 米都有可能。但由于现在是旱季，大鳄鱼估计都躲到远处的大湖中了。所以在我们所住着的小河道里，应该只会发现一些小鳄鱼。

当地向导关掉发动机，借用头灯的微光，用船桨安静地划过水面。我们的目标是浮萍中橘红色的反光，那便是凯门鳄的眼睛。

在整个过程中，我们不能开自己的手电，不能发出声音，只能屏息等待，静静感受这座水上的丛林。森林的温度已经降了下来，十几摄氏度的风伴随着蛙鸣声包围着我们，在经过的水草间，一下一下地闪着莹绿的光。不知何时，向导停下了船，久久地趴在船头没动。我看不清他的身影，也不敢随便乱动。

那时感觉一切都有可能发生……

大概过了一分钟，他缓缓直起身来，背对着我们说了些什么。正当我猜测可能是鳄鱼跑掉了的时候，向导转过身，左手赫然抓着一只半米长的小鳄鱼！他是徒手抓住的！

Juan 来到船头，从向导手中接过了那只小鳄鱼，右手小心地握住它脖子的部分，开始为我们讲解关于凯门鳄的知识。原来我们抓到的是一只黑凯门鳄的宝宝，它只有三个月大。在它两个月大的时候，它的妈妈便离开它让它自生自灭了。但只要再过几个月，这片水域就没有动物再会是它的对手。它背后的甲壳正在变得越来越硬，尾巴几乎占了全身长度的一半，黄色的大眼睛看起来非常迷茫，好像在想着自己好端端地在河里睡觉，是怎么沦落到这个境地的。

无辜的
"小凯"

Juan 让我来到他的位置上，教我怎么像他一样抓住这只小鳄鱼，并照了几张照片留作纪念。然后我们就把它放回水中，还它自由了。

虽然只是与一只小小的凯门鳄亲密接触了几分钟，但这在亚马孙的最后一夜，我的心情久久无法平静，不断回味着那个片刻。

在离开亚马孙的飞机上，广袤的丛林跟我来时看起来并无二致，但我的心中却有着万种感慨。三天的时间，只够浅尝丛林的一叶，却给了我们足够铭记一生的精彩时刻。当我开始能渐渐分辨一些植物的特征时，当我开始感觉不到身上的汗水时，当我卸下心防跳入棕色的河流时，我比任何时候都深刻地感受到心底的一些东西正在苏醒。

真正的

我们生而属于自然，只是渐渐忘了来时的路。你要回到丛林，把自己找回来。

这是我们的第一次亚马孙之旅
但一定不会是最后一次！！！

睡在

亚马孙河上

339

从未消失的
印加人

The Inca Never Gone

500 ~ 1000 年前，在太平洋的另一端，南美大陆的安第斯高原上，曾存在过一个古老强大的帝国。

它的疆界从亚马孙的密林直至延绵狭长的海岸线，从肥沃的峡谷一直到险峻的山顶。它的子民信奉安第斯神鹰、美洲狮和蛇，因为它们分别代表着来自天空、人间和冥界的力量与秩序。他们个个都是锻造黄金的高手，也是技术高超的编织能手。这个神奇的国度就是"印加帝国"。

印加帝国创造的文明是"新大陆"上曾存在过最有名的文明之一，在它存在的几百年间，留下了数不清的建筑遗址、雕塑艺术、音乐美术作品等。骄傲的印加人建都在高山上，称其为"库斯科（Cusco）"，意思是"肚脐"，可以理解为它就是宇宙中心！

Thousand Kinds of Life

千百种生活

秘鲁篇

PLAY

扫码看
本站
旅居视频

有点像
丽江
+
香格里拉

一切变故都发生在 15 世纪，西班牙人的大航海改变了整个世界的格局，旧世界第一次和新世界激烈碰撞。现在的人们谈起印加帝国的灭亡总是津津乐道，一个 600 万人的帝国，竟然被西班牙 168 个流亡士兵灭掉了！但在当时的"新大陆"，印加士兵裸着身体，仅靠着石斧、弓箭和弹弓征服周边的部落。南美洲没有马，那些穿着银光闪闪的盔甲的士兵，骑着速度远高于羊驼的"金属怪兽"，手里还拿着能发出巨响的火器，一声巨响之后身边的人就倒下了，好像确实没法打赢这场仗。同时，印加帝国修建了先进的交通道路系统，但这恰恰成了西班牙人顺藤摸瓜、逐个击破的绝佳工具。最后，跟着"旧大陆"的外邦人来的，还有"瘟神"。瘟疫如猛虎，杀死了远远多于火枪杀死的印加人。

一个屹立了几个世纪的帝国，就这么轰然倒塌。在西班牙语和天主教的"入侵"下，就连神秘的绳结文字也随风而逝了，一起消失的，还有关于印加帝国的种种过往……

500 年过去了，曾经印加帝国的核心领土上，是一个取而代之的名字——秘鲁。除了它神秘又独特的过往吸引着我们，现在的秘鲁依然是个文化丰富而有魅力的国家。在与西班牙文化的融合之下，它有着殖民风情，但又保留了属于古老的克丘亚文化的精神内核。那些编织、语言、饮食、思考方式，都从未真正被改变过。从很早以前，秘鲁就是我心中认定的必去的南美洲国家！！

千百种

生活

-71°59'6"
-13°31'19"

Thousand Kinds of Life

库斯科是一座高原城市，平均海拔在 3400 米左右。从以前作为印加帝国的首都，到现在是秘鲁非常重要的旅游城市，所有与印加传统文化相关的旅行体验，都是以这座城市作为主要枢纽，向着周边的圣谷深入不同的小镇村庄的。所以我们决定直接飞来库斯科，并把秘鲁整站的旅居完全定在这里，充分体验这一年中唯一的高原时光。

从机场进入库斯科老城区大概只花了不到 20 分钟的时间。万里晴空下的老城，让我们仅仅透过车窗就爱上了它。这里是完完全全的石板路，随处可见西班牙式老教堂与方形广场，一条条小巷子两侧都是高墙围成的庭院。整座城由于建在山谷中，地势上下起伏，阶梯穿插在路之间，把人不断送往城市更高的地方。走着走着就突然发现，可以俯瞰整座仿佛停留在旧时代的老城，它被暗色的山峦衬托着，所有的房子都是统一的白墙、瓦顶、小窗户。

一扇扇门内，一页页橱窗里，塞满了各式各样特色的手工艺品：毛线帽、斗篷、彩绘玩具、仿古陶器、乐器、面具等。不仅品种丰富，而且样样都是以前没见过的风格，看得我和 Sue 两个纪念品十级爱好者蠢蠢欲动。

在"羊驼之国"，你的生活和视线当然不可能躲得掉它们。在库斯科街头，几乎每天都能碰到好多次附近村庄的妇女，她们穿着艳丽的传统服装，三五成群地，一手牵只大羊驼，一手抱着超萌的羊驼宝宝，通过邀请游客们合影赚钱。羊驼的头上往往还会戴着五彩的饰品，像个毛绒玩具一样可爱。不过让人错乱的是，在各种餐厅里，菜单上也赫然推荐着各种羊驼肉料理……在当地羊驼的数量远比羊多，作为肉食来源很正常，但 Sue 可一口也吃不下去。

从未消失的
印加人

而在满街的服装店和工艺品店里，"Alpaca（羊驼）"这个词简直是超高频必备单词。秘鲁人以纯羊驼毛的手工制品为豪，毛料远销世界各地，直接在当地买，当然更是便宜、划算又好看！

拖着沉重的行李，我们找到一扇隐蔽到稍不留神就会错过的小门，这里就是我们在秘鲁的新家！

房东太太将我们引入自家院内，小小的石板路，满院的青草鲜花，画着彩绘的墙壁，铺着瓦片、有小木窗子的两层小房……都如童话故事里的"精灵小屋"一样美好！尤其是我们专享的独栋小阁楼，木门被设计成了对开的拱形，不论是老木桌椅、吧台、放着铸铁火炉的石头墙，还是满屋的秘鲁小摆件和特色羊驼毛毯，都既有独特风情又温馨自然，让人仿佛一下子进入了电影里才有的场景，又好像来到了霍比特人家里做客。

放下大包小包，我们迫不及待重返街头，开始旅居中最美好的——第一次在新城市散步！

原本从住处沿着石板路向下只需走 10 多分钟，就可以抵达老城中心的"武器广场"，但这十分钟我们却走了足足 1 小时！因为满街的有趣小店真的很难视而不见，过而不入！！！从独立设计师的斗篷店，逛到当地阿姨开的日常羊驼毛衣毛裤店，从刺绣织物店逛到亚马孙部落手工艺店……一想到还要住一个月，就只好努力控制住自己颤抖着伸向钱包的手，继续往前走！

-71°59'6"
-13°31'19"

Thousand Kinds of Life

这其中让我和 Sue 印象最深的，是一种由西班牙的宗教传统结合秘鲁文化而生产的工艺品，在城中许多纪念品店都有卖——一个可以对着开关门的彩绘木盒子。打开门以后，里面是五彩斑斓的雕塑场景，最多的是一家店铺：穿戴着斗篷和帽子的男女在做食物、卖小小的工艺品，又或者在仙人掌下摘果子；同样穿着印加服饰的骷髅们在卖满墙的魔鬼面具，或者在一起奏乐弹唱、编织地毯。木盒子的尺寸从掌心大小到半人高的都有，真的是我见过的最精致的旅游工艺品了！！

都想要！可行李空间不够！T∧T

终于来到了城市中心的广场上，我看见人们坐在喷泉旁的长椅上唠家常；披着斗篷的大姐搬个马扎，专注于手里正在编织的腰带；开车的小哥经过教堂时，一定会放慢车速，默默在胸前和额头上划个十字；偶尔还能遇见穿着传统舞裙或者带着五彩针织帽的人们，拿着乐器在为下一个游行庆典排练着民族歌舞。

木盒中的木盒店！

印加帝国真的无影无踪了吗？它曾经高度发达的古代社会结构，当年的科学技术以及文学作品，还有印加人先进的建筑技术无疑早已成为历史。但是，"印加人"并没有消失。他们在接受西班牙的统治和宗教洗礼后，依然保留着"印加式"的文化核心。各个地区的村落保留着不同的习俗与着装，至今仍有上千万人使用着克丘亚语，在高原贫瘠的土地上，他们依旧展现了高超的种植农耕技术，还有虔诚、勤劳、善良、友好……

在南美大陆最接近天空的这片土地上，我们已经准备好去拥抱一段古老而独特的生活了。

从未消失的

印加人

地球对面的
你

The Other Side Of The Earth

　　我们在各个国家旅行时碰到的人，提到秘鲁的第一句话总是：太好吃了！！！排除因旅游业的繁荣带来的各种地道外国料理不说，秘鲁本地超丰富的原产食材，加上西班牙与中国菜系融合之下形成的各种料理，让我们在这个月着实胖了几斤。

　　在库斯科接连打卡了几家排名靠前的本地餐厅，虽然味道和服务都很棒，但基本上都是为接待游客而生的。于是我和Sue转换思路，在网上找到了一位在库斯科旅居三年的美国人作为美食向导，带我们深入本地的菜市场和街头小摊，去尝一尝秘鲁人日常生活中的美味。

我们的"美味狩猎"从城中心的街边开始。在"武器广场"，我们看到一位当地妇女坐在街角，面前摆着好几个大的布口袋，她时不时地快速从中掏出点儿东西，与路过的人短暂交易……她在卖的神秘食物就是：Tamale！一种从墨西哥到南美洲都很普遍的经典小吃。通常就是用玉米叶包玉米面饼，加上鸡肉、辣椒、洋葱等碎料后蒸熟，有咸有甜，算是南美版的"粽子"。

而今天我们的主要目的地，是库斯科最有名的传统老市场——San Pedro 市场。每天早上，这里的餐饮区都会挤满当地人与慕名而来的游客，在这里可以以超低的价格吃到各式各样的当地小吃和早点。除了现煮现卖的小摊，这儿也卖日用品、面包、蔬果、鲜花、香料、祭祀用品，还有本地手工艺品，简直是"一站式"体验库斯科市井生活的最佳选择！

从接近老市场门口开始，附近的步行道上就已经有许多地摊了，其中一个大姐的摊位吸引了我们。她坐在一个小凳子上，面前摆了个桶，不停地用勺子在上下搅动着里面乳白色的液体。向导解释道，这是秘鲁最有特色的传统饮料——Chicha，是用玉米发酵做成的。Chicha 也分很多种类，乳白的、深红的，颜色不同表明发酵程度不同。有的喝起来像葡萄果汁，有的喝起来又像有点浓稠的优酸乳。当地人常常开着车，就停在路边小摊旁来喝上一杯，老板通常会提供一扎啤酒那么大的玻璃杯给你，你需要当场喝完。

市场"大排档"

白切鸡面店

地球对面的

你

347

穿过市场的农贸区和日用品区，就会出现巨大的室内大排档！十几家小吃摊排成一排，总共有近百家。通常售卖类似种类小吃的摊位都会摆在一起，比如有一排专门是卖本地流行的鸡汤面的，有专卖牛骨汤饭的，还有专卖烤乳猪的……每个摊位前，都有几个座位和小桌子供食客坐下，从菜品到现场气氛都特别像广东或者闽南的夜市。

我们坐在这里吃东西的时候，附近的人会热情地跟我们打招呼，欢迎我们来到库斯科，甚至对我们敢于尝试 Chicha 竖起大拇指。其实后来住在这儿的一整个月里，我们不仅从未受到任何陌生人的排斥，反而常感受到这种温暖和热情。

吃饱之后我们决定去逛逛蔬菜区，发现了各式各样没见过的南美作物，其中一张长桌上堆满的五彩缤纷的根茎块，竟然都是土豆！！你知道吗？其实秘鲁是全世界土豆的故乡，从 1 万年前这里的土著学会种植土豆并把它作为作物开始，至今一共有 2800 多种土豆！红的、黄的、紫的，长的、短的、扁的，像香蕉的、像桑葚的、像老姜的，长得千奇百怪，完全推翻了我们对土豆的认知。如果土豆爱好者来这里的话，真的可以不重样地吃上几个星期……

果汁区同样由整排的水果摊构成。据说在这里的老板不仅能用手边的几十种水果榨出美味的果汁，还能成为你的私人理疗师。当地的常客来这里坐下，说说自己最近哪儿不舒服，他们就能对症下药，根据蔬果的特性调制出对你的症状有帮助的"魔药"！据说到了秘鲁的雨林边缘地带，还有用活青蛙做原料的，那喝下去大概真的要有"魔法"了……

走出市场，我们又跟着向导继续光顾了几个巷子里的水果铺，尝了好几种南美特色水果。有的类似百香果，但更大而且特别甜；有的长得像牛油果，吃起来却像番荔枝。总之在这里，那些我们曾经

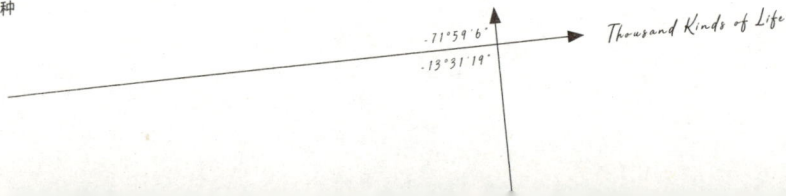

Tips 秘鲁街头小吃价格表

玉米饼（Tamale）：2 元
烤乳猪：40 元一整份
鸡汤面：15 元
鲜榨果汁：10 元
糖油条：5 元
（以上均为人民币，价格可能略有浮动）

熟悉的水果，样子、颜色、味道、大小好像都被重新打乱组合，吃起来美味又新奇！我们甚至还在一个路边小车上尝到了3种不同颜色的仙人掌果子！

穿梭在市井街头，我们常常会有种回到国内的亲切感。在菜市场里晾着的风干腊肉，粮油店里一麻袋一麻袋的米和面，街头突然冒出来的小吃摊，还有当地人热热闹闹地凑在一起，吃着很多奇奇怪怪混杂在一起看不出原料的食物……这一切都让我们在"吃"上产生了极强的共鸣。

在遥远的地球对面，那片陌生的大陆上，我们仿佛找到了殊途同归的另一个兄弟。如果有一天，把在秘鲁认识的朋友们邀请到中国来，不知道他们会不会产生和我一样的想法呢？

我打赌！
Roy 想尝尝…

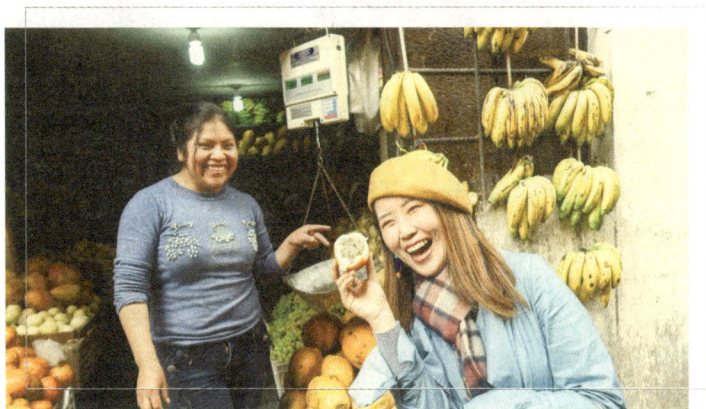

地球对面的
你

349

漂着生活！

湖上　有人家
Floating Nation On The Lake

　　我在湖岸边第一次和那个只用邮件往来的男人见面了，他叫 Eder。像所有 Uros 人一样，他有着黝黑的肤色、矮胖的身材、近似亚洲人的面孔特征，还随时挂着让人看了会立刻放松下来的憨厚笑容。他将是接下来几天在湖上照顾我们起居生活的主人，要带着我们融入一个奇妙的家庭，探访一片独特的村落。

　　环球旅居到了第 11 个月，时间变得一天比一天珍贵。我们这次专程从库斯科过来拜访的地方叫作"的的喀喀湖"，它是世界上海拔最高的可通航湖泊，也是秘鲁人心中的圣湖。而我们的目的地，是全世界独一无二的、湖中间 Uros 族的"水上漂浮村庄"。

·70°1'12"
·15°50'35"

Thousand Kinds of Life

Tips 漂浮岛交通与住宿

交通
先从库斯科到 Puno，可以搭火车、大巴或飞机（到 Julianca 机场）
我们选择的大巴公司为 Cruz Del Sur，单程约 6 小时，头等舱平躺座椅票价约为 450 元人民币

住宿
漂浮岛上大多数民宿可在 Agoda 网站预定
我们的民宿是 Titicaca Lodge，标间价格约为 1000 元人民币（含双人三餐与活动）。预定后跟主人邮件沟通好抵达时间，主人会去车站或机场接送

小船安静地在湖面上滑行。下午四点，晴朗的天空呈现出一种深邃纯净的蓝，与平静的湖水之间模糊了边界。大片的香蒲草从水中疯长出来。它们长得极像芦苇荡，在我们面前左右摇移闪现，像是一幕变幻的舞台剧，酝酿着高潮的一幕。突然间，我们驶入了一片开阔的水域，一座座小浮岛彼此相连，围成了一个直径数百米的大圈。而中间空出的水域，仿佛是一个中央广场，供来来往往的小船通行。我们投宿的岛，就属于这片社区的其中一个家庭。

小船轻盈地在我们的小岛旁靠岸。说它是岛，但仔细一看，却是由一层又一层厚厚密密的香蒲草堆叠而成的漂浮物。这种植物栖水而生，中间是空心的，有很好的韧性和防水性。据说 Uros 人的祖先因逃避当年的战乱迫害，一路逃进了的的喀喀湖，却意外地学会了使用这种香蒲草。不仅用它建成了居住的房屋、通行的船，甚至造出了一座座人工的漂浮岛，无论是岛的规模还是位置都可以任意变化。岛的底部有成块的土壤做基底，让草与根有所依托，而平时就用一个锚把岛固定起来。他们也一代代地在水上出生、长大、捕鱼、编织，过了几百年悠闲而诗意的水上生活，直到今天，这仍然是世界上千百种生活中最独特的一种。

简直是游戏的设定！

Eder 带领着我们先认识了他们的家：这是一座中型的漂浮岛。岛东侧是一间餐厅、一间厨房和两三栋主人自己居住的房子。Eder 与妻儿、父母，以及兄弟一家共同居住在这里。当然，以上这些全部都是用草编成的。岛的正中央留出了一块中空地，露出了湖水，上面还盖了小木桥。乍一看像是诗情画意的园林造景，但实际上是因为纯草做的岛极其怕火，这也是以防万一的灭火设施。

岛西侧盖了四五间客用的草屋。随着 Uros 人特别的生活方式为世人所知，慕名而来的游客与日俱增，旅游业自然也成了他们获得收入，跟现代生活接轨的必然选择。这恐怕是世界上所有原生传统文化必须面对的处境：不能与商业共存，那就只能渐渐被遗忘甚至消亡。

湖上

有人家

在岛上最引人瞩目的设施，要属停靠在岸边的一艘草船。它的外形神似中国的龙舟，只不过船身更窄、更厚，船的一头还被编出了一只呆萌的大猫头——那是他们信仰的美洲狮的造型。

我们入住的当晚，与来自不同国家的其他几个客人，一起在餐厅学习做他们的小的手工艺品——用香蒲草编"秃鹰"造型的小挂件。这是一种极好的消磨人的时间的娱乐项目，而且几乎没有成本。在这样的专注中，最后一缕阳光消逝在山的那头，只在湖上留下一抹黯淡的残红，所有的草屋与草船都只剩默默不语的剪影。白天收集的太阳能让这里晚上使用电灯、热水，以及给手机充电，但是不能用电吹风等大功率电器。

大概 7 点多，Eder 招呼大家开饭。晚餐非常简单，仅是煎鸡胸肉配西蓝花。但配上一碗热热的藜麦汤和薄薄几片果切，硬是凑出了一顿仪式感十足的三道式晚餐。

Thousand Kinds of Life

-70°1'12"

-15°50'35"

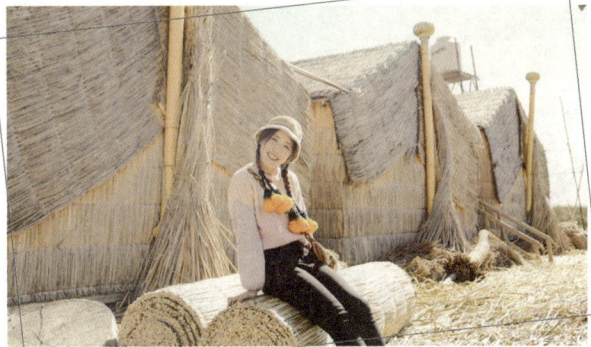

长得
一模一样
！

在村子里我们睡得早，醒得更早。虽然没有公鸡报晓，我却在六点多就自然醒来。走出门，在冷冽的晨风中，阳光直白且生硬地把一切都染上饱和度极高的橘红色。整个村子也在缓缓醒来：Eder 与妻子正悠闲地坐在草地上，喂着宝宝吃早餐；他的妈妈在岸边接过一艘小船送的货——那是艘专门服务各个小岛的杂货铺；一只白鹭在小桥上来回溜达，看样子是这里的常客了；水上往来的船也多了起来，在湖上滑出一道道折痕，带着我们岸边的草船轻微地波动。

早饭过后，Eder 的哥哥用带着引擎的小船带我们在湖上兜风，并介绍了整个社区的生活。目前所有的 Uros 人都生活在这片几平方千米的水域中。150 个漂浮岛上，生活着 2600 多号人，保持着自给自足、文化独立的状态。在这些漂浮岛上，有教堂，有医疗站，有足球场，有市场，还有幼儿园和小学。幼儿园的孩子还需要家长划船接送，但据说上了小学，可就得自己划船上下学了！我跟 Sue 开玩笑说，与我们见到的内蒙古孩子有得一拼啊。Uros 人有自己的语言和信仰，但随着新一代人接触的世界正在变化，西班牙语和英语成为他们的必修语言，而他们的原生语言反而正在渐渐"凋零"。

族人中有不少像 Eder 家那样，率先做起游客生意的家庭，据说有 22 座岛有民宿；但也有不少人从事着更传统的职业，比如专司编织手工艺的、修缮房屋船只的、开船收各家垃圾的或者负责砍新鲜香蒲草补给每个漂浮岛的。因为晒干后的香蒲草有保鲜期，所以每周各个岛上都需要加铺一层新草，房子每四个月也要修补一次。

湖上
有人家

353

在这里，岛上的人可以自由选择与家人或者朋友共同生活在同一座岛上。Eder 开玩笑说，如果你不喜欢你的邻居，也可以随时拔起锚搬家。他们的岛在这个位置待了很久了，因为他们觉得在这里看到的风景是最棒的。

那天傍晚，我们坐着美洲狮草船，摇摇晃晃地划到一片香蒲草区的边缘去收网，那是渔民前一晚放置的。今天的收成有些惨淡，网不断地从水里拉起来，只缠住了几条不到巴掌大的小鱼。我分了神，转头看向远方，今日的夕阳还是一样的美。一座座小岛的轮廓因为开始冒起的炊烟而不断变幻着。白天刺眼的湖面，也终于沉静下来，展露出含羞温柔的神态。

又是高原上如常的一天正在谢幕，这片安静、美好的"桃花源"，其实从来没有变过。而他们习以为常的"浮生"，却成了我们旅居中最浪漫的一梦。

与羊驼
翻山越岭

可爱登山队 🏳

Hike Over The Mountains With

Alpaca

来秘鲁，我最期待的是部落传统手工艺和神秘独特的印加传说，但对 Sue 来说，那肯定是超级呆萌的羊驼了！！羊驼是秘鲁最有代表性的"国兽"，也是秘鲁原产的动物。它们的外表看似呆萌柔弱，其实适应能力超强，能在平均海拔 4000 米以上的高原如履平地，生活得悠闲自得。

羊驼浑身都是宝。在秘鲁，羊驼毛的价值不必多说，从古至今生活在高寒地带的克丘亚人，都是靠着温暖的羊驼毛编织的斗篷帽子和毛衣度过漫漫凛冬。安第斯高原的地貌植被不适合放牧牛羊，也没有太多养马的人家，所以羊驼肉不可避免地成为当地人菜单上的主要蛋白质来源。羊驼的腿骨可以被制作成骨笛，也可以做编织用的工具……总之，羊驼生时与人为伴，温顺可爱，跑不快，

动物都 hái 怕的"好称号"…

不咬人，唯一的攻击方式不过喷喷口水，每年还能薅一把羊毛，死后又会奉献出身体的每一个部位，怎么能不受秘鲁人的喜爱！

在库斯科居住期间，我们找到了一户饲养羊驼的村民，跟着他们来到了远离城市的山间，循着印加古道的路线，来了一趟"私密羊驼散步之旅"。

乘着车来到一处山坡小路的入口，一共六只"羊驼"已经在这里等我们了。之所以打了引号，是因为在它们之中，只有三只是真正的"Alpaca（羊驼）"，剩下三只长相相似的，是特别容易被认混的它们的近亲"Llama（美洲驼）"。羊驼的眼睛圆圆小小的，脸形比较扁圆，且除了口鼻以外，连脸颊都是毛茸茸的，个头上也相对较小；而美洲驼相比之下身材高大、纤细，脖子更长，毛不是绵羊那种蓬蓬的，而是比较长、会下垂的，它们的脸比较瘦长且立体，一般脸颊上没有长毛，乍一看跟骆驼很像。最容易跟羊驼区分开的地方是耳朵，美洲驼长着尖尖长长的"香蕉型"耳朵，而羊驼的耳朵相对比较短小。

这次一起出来散步的6只"羊驼"中，有一只四个月大的羊驼宝宝，体形比中型犬稍大一点点。相比于已经波澜不惊的大羊驼们，它还处在对世界充满好奇心的年纪，在整个途中一直跑前跑后，时不时来到我们身边，抬起圆嘟嘟的笑脸，瞪着圆圆的大眼睛打量我们，再一溜烟跑开。小羊驼的毛比较干净松软，不管看起来还是抱起来都像个毛绒玩具一样。

大羊驼和美洲驼基本上只吃草，沿路随走随吃，但小羊驼还爱吃零食！！它的主人说它尤其爱巧克力，所以当我们手拿巧克力"收买"它的时候，不管怎么抱它、搓它，它都会乖乖配合。虽然在海拔4200多米的高原小路上暴晒徒步，但是因为有了这只绝世萌物，所以我们的疲劳全都消失了。

高原徒步一开始，我们还走在一处开阔平原边的山腰上，边走边向左侧望去，右侧是大片的农田和村庄，以及一处蔚蓝的湖水。高原蓝的天空和白云倒映在湖面上美不胜收。继续向前走，我们进入了山谷之间，高山上一道道被原始冰河切割出来的皱褶，构成了山脊蜿蜒的轮廓，近处却是我们的驼群与路过的羊群，它们在原野上自由奔跑，像油画一样。在某个瞬间，视线透过几座巍峨的身影，可以看见远方山谷里的一片绿地，那里便是村庄的所在，但再过去一点，大地的浪头又掀了起来，这次浪涌的更高，它顶部洁白的泡沫，是山巅终年不化的雪顶。

那一天我们跟随着身着传统服装的克丘亚牧民夫妇，翻过了几座山头，踏过了古代梯田，体验了一次真正的古代游牧生活。即将告别时，牧民大哥悄悄跟我说，这是他辛苦探了几个月路才摸索出的私人秘境路线，可别告诉别人哦！

分得清我们谁是谁吗？

与羊驼
翻山越岭

357

500 年前的生活

内博士带我
上山下乡😊

Life Of 500 Years Ago

来秘鲁旅游的人，不会不来库斯科。不仅因为这座城市本身就是极有历史意义的名城，更因为它是进入周边"圣谷"地区的门户。

从库斯科出发，朝着不同方向行进，可以深入一些各具特色的城镇：有的会举办有趣的周末赶集，有的保留着印加时代的壮观遗址等。相比于繁华的库斯科，在这些小城镇，可以更好地看见克丘亚民族简单传统的生活风貌。

但我却总觉得还有些意犹未尽，难得有机会住上一个月，我要看，就要看那些更有深度、更真实的生活。于是在多日埋头苦找后，一个地名引起了我的注意：Huilloq。

在一个详细介绍秘鲁的网站上这样描述它：与世隔绝的山中村庄 Huilloq，是秘鲁传统文化保留得最好的地方之一，它以极其优异的编织工艺出名。由于交通不便、缺乏资讯，这里几乎没有游客踏足。人们日常依然穿着传统服装，就连孩子们上学也身着五彩的斗篷。整个村庄基本上只说克丘亚语，连会西班牙语的人都不多，这里的生活同 500 年前的印加时代几乎没有太大的改变。

这就是我要找的地方！！一直到我们在库斯科住了半个多月，偶然路过一家路边旅行社，这趟任何网站都预定不到的行程才终于得以实现。老板娘说她会说克丘亚语，在这个村子里有熟人，可以全程帮我安排并兼职当翻译。于是在约好的日子，我们坐上预订的小轿车，在山路上开了两个半小时，来到了一个有名的旅游小镇——欧雁台，又换成了一辆破破烂烂的面包车，不断颠簸着攀山向上，终于在傍晚前抵达了这个大山深处的原始村落。

Huilloq 的条件比我预想的还要落后一些。通向村中住户家的只有崎岖不平的土路，沿途破烂碎石堆里的鸡鸭、远处的犬吠，还有放眼望去略带荒凉的景象，让被我"骗"来的 Sue 不时回头递来"回去找你算账"的眼神。来到今晚借宿的主人家院内，依旧是同样凌乱的泥土地、用黄泥砖垒了一半的砖头房、铺着布满灰尘的旧羊毛的椅子……倒是房主夫人和女儿确实如传说中身穿自己编织的鲜艳服装。

房主 Pablo 大哥和他太太 Bacilia 对我们十分热情，端来了茶水，还亲自为我们换上了自己村里的传统服装，叫来了家里的孩子们，为我们奏乐跳了一支表示欢迎的舞蹈。虽然乐器只是一面鼓和一支笛子，孩子们的舞蹈也只是非常简单的动作，并搭配一些即兴发挥，但这种其乐融融的家庭感，却是无比真实和亲切的，这让我们很快卸下心防，开始试着享受这难得的纯正乡村生活。

孩子们和我一样被迫营业……

500 年前的
生活

一曲跳罢，Pablo 大哥一家开始兵分两路。太太 Bacilia 和她的大女儿在地上打上木桩，直接席地而坐，开始从头为我们演示村里女生必备的技能——编织。从羊驼毛如何染色、如何纺成线，到她们如何按照最古老的方式把不同颜色的线搭配起来，一行行编排，所有的技巧和图案的变化，克丘亚族的女人们不借助任何纸笔，完全都靠头脑记住。另一边，Pablo 大哥与弟弟在院子的一角生起了火，并用大石头围在上面，再盖上两片铝板，似乎要开始做我们的晚饭……

当天几乎黑透时，石块也被烧得火热。大家一起围在这院子的一角，开始往上一层层地堆放食材，鸡肉、羊排、土豆、地瓜、豆角、玉米、菠萝等，按照不同种类层层叠上，再用一层层热石头覆盖，最后盖上塑料袋和铝片，直接用土埋起来……整个过程非常简单，好像在工地的建筑废料中填埋了我们的晚餐。翻译大姐解释道，这是为了让我们体验当地特色的传统烹饪方式而专门准备的，平日里他们也是在厨房里用火灶煮饭。这种叫作 Pachamanga 的"盛宴"，一般是重要日子里的特别仪式。

传统只用树叶和泥土！

那一晚村里刚好停电，我们在摇曳的烛火中，一起享用了这顿充满大地粗犷气息的美食。别说，还真的比预期中美味很多！

第二天清早，我们穿戴好传统斗篷和帽子，真正的村庄生活终于如愿开始。上学时间，村子里的孩子们纷纷从家中出来，结伴经过我们身边，好奇地回头打量我们。不论男女，他们全都穿着妈妈织的鲜红披肩或斗篷，上面排列着复杂的图腾与纹饰，并戴 Huilloq 专属样式的"碗状"红帽子。

超萌幼儿园四姐妹！

我们先是随着 Pablo 大哥前往村子附近的一片山坡，参加男人们的开垦工作。大家干了一会儿后，就一起坐下来。妇女打开大布包袱，里面全部都是煮熟的土豆，另外还有一大罐鸡汤面。所有人就这么看着周围海拔 4300 米的群山，享受着片刻休闲。

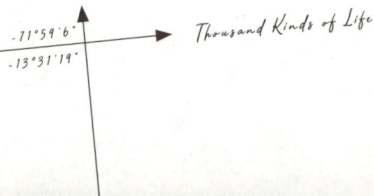

Thousand Kinds of Life

.71°59′6″
.13°31′19″

　　随后我们一起参观了村里的两所学校。学校都不大，只有几间教室，不过看起来都是新修建好的，窗明几净，操场也很平整，学校背后就是高耸的大山。我们到的时候，孩子们正在操场上上体育课。这大概也是我见过的最特别的体育课，老师们吹奏着笛子、打着鼓，带着男孩女孩们正排练着节庆的集体舞蹈。女孩们手拿绳子旋转跳跃，男孩们则要模仿安第斯神鹰的样子挥动双臂。大家的阵形走位不断变换着，在高原的日光下，像一只只火红斑斓的小鹦鹉，蹦蹦跳跳地在大山深处快乐而简单地生活着。

　　回到 Pablo 家里时，他的太太已经在厨房里准备午餐了。土灶台里柴火烧得正旺，角落里时不时窜出几只豚鼠，跑出来啃着 Pablo 大哥早上运回来的新鲜草料。

　　午饭后，正好赶上孩子们中午放学回家，男孩女孩们三三两两笑闹着路过我们门口，有的大方地对镜头做鬼脸，有的害羞地捂脸跑过。我

500年前的

生活

们印象最深刻的，是在路口遇见的一对超可爱的小姐妹，大大方方地跑过来与 Sue 合照。在她们的概念里，应该并不知道我们来自哪里，甚至不知道村子外面的世界有多大。我们语言不通，仅能用刚刚学来的一句克丘亚语跟小姑娘说 "Imaynallá cashanque" ——你好吗？虽然根本听不懂回答，但从她的盈盈笑意中，我已经什么都明白了。

小镇周日赶集

Sunday Market
Fair In Towns

库斯科周边的小镇有数不清的传统集市。在集市里摆摊的，大多是居住在镇上或者周边村里的妇女，她们把平日里自己编织的东西，或者种的蔬菜拿到镇上卖掉补贴家用，在集市上可以用便宜的价格买到很多好东西。作为"集市控"的我们，当然不可能错过淘货的机会。住在库斯科期间，我们利用几个周末把周边的小镇基本上都走了一遍。

时间和钱都去哪了……

在所有的小镇中，钦切罗（Chinchero）是我认为最原汁原味、没太被改变的原住民小镇。这里是秘鲁纺织业的发源地，也是我们上一次羊驼之旅的终点。它距离库斯科很近，只有30千米左右，每个周末的集市上最多的是本地人来买卖，其次才是像我们这样的游客。

Tips 库斯科周边小镇赶集

欧雁台（Ollantaytombo）：往返马丘比丘的必经之地，以印加遗址"太阳神殿"闻名。在太阳神殿脚下有一个常年开放的小型集市，商品的图案样式部分会有些本地特色，但更多的还是比较商业化的通用纪念品

温泉镇（Agua Calientes）：火车站旁就是常年开放的巨大室内集市区，能看到最齐全的商业化旅游纪念品，但价格偏贵

皮萨克（Pisac）小镇：距离库斯科大约一个多小时的车程，有整个圣谷地区最大的集市，周日的摊位尤其多。这里的纪念品和手工艺品种类最齐全，但来的基本都是游客，一般的纪念品和精致地道的手工艺品的摊位交错摆在一起，需要一些辨识能力和细心挑选的时间

钦切罗（Chinchero）小镇：见正文

在集市中，距离出入口较近的一侧，大概有十几排满满的摊位，都是本地手工生产的羊驼编织工艺品，比如彩色的羊驼毛小背包，各种各样的挂毯、地毯、围巾，手工编织的传统帽子，雕刻葫芦，布娃娃，编织腰带，等等。这些东西中有的有 10 ~ 30 年的历史，也有上百年历史的古董，还有的是摊主现场刚编好的。在这里摆摊的大多是女生，清一色穿着钦切罗本地传统的红色外套、黑裙子，并戴着比 Huilloq 要大一圈的帽子。另外，无论年龄多大，大家都扎着双麻花辫，有的人还会在辫子末端系上两个叫作 pompom 的羊驼毛穗球，这也是秘鲁女性的一种经典造型。

再往里走，就来到了生活日用品区，有卖蔬果粮食的、肉类的，还有卖喂给豚鼠的大把草料的等。本地的大姐和奶奶们，会在背上背一个有着彩色图腾的布包袱当作购物袋，往里装上一大束鲜花再背到身后。村子里的寻常生活，在我们这些外人眼里，有着无比浪漫的风情。

在集市里，我简直像老鼠掉进米缸里！这种动辄要花上几周或者几个月编织的纯手工民族毯子，在土耳其等知名旅游国家，基本都是千元起跳，而这里基本都是两三百元人民币，精品的也就是五六百元人民币！我们在集市上边走边买，一边感叹现金还是带少了！集市里的摊主们都知道来了两个特别能买的外国人。我们所到之处，大家都会纷纷向我们招手，展示出自己家的毯子，突然让我体验到了一种走进精品店里，顺手指了指"这个这个这个不要，其他全都给我包起来"的土豪气魄！

在回库斯科的出租车上，我们怀里抱着满满几大包的宝贝，远远瞧见群山间 Salkantay 圣山洁白的雪顶，我记得那一刻的心情，比当时洒在窗外的阳光还要明亮好几倍。

真的买到就赚到！

来自遥远东方的神秘土豪！

By Roy.

小镇

周日赶集

365

云端失落之城
Lost City Above The Cloud

　　关于秘鲁我们一直在犹豫，就是要不要去传说中的"马丘比丘"。如果你不知道那是什么，可以简单把它理解为埃及的金字塔，它是能够代表秘鲁最高建筑水平的古代建筑，世界"新七大奇迹"之一。

　　和金字塔一样，马丘比丘有着非常有视觉辨识度的壮观奇特的外形，围绕着它也有许多未解之谜，吸引着人们争相前往。但对于我们来说，旅居的本意是着眼于真实的日常生活和文化差异，景点如果很方便就顺便去看看，但像马丘比丘这种地处偏远，需要搭火车再换公交车，得额外花上两天时间的古代遗址，我们一度打算放弃。但最终因为看视频的观众们纷纷表示想看，所以我们还是在精彩的秘鲁站的最后，硬挤出了几天时间。

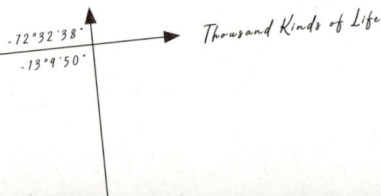

-72°32'38"
-13°9'50"

Thousand Kinds of Life

想看马丘比丘，需要先抵达最近的小镇"温泉镇"。从库斯科出发搭乘专线旅游火车，大约三个小时可以抵达。根据不同火车型号和时间，火车票的价格也有所差异。到达温泉镇后，可以选择走 1.5 小时的山路，或者花钱坐 30 分钟的巴士抵达景区，如果你不是户外爱好者，那么推荐坐车，因为进入马丘比丘后还需要很多体力支撑。

马丘比丘地处热带雨林峡谷，天气变化快，时常云雾缭绕，所以大多数人会选择一早出发，利用上午的时间逛，以求遇到个好天气。所以我们的行程是一早从库斯科出发，大约中午抵达温泉镇，下午休整一下、逛逛小镇，晚上在镇上睡一觉后，第二天一早进入景区，并在下午返回库斯科。

为了了解更多知识，我们花了 50 美元在售票处附近请了一位克丘亚人 Andre 做向导。Andre 是个挺有情怀的人，从我们进入开始，他并没有直接去介绍景点的历史，而是先讲述了克丘亚人祖先流传下来的哲学理念。比如，不要急躁，要通过自然去感受时间，融入此处的一草一木。对于克丘亚人来说，古老的群山，和满脸皱纹的长者一样，都意味着智慧，他们生活的一切，都要从山中学习。而马丘比丘的意思就是"古老的山峰"："Machu"——古老的；"Pichu"——山峰。

3 小时后 Andre ："时间到，还续费吗？" 一直到 100 年前，美国学者的探险队误打误撞发现马丘比丘，并将其公之于世，在 400 多年的岁月里，它都被淹没在历史中无人知晓。各种学者和机构对它进行了各种推测，有的说这里是贵族夏日消遣的行宫，有的又将它与外星人联系在一起。大家始终没明白，在这么一座陡峭的山上，人们是如何赤手空拳，用巨石建立起这么一座精妙而暗含玄机的城市的呢？

云端

失落之城

向导带着我们继续向上爬，身侧峡谷间的云雾以肉眼可见的速度变换着。直到来到制高点的"守卫者小屋"，这座山上的石头城突然一下子就展现在了我们眼前。当真的置身其间，呼吸着夹杂着雨丝的湿润空气，看见远近层次各不同的一圈圈石墙和高山梯田被十几座更高的山团团围住时，我们一瞬间就被迷住了。

Andre 滔滔不绝地说了许多，从城镇里每一个区域的划分和作用，到印加帝国的人是如何就地取材，切割马丘比丘山峰上的石料，直接在此修建了整座城市的！他讲到马丘比丘的方位如何对应空中的银河星象，"栓日石"又是如何对应他们的太阳崇拜和历法的。直到最后，我忍不住发问："说了这么多，马丘比丘之城到底是干什么的呢？"Andre 一脸严肃："不能简单地用现代的视角去定义马丘比丘，它是我们克丘亚人出于对天地世界的崇敬而修建的。它是大学，是庙宇，是天文台，也是图书馆。它矗立在遥远的山巅，远离尘嚣世俗，它是印加人为知识和神明献出的自留地。"

我们懵懵懂懂，顺着石阶走过一层层梯田，又穿梭在石头墙间。通过这些只剩下几面墙壁的房间结构，努力在脑海里拼凑出当年的人们生活在其中的一幕幕情景。从每一层梯田的高度，通过每一个房间的小窗口，站在每一块巨石上回望，都能看见它完全不同的构图和姿态。短短两个小时内，我们看见了属于马丘比丘的几十幅面孔，并且各有各的美。

虽然游客很多，但在迷宫般上下错落的古城中，还是能找到只属于你自己的僻静角落，独享这帝国曾经的辉煌。身旁的"水庙"里，从山间引下的泉水，通过细细的水渠流入城中，再在水庙中缓缓流淌。我想，在马丘比丘人去楼空的四百年间，只有群山一直在倾听这从未间断的水声吧。

对于许多人而言，马丘比丘是他们认识秘鲁的第一站。而对于在这里住了一个月后，才慢吞吞跑过来的我们来说，马丘比丘却是我们认识秘鲁的最后一站。在这里，我们把自己在秘

鲁的大城市、小城镇，甚至小山村里的生活碎片一一串联，更深刻地理解了克丘亚人的文化与信仰。

一个月过得飞快，对于秘鲁我们依然只是浅尝辄止，还有太多的城市、地貌、节庆民俗没有来得及体验。我和 Sue 一致同意，等下一次来南美洲，一定要带上家人、朋友们再来秘鲁，继续挖掘这个宝藏国家的美好。另外，一定要再带上两只最大号的空箱子！

还有太多文明的碎片失落云间
等待我们去一步步寻回！

云端
失落之城

世界尽头的家

Home In The End Of The World

2019 年 11 月，距离我们上一年十月底出发已经过去了整整一年。

扣除回家过年以及中途回国换行李的时间，现在我们终于将开启环球旅居的最后一个月。难以想象当初只是在家里的世界地图上，随意插图钉打点的一个构想，如今已经几乎要完成了！！

回忆起来，当时的清迈、巴厘岛，还有蒙古的大雪天，好像都已经是很遥远的记忆了，但再想想出发时坐在封好的 20 个箱子前，对镜头说着自己的期待与紧张，又恍如昨日。旅居最后一站，不再刻意追求丰富的玩乐项目，也没再安排什么惊心动魄的冒险，我们选择了一个智利最南端的冷门城市——蓬塔阿雷纳斯（Punta Arena），作为这一年的收官之站。

在这个地球上离家最遥远的地方，我和 Sue 打算回归一种更平和淡然的生活，沉淀一下这一整年经历过的点滴。

千百种生活

智利篇

Thousand Kinds of Life

PLAY

扫码看
本站
旅居视频

蓬塔阿雷纳斯几乎不算旅游城市。相比于大名鼎鼎的乌斯怀亚，它没有动人的雪山环抱，没有震撼的大瀑布和怀旧的老火车，也没有"世界尽头"灯塔故事的浪漫情怀。它只是个普通的港口城市，有十几万常住人口，在市中心有几条相对繁华的街，溜达20分钟就差不多走完了。愿意不远万里来此的外国游客，要么是极少数从特定月份出发前往南极的，要么是来巴塔哥尼亚地区徒步的户外爱好者。

在这一年的旅居生活中，我们住过非常火爆的旅游城市如清迈、京都、巴塞罗那，也住过充满异域风情的蛮荒角落，比如巴布亚的部落、蒙古的边境、印度的山村，还住过英国小岛的农场、巴厘岛的山谷村庄。唯独还没有感受过的，恰恰是世界上绝大多数人生活的地方———座普普通通的小城市。

迎来了不普通的我们！

在网上订民宿的时候，我们一眼就看中了最终这"世界尽头的家"。

那是一栋干干净净的平层小屋，外墙被刷成纯白色，配上鲜红的门框、窗框，还自带一个有吊床和躺椅的小草坪。

小屋麻雀虽小，但五脏俱全。这里有独立的厨房、餐厅、洗手间、小客厅、舒适的卧室，两个人住起来温馨、惬意却不拥挤。房内的软装既有生活情调又充满设计感：五彩的厨具、橱柜，用花体字写着本地特色的黑板墙，一尘不染的浴室瓷砖，鲜艳柔软的床品，具有智利风情的复古装饰画，以及老式壁炉桌球玩具，应有尽有！

房东夫妇就住在我们隔壁的那栋房子。丈夫 Miguel 曾是做广告文案创作的，妻子 Sybill 则是个设计师。夫妻俩养了两只猫，现在一起开了家小小的旅游公司，一边经营民宿，一边做本地的地接。别看这只是个小小的夫妻店，人家也认真到连屋里所有的枕套、床单、餐巾、毯子都绣上了自己的品牌 Logo。

在夫妻俩的帮助下，我们又在一个完全陌生的国度安顿了下来。然后我们打车去最近的超市买了许多蔬果食材回家，旅居最后的日子，就这么简简单单地进入了倒计时。

养老

世界尽头的

家

地球最南端的日常

Daily Life In Southernmost Place

在这里的前几天，我们过得异常悠闲。

　　早上起来第一件事是跑去客厅把壁炉烧起来，不一会儿整个屋子就会暖融融的，然后我们可能会玩两局迷你桌球，看看很久没看的国内综艺，再一起研究中午和晚上吃什么。在蓬塔阿雷纳斯的超市，几乎找不到任何中国调味料，再加上大量熟悉食材短缺的情况下，我们竟然试着做出了咖喱鸡腿饭、肉臊饭、牛肉干、腌渍圣女果、蟹柳蛋花汤面等在国内 Sue 都没给我做过的料理。买不到碎猪肉，那就用牛肉替代；没有电饭锅，就买了保温盒，用微波炉一次次尝试以得到蒸饭效果最佳的时间。

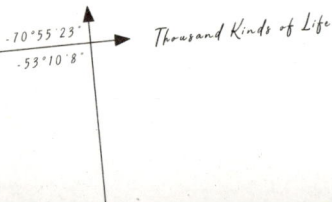

"牛"
内臊饭

微波炉
牛肉干！

初到的时候，这里依然是得穿毛衣加外套的天气。坐在小餐桌边上，我们的厨房玻璃窗早就因为做饭蒸腾的水汽而起了雾。一门之隔，屋内是炉火熊熊、饭菜飘香，屋外则是狂风肆虐。在这种对比效果下，我们的小窝显得尤其舒适可爱。

等到天气转暖一点，在艳阳高照的日子里，我们终于忍不住要去城里转转。来到市中心，车辆和商家明显多了起来，走一走甚至还能遇到一两家旅游纪念品店，不过也许是南极开船的季节还没到，路上鲜有游客的影子，更别提像我们这种亚洲面孔。

市中心几乎没什么高楼，大部分房子都是两三层高，而且绝大多数建筑看起来都比较沧桑。走在路上，许多店铺的大门紧闭，行人寥寥。

城里最繁华的大街

地球最南端的

日常

我们顺着主路很快就溜达到了海边。海边的风很大，停着巨轮的港口被铁栏杆围住无法入内，沿着海边继续走，很快就遇到了一个大大的"Punta Arenas"的字母雕塑，我们仿佛是城里唯一一群游客，正在兴致勃勃地进行合照。

字母一侧是一条废弃的长长栈桥，栈桥尽头密密麻麻的都是海鸟。我认出，这一幕就是蓬塔阿雷纳斯的旅游宣传照片中高频出现的画面。字母另一侧是一片小海滩。海滩的沙质一般，混杂着碎石，上面除了一对带狗放风的年轻恋人，还有几个玩耍的孩子，再无其他生气。海浪卷着深沉的灰色

最热闹的地标

从远方涌来，地平线一侧是一艘远洋巨轮，不知是等着进港还是正要出航。

沿着路继续走，陆续经过了一些餐厅和咖啡厅、几间样式陈旧的服装店，然后我们竟然发现了一家巨大无比的"中国商场"！于是，我们激动地冲进去找食物，结果发现里面卖的都是进口批发来的日用品。从中国来的年轻人在收银台前百无聊赖，表示本地能买到的中国泡面都过期很久了，下一批也不知什么时候才会来……

连食物都超没"生气"……

接着溜达，我们终于有了点收获，经过了一家规模蛮大的纪念品商店，被招牌上一些奇特的"外星人"吸引了进去。它们长着人的比例和身材，却看不见面孔。从一些卡通画还有老照片里的呈现来着，它们全身呈黑白或者红色，有的长着斑马一样的线条，有的浑身长着大圆点图案，还有的双手捂头，头部是高高耸起的锥形。我意识到，会出现在旅游纪念品店里，还占据这么大篇幅的东西，绝对跟本地文化有着莫大的关联。于是，我当场开始搜索它们的名字"Selk'nam"，却意外获知了一段鲜为人知的心酸往事……

-70°55'23"
-53°10'8"

Thousand Kinds of Life

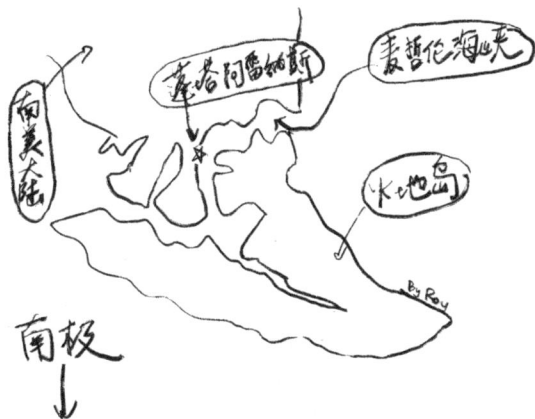

我们所在的城市，正好位于大名鼎鼎的麦哲伦海峡边上。航海家麦哲伦第一次发现并通过了这道狭窄曲折的海峡，开通了大洋洲进入太平洋的新航道。被麦哲伦海峡一分为二的，北边就是南美大陆本体，而南边则是位于世界最南端的蛮荒冰冷的大岛屿——火地岛（Tierra Del Fuego），它现在分属于阿根廷和智利。

当麦哲伦第一次发现这里的时候，因为看见岛上冲天的火光，所以为它取名为"Fireland"。但他不知道的是，这其实是已经发现了他们的当地土著，点燃了篝火正试图警告并赶走他们。这些土著，正是我在纪念品商店里看到的"外星人们"。

他们被叫作"Selk'nam"，是在这片土地上生活了几千年的原住民。这些土著身材高大且强壮，在夏季平均温度只有 10 摄氏度，冬季最低温度为零下 20 摄氏度的火地岛，他们可以常年只披着一张原驼皮赤脚狩猎，裸体下冰河捕鱼。平时他们四处迁徙，住在用树枝搭建的原始帐篷中。

地球最南端的

日常

377

智利篇

在资料照片里看到的那些奇特的造型，是他们举行一种特殊的成年仪式时的装扮，这个仪式叫作"Hain"。他们坚信森林中存在着超自然的精灵与力量。于是，当孩子都将成年的时候，大人们会装扮成各种神秘生物，随时从森林中跳出来，给孩子重重考验与试炼，这个过程可能会持续几周甚至数月。

后来，欧洲人来了。

19 世纪，人们在火地岛发现了金矿，来自西班牙和英国的殖民者涌入这里，开始采矿和畜牧，并建起了农场。靠游猎为生的 Selk'nam 人没有私有财产的概念。当欧洲人的绵羊和农场让草场资源减少，原本的主要食物原驼越来越难猎捕时，他们就把农场里的绵羊当作野生动物抓来吃。财产遭受损失的欧洲人一下被激怒了，开始雇佣赏金猎人对 Selk'nam 人进行驱赶和追杀。许多被抓起来的土著甚至被装船贩卖到欧洲，被放进"人类动物园"展览。

By 阿

珍贵历史图片 (By Roy)。

By Roy.

到了 20 世纪 20 年代，Selk'nam 部族的人仅剩 300 个。到 20 世纪 70 年代，最后一位 Selk'nam 女性去世，从此他们的民族文化和语言、血统都正式宣告灭绝，彻底成为历史。

而如今，Selk'nam 人的形象成了火地岛的文化象征，出现在大街小巷的商店里、墙壁涂鸦上、雕塑与书籍中。短短一百年的时间，被外来人视为眼中钉的他们，在完全消逝后，却成了备受尊重的文化财产。在人类的历史中，类似的情节总在不断上演……

By Foj.

一开始
    我们都以为不会走到最坏的那一步

JORGE
SCHYTHE

399   301

CROAI

等意识到时
    却为时已晚……

极地冰川之旅
触电狂野百内！
Trip To Polar Glaciers

　　我们进出家门的时候，常能碰见 Miguel 夫妻正好也开车回来，他们总会很热情地跟我们打招呼，问问我们近况如何。我猜想他们心里肯定纳闷，两个中国人大老远地跑到这里，不去南极也不去国家公园徒步，天天住在家里或者去镇上溜达，到底图什么？

　　虽然我们确实无欲无求，不过有两个东西还是不想错过的：一是百内国家公园，二是野生企鹅。

如果你是一个户外徒步爱好者，那么肯定不用我对百内国家公园多做解释。美国《国家地理》杂志把它评为"地球上最美景色"的前 5 名；联合国教科文组织将它列为世界生物圈保护区；而在户外徒步爱好者心里，它有着世界上顶级的野外徒步路线。这片巴塔哥尼亚高原上的奇境，简直是一片遥远而伟大的圣地！至少我读到的资料都是这么告诉我的。

我和 Sue 都不是户外徒步爱好者，对于高强度体力活动的兴趣一般，所以并没打算用腿越野。不过百内国家公园倒是有一点很吸引我，就是这里的格雷冰川（Glacier Grey）。不用花去南极的高昂费用，来到这里，也能体验到绵延 6 千米宽、数十千米长的真·极地冰川。最初我的打算是报名酷炫的"冰川徒步"，穿着冰爪鞋、拿着冰镐，再拍点假装在南极的照片。但智利的旅行花费是真的高，我们俩光是乘公交车来回，在百内国家公园住一晚，再加上门票和一日游小团的费用就已经要三四千元人民币了。要冰川徒步不仅花销更大，时间我们还很难排开，最后我们只好屈服，换成了一般游客搭的"巡航船"，远观一下冰川的壮美。

提前准备好了野餐盒饭，穿戴好了各种保暖防风装备，我们于清晨出发，搭了 3 个小时公交车先到另一个城市——那塔莱斯港，然后在那里换乘一日游的旅行面包车，再坐 1 个多小时才正式抵达百内国家公园的入口。

百内国家公园素以天气变幻莫测闻名。不巧，我们第一天赶上的，就是最糟的情况。一路开进公园，风雨愈演愈烈。小面包车里，导游用西班牙语飞快地介绍着沿路的状况，窗外飞过的雨滴和窗内生成的雾气，完全模糊了我们的视线。这时，管它什么标志性的"百内三塔"或者"法国谷"，通通别想看见。

那期视频仿佛灾难播报现场……

极地冰川
之旅

→ 木屋营地

　　每到一处景点，导游会带着大家下车去拍照并为大家讲解。第一次下车的地方是一条很美的瀑布河流。但冰冷的雨夹在狂风中打在我们每个人的面颊上，我没戴手套，拿着相机的手很快就被冻僵了，就连话都说不利索了。在这种天气下伞根本没用，哪怕有雨衣，也只是像穿着一件随风起舞、噼啪乱飞的塑料袋。于是第一次下车之后，Sue立刻决定不再下车，由我来完成剩下的"欣赏"与拍摄工作。

　　下午的时间基本都在摇摇晃晃与昏昏欲睡的路途中度过，连景色都看不到什么，更别提野生动物了。直到下午四五点，我们才被送到在网上预订好的小屋营地。小屋里温暖舒适，厨房、客厅、浴室应有尽有。1000多元人民币一晚的价格，已经是能在公园里订到的性价比最高的房间了。这时，窗外突然开始放晴，远处竟然露出了雪山和蓝天！夕阳让外面还挂着水珠的草地看起来亮晶晶的，发了一天脾气的百内国家公园，终于和颜悦色了起来。

　　这让我们终于松了口气……起码明天的格雷冰川能好好欣赏了吧！

Thousand Kinds of Life

.70°55'23"
.53°10'8"

次日一早，搭上约好来接我们的车，我们来到格雷冰川航行指定换票点：格雷湖酒店。从这里再坐一小段摆渡车，然后步行 20 分钟来到格雷湖的黑沙滩，就能抵达坐船的地方。虽然没有下雨，但这里的狂风依旧吹到我们怀疑人生，好几次不得不手拉手转过身，向后退着走。在巨大且荒芜的黑沙滩上，身边的景色只有几根被吹歪了的枯树干和被浪推到了附近的寒光闪闪的大块蓝冰。

巡航船被几百号来自世界各地的游客挤得满满当当。用登船的票可以到吧台免费兑换一杯喝的，如果你想尝试，服务生还会从一旁的冰桶里夹一块万年冰放到你的杯子里。

来自小冰山！

窗外又开始下雨，船长要求所有人回到位置上坐好，我们的船就在浪头的一波波迎击下，朝着冰川进发了。航行的过程算不上无聊，因为身边会不断飘过从格雷冰川上掉下来的小冰山，反射着蓝光的巨冰飘在融入了岩末的灰色湖水上，颇有现代主义画作的气质。

极地冰川
之旅

当船缓缓接近冰川时，船长终于通知大家可以自由活动，登上二层甲板参观了。我们起身随着人群缓缓挪动到冰冷的室外。很难形容看见如此巨大的冰川傲立在你面前的感觉，它像是《权力的游戏》里，守夜人军团驻扎的塞北长城的现实版，只不过它不只是一面墙，我们看到的，仅仅是上百平方千米的古代冰层末端的一个切面。而我们的小船在它面前，就像一条小鱼面对着一头蓝鲸。

由于天气依旧恶劣，船也不能靠冰川太近。在擦干被雨水打湿的镜头和眼镜以及在人挤人中寻找一个好位置的地狱循环中，我们匆匆拍完了素材，留下了几张不甚唯美的纪念照，然后回到船内的座位上，继续透过玻璃窗欣赏着冰川。

这两天来付出的辛劳、金钱、时间，都只为不远万里来看你一眼啊！

整个航程花了约 3 个小时的时间，下了船，风依旧刮得人走不动路，我拽着 Sue 顶风向前，都顾不上多拍几张照片甚至张口说话……直到坐上回程的车，两个人已经精疲力尽到快睡着了。

离开前我最后透过窗回望了一眼，雨刚刚停，云正在散开，百内国家公园的主峰群在绵软的浓云间犹抱琵琶半遮面，为我们露出了一个模糊的轮廓，如同闭门不见客的花魁。"下次再来，也许，我们会有机会好好聊聊。"我心里默默想着。

大企鹅！
小企鹅！

Giant Penguin !
Small Penguin !

　　企鹅这种在大多数人的概念里只有在南极才能看到的超萌生物，其实也广泛分布在南极大陆以外的地区。南非、南美洲沿岸，甚至在加拉帕戈斯群岛都有。而蓬塔阿雷纳斯附近，就有两个比较出名的企鹅品种：麦哲伦企鹅和王企鹅。

　　某一天，跟唯一指定的旅行机构提前报名预约后，我们来到了发船的小渡口。乘一艘大概能塞二三十人的快艇，在麦哲伦海峡上开个 45 分钟左右，就能到达"Magdalena 岛"。这里就是麦哲伦企鹅的一处天然栖息地了！岛上生活着近 6 万只企鹅，还栖息着数不清的海鸥。我们下了船以后会被要求沿着一条围栏指引的小路走，不能主动触摸企鹅或者离它们太近。不过事实上，企鹅是一种很有好奇心的生物，常常会碰见它们一摇一摆地朝你走来，并歪着脑袋打量你。

麦哲伦企鹅是一种体形比较小的环企鹅，大概 70 厘米高，平时会在地上挖洞并且住在洞里。这个季节正是企鹅们的繁育期，很多企鹅都躲在洞里孵蛋。所以在岛上溜达的时候远远看着整整一大片都是黑白相间的身影，但凑近了一看，大多都是海鸥……

Magdalena 岛是一座很小的岛，顺着小路且看且拍大概 40 分钟就逛完了。而王企鹅住得要再远点，需要坐大渡轮跨越麦哲伦海峡，到火地岛的一片海滩上才能见到。

小可爱与怪姐姐！

作为最简单的省钱方式，我们再次选择了一个一日游团。渡轮航行在冰冷的麦哲伦海峡上，我们站在最高的甲板船头，看着灰蒙蒙的天以及色彩饱和度极低的海水。看着这地理课本上威名赫赫的海峡，在现场真的很难有什么感想。

靠港后，我们的面包车直接从船上开下来，沿路穿插了不少其他景点：比如，Slek'nam 的纪念公园、城市瞭望点，火地岛最早的石油小镇和殖民时期的农场等。不过我觉得大部分人对这些都没什么兴趣，几乎都是冲着王企鹅而来的。

我们的车停在王企鹅保护区的门口，这是一片叫作"Useless Bay"的海湾，被称为"没用"，这是因为这海湾太浅，人们没法将它用作港口。但对于王企鹅们来说，这里反而成了绝佳的生存栖

息地。远离人烟船只，有着水草丰茂的浅滩和大量的鱼群，它们每年都要专门到这里繁衍生息。人们特别容易将王企鹅跟帝企鹅搞混。不同之处是，帝企鹅个头更大，是企鹅家族中最大的，而且只生活在南极大陆上。但王企鹅的分布就比较广泛了，它们生活在火地岛、马尔维纳斯群岛等南极圈以外的地区。王企鹅的幼崽是大号的棕色"猕猴桃"，而帝企鹅的幼崽则是灰色的，而且要更小一些。

我们的车到达的时候，上一辆车刚走，整个保护区再没别的人了。我和 Sue 一马当先，兴奋地顺着小路往前冲去。这周围的环境有点像北极苔原，视线范围内都是大片平坦的略带枯黄的矮草丛。在这里，我们只能在两处划定的观赏点内，隔着 100 多米的距离看王企鹅。通过长焦镜头望去，几十只王企鹅正聚在一起无所事事，有的三五成群张着翅膀瞎溜达，有的不时和身边的企鹅产生一点儿小口角，有的则心如止水低头冥想，这其中，还混杂着两只浑身覆盖棕色绒毛的，几个月大的小企鹅。

超悠闲幸福！

大企鹅！

小企鹅！

Sue 对几乎所有可爱的动物都没什么抵抗力。在蒙古爱上驯鹿，在印度爱上犀牛，在英国爱上了苏格兰长毛牛，而就在刚才，她正式宣布自己最喜欢的动物被企鹅取代了！虽然这样远远看去，没有之前在小岛上被小企鹅环绕的那种沉浸感和真实感，不过一想到我们来到了它们真正遥远的家乡，看见的是它们真正自然的栖息环境，还是又一次觉得自己不虚此行，又见到了地球的另外一面。

回程的路我已经记不真切了，我们孤独地行驶在火地岛的荒原上，远处是达尔文山起伏的线条，近处是像海面一样起伏的黄色枯草。我们与野生的灰狐擦肩而过，惊动了一群正在路边觅食的原驼；在放晴的天空下，羊群被放牧者赶着回圈。

我想象着一百年前的征服者们是怎样踌躇满志地越过大西洋，前往那片传说中的被称作"世界终点"的岛屿淘金的；土著们又是怎样点燃了火把，誓死为了家园而战的；而如今，这些住在边缘地带的人们，渐渐被世界遗忘，而他们也选择了遗忘这个世界，扎根在这片寒冷的冻土上，是否还会回想起往日荣光。

一场成真的美梦♡

400 天

400 Days

By Roy.

　　住在蓬塔阿雷纳斯的最后几天，我们假装一切如常地买菜、散步、剪视频、采购带回国送人的特色礼物。但我知道 Sue 和我一样，心里都有一种说不出的复杂感受。随着时间"滴答滴答"地流逝，我们终于要来到这趟旅途的终点了。

我曾在路上无数次想象过最后一天会是什么心情。是心满意足吗？我相信这一年的经历足够让自己骄傲。是恋恋不舍吗？在外奔波了那么久，也许我们早就想家了也说不定。会大大地松口气吗？毕竟在印度、在埃及、在亚马孙，那么多顶着工作压力、时间压力、身体不适的时刻，Sue 不止一次哭着对我说，这太辛苦了，她太想睡个好觉了……而真的来到这一天，这些感受我们一个都唤不出来，好像我们的头脑已经知道是时候了，心却还没准备好。

这是我和 Sue 相识的第十二个年头，我们是高中隔壁班的同学，因为一起参加学校的歌手比赛而相识。后来因为都在北京读书，慢慢有了更多熟悉的机会。再后来，我们意外地发现，以前只把彼此当普通朋友的两个人，竟然可以相处得这么舒服自在。那时候，我跑到 Sue 的学校陪她参加才艺比赛，Sue 跑到我的学校来帮我完成摄影课作业。周末的时候，作为"野生桌游社社长"的她常常组织活动，邀请我跟朋友们一起玩桌游、开 Party、去后海划船、去郊外爬山……奇怪的是，现在我们俩之间，我总是一刻不停地想往外跑的那个，Sue 却可以安心宅在家不见任何人。可是当年，是她带着我去了很多我没去过的地方，把我从学校的一亩三分地里拉了出来。

突然的回忆！

可以说是人生导师 ^^

.70°55'23"
-53°10'8"

Thousand Kinds of Life

壹年忆述

传媒大学艺术学部2014届

2014 年，我们一起大学毕业进入职场；2016 年，我们一起辞职当旅行博主；2018 年年底，我们放弃安定的住处和逐步走上正轨的工作节奏，开启了这趟注定铭记一生的旅途……直到这一天，2019 年 12 月 25 日，距离我们出发整整 400 天，我们又携手完成了一次人生的冒险。至此，我和 Sue 的生命，早已不只属于自己，而是生长成了彼此交融、牢不可分的藤蔓。那些旅途中曾共同扛下的苦，街头流过的泪，大笑着、拥抱着奔跑过的日子，都让我们脱胎换骨，变成了如今的 Roy&Sue。

长大变胖

好好回想这一年大概是我们活到这个年纪以来最忙碌而充实的一年了。住了 12 个国家，换了数不清的住处。仅靠我们两个人，一边旅行，一边安排路线，搞定各种交通工具、签证与门票，同时一边以平均 3 天一集的速度，实时在线更新了 115 集视频节目。换算一下，光是播出的节目时长就超过了 1200 分钟。如果有全部跟着我们看完的观众，就等于花了 20 个小时的时间，跟着我们走完了浓缩这一整年的旅行。

超值！

想要在路上跟观众同步更新我们的旅行生活，真的比想象中困难很多。我们很少分享那些旅行背后的艰难，因为我相信任何人只要选择追逐梦想，就一定有自己要承受的东西。但对于 Sue，我一直有些愧疚，很多时候她付出的辛苦，都是为了成就我的梦想。

400天

在每个月不舒服的那几天，她还陪我爬了一下午的山、上了几千级石阶，还要在拍摄活树根桥时，面对镜头保持最美的状态；在零下 30 摄氏度的蒙古边境森林里，我们在单薄的帐篷中彻夜难眠；在让人汗如雨下的亚马孙丛林中，她和部落里的男生一样，只能蜷缩在吊床上过夜。

Roy的 一千零一个

为了兼顾现实与梦想，我们在旅行中还要维持收入，进行一些商业拍摄，从而增加了很多工作量。有时候三点就要起床赶飞机，但半夜 11 点网还卡着，视频传不上去，身边是满地还没收的行李，Sue 边抹着眼泪边加字幕的画面，我一辈子都忘不了。在埃及的最后一夜，我和 Sue 发生了一些争执，背对背躺在帐篷中，彻夜沉默。而在那样荒芜的沙漠中，你无处可躲，只能直面自己的内心，为两人的关系找到一条出路。此类种种，难以细说。

不过，回到这一刻，当我们终于扛过了一切，站在终点回望时，那些旅行中的困苦、焦虑、疲惫，其实都不太能感受到了。事后我们只会感谢自己的坚持，并把每一份喜悦珍藏在心里。旅行中收获的幸福感，恰恰也因为有了那些痛苦的忍耐，而变得更为珍贵。

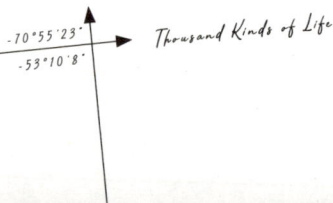

-70°55'23"
-53°10'8"

Thousand Kinds of Life

是啊，这一年我们拥有了那么多珍贵的美丽瞬间。

"亮点"
无数
的家

Sue 说："旅居里让我印象最深刻的，是每次在不同国家不同的床上醒来的第一天。我们刚住进清迈的木屋时，早上被公鸡的啼叫声吵醒，我在那几秒内有点儿蒙。看着竹编的屋顶才慢慢意识到，原来我们已经告别了北京的生活，正要展开一段长时间的冒险。"

"旅居"和"旅行"的区别到底在哪儿？我想更多的是一种心态。我们给了自己大量留白的时间，去经历，去遭遇，去无聊，去惊喜。只有这样，这一个个全世界的"家"，才能真正成为我们生活中的一部分。而每一位房东与当地朋友们留给我们的友谊和善意，也是一路下来最意外的收获。

在这本书的最后，我还想由衷感谢每一个陪伴着我们的你。不管是认真读完了这本书而认识我们的你，还是从旅居之初就一直追随着我们节目的你，正是因为有了你们的理解和陪伴，我们的梦想才得以实现。最初，这不过是"自私"地为自己活一次的疯狂计划。随着我们地慢慢走，跟着我们"上路"的人也越来越多，每一条视频下面的留言，每一个深夜的私信，都让我开始认识到，"环球旅居"早已不只属于我们，更成了无数人面对生活的勇气来源、熬过失意时刻的星星之火。我们一路带着走的，还有大家的梦想啊！而这又反过来成为我们脚步不停的动力。

在 2019 年 12 月，旅居第 400 天的视频节目的最后，我谈到了接下来一段时间的打算。比如，想回国找一个合适的地方，打造一个"纪念品的家"；要写一本书，来纪念这一段意义非凡的经历。而现在，我正坐在我们刚在云南租下的白族老院落里，面对着满墙旅行途中收获的收藏品，敲下这本书的最后几句话。2019 的环球旅居到此就真的告一段落了，但我们的脚步不会停止。"酥肉"的"千百种生活"接下来又会如何书写，那便是下一个故事了。

400天

393

我们拥有了
无数个家！

经历的越多
　　害怕的就会越来越少！

神雕
　　侠侣！

400天

很幸运可以和你们
分享共同的爱与理想

-70°55'23"
-53°10'8"

Thousand Kinds of Life

浪迹天涯！

想走的路
现在就出发！！！
——Sue

千百种生活

旅居收藏品全图鉴

泰国 清迈

1906 年出版的《傲慢与偏见》

传统竹罐

泰国 清迈

集市小布包

泰国 清迈

老摩托车牌

泰国 清迈

小房子冰箱贴

泰国 清迈

AKHA 族女帽

泰国 清迈

INDONESIA

印度尼西亚 巴厘岛

115°10´55´´

-8°24´54´´

部落手织土布

印度尼西亚 巴厘岛

帝汶岛药瓶

印度尼西亚 巴厘岛

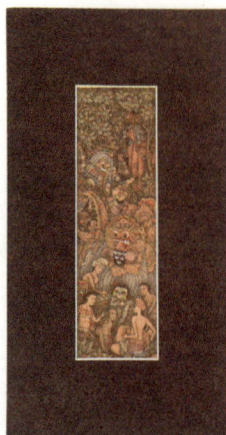

Keliki 传统画

印度尼西亚 巴厘岛

Asmat 部落头饰

印度尼西亚 巴厘岛

巴图尔火山岩

印度尼西亚 巴厘岛

苏门答腊骨质月历

印度尼西亚 巴厘岛

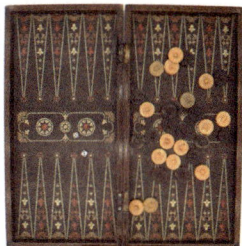

黄铜笔墨盒

土耳其　伊斯坦布尔

黄铜称

土耳其　伊斯坦布尔

蛇王老银盘

土耳其　伊斯坦布尔

Tavla 古董棋

土耳其　伊斯坦布尔

EGYPT

埃及　法尤姆

39°8'21"

29°15'32"

撒哈拉的沙

埃及　法尤姆

手捏陶器

埃及　法尤姆

EGYPT

埃及　卢克索

32°39'21'51"

25°93'8"

古埃及神雕塑

埃及　卢克索

卡诺匹克罐

埃及　卢克索

塞赫麦特神雕塑

埃及　卢克索

圣甲虫护身符

埃及　卢克索

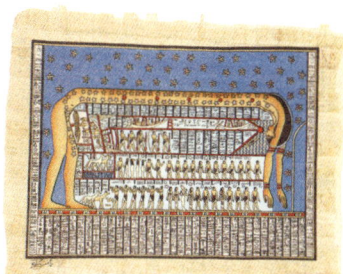

天空女神莎草纸画

埃及　卢克索

SPAIN

西班牙　巴塞罗那

2°10'2"

41°22'44"

19 世纪老海报 1

西班牙　巴塞罗那

1925 年出版的《米其林指南》

西班牙　巴塞罗那

19 世纪老海报 2

西班牙　巴塞罗那

1992 年奥运会别针

西班牙　巴塞罗那

纯银小碟

西班牙　巴塞罗那

古董化妆盒

西班牙　巴塞罗那

古董便签本

西班牙　巴塞罗那

民间版画

西班牙　巴塞罗那